教育部2017年度人文社会科学研究项目一般项目（规划基金项目）：
社会转型视野下的英国商人教育研究（项目批准号：17YJA770016）

社会转型时期英国的商人教育

王瑞红　著

人民东方出版传媒
People's Oriental Publishing & Media
東方出版社
The Oriental Press

图书在版编目（CIP）数据

社会转型时期英国的商人教育 / 王瑞红著 .--北京 :
东方出版社 , 2024.12
ISBN 978-7-5207-3810-1

Ⅰ.①社…　Ⅱ.①王…　Ⅲ.①社会转型期—商人—培
养模式—商业史—研究—英国　Ⅳ.①F735.61

中国国家版本馆 CIP数据核字（2023）第 244414号

社会转型时期英国的商人教育
SHEHUI ZHUANXING SHIQI YINGGUO DE SHANGREN JIAOYU

作　　者：王瑞红
责任编辑：李小娜
出　　版：东方出版社
发　　行：人民东方出版传媒有限公司
地　　址：北京市东城区朝阳门内大街166号
邮　　编：100010
印　　刷：定州启航印刷有限公司
版　　次：2024年 12月第 1版
印　　次：2024年 12月第 1次印刷
开　　本：710mm×1000mm　1/16
印　　张：22.25
字　　数：315千字
书　　号：ISBN 978-7-5207-3810-1
定　　价：80.00元
发行电话：（010）85924640

序

在社会转型时期，市场经济和商业化是不可逆转的趋势，处于市场经济中间环节的商人在经济热潮中扮演着极重要的角色，因此，商人自身的素质如何、能力如何，以及他们如何确认自身的社会角色，能否正确领会和履行自己的责任，树立良好的社会形象，是非常值得注意的问题。在我国当前的经济社会发展中，商业和商人的地位尤其重要。那么，怎样通过多种途径、多种方式进行商人教育和培养，怎样在商人教育及培养方面实行传统方式和现代方式相结合，培养出既有商业道德又有商业技能和国际视野，并能紧跟时代潮流的合格商人，值得深入探讨。我们或可从历史中借鉴成功的经验。

英国在从传统农业社会向近代商业社会转型过程中对商人培养和教育的历史经验值得我们参考。中世纪时，英国在经济上只能算欧洲的三流国家，农业尚可，城市和工商业则相对落后。它实际上处在西欧国际贸易区的边缘，国际贸易并不很发达，不多的国际贸易（如羊毛出口、红酒进口等）也长期被控制在外国商人如佛兰德尔商人、意大利商人和德国汉萨商人的手中。然而到了新大陆发现、新航路开辟后，16 世纪，欧洲发生商业革命，其主要内容之一就是国际商业中心从地中海沿岸转移到大西洋区域，这时英国便处于一个非常有利的地理位置——既是欧洲大陆通往美洲的门户，也是欧洲南北海上交通的枢纽。它因而成为大西洋贸易的最大受益者之一。一方面，在社会层面，英国国内以伦敦商人为代表的商人阶层崛起，逐渐取代外国商人，先后将意大利商人和汉萨商人等挤出了国内进出口贸易领域，并将自身的活动范围扩大到海外贸易，先是西边的大西洋贸易，后又伸展到东边的近东和印度的贸易，16 世纪中叶至 17 世纪初成立了一大批海外殖民贸易公司；另一方面，在国家层面，英国政府抓住机遇，推行重商主义政策，从鼓励一切物品出口换取贵金属的重金主义，转变为增加货物附加值促使国内工业大发展的重工主义。有了国内工业生产的大背景，英国的对外贸易和海外贸易大繁荣便有了底气。因此，16—18 世纪英国的社会转型时期即英国重商主义时代，是英国历史上的商业社会时代，商业成了这个时期英国最为重要的经济部门，商人也从以往的边缘群体转变为社会的中心形象。

当然，这一切的发生需要有一支人数众多的高素质商人队伍。那么这样一个商人阶层从何而来？在中世纪商业本不是很兴旺的英国，面对贸易发展的新时代，显然缺乏相应的商业人才基础。因此，培养、教育和训练这种高素质的商人，便成为经济发展特别是商业发展的迫切需要，成了社会上下普遍关注和热衷的事情。王瑞红博士这部《社会转型时期英国的商人教育》就力图揭示这个时期英国的商人教育有何变化和发展，以及所产生的作用和影响。

从内容看，该书的揭示是很全面、很有深度的。书中提出，商人教育的概念，在中世纪时代并未形成。当然在实际生活中，还是有一些商人教育和培养传统的实践方式，譬如商人家庭商业气氛对子弟的熏染和教育，店铺作坊的师徒式手把手的教导和示范。只是到了中世纪晚期在文艺复兴、宗教改革思想文化运动的推动下，商人教育的理念才真正形成；而商业变革和商业社会的形成，无疑是推动商人教育发展的根本动力。面向新的商业时代，那些传统的家庭式教育、师徒式教育虽然不可或缺，但还是存在许多局限，譬如商业视野不够宽、从商素质欠完备等。因此，必须对教育的内容、教育的方法、教育的手段等进行大力充实、完善和改革。传统的商人教育方式显然不适应新的贸易形式特别是海外贸易，因此，系统学习和掌握贸易方式、商业技能，学习和了解与经商相关的人文、地理、数学、气象等各方面的技能和知识，便催生了各类与商业相关的不同层次的学校，包括文法学校、中学、职业学校、商科学校、高等学校等教育机构。同时，商业的社会教育也多样化，有商人本人在商业活动中的实际锻炼、摸爬滚打，也有各种商业书刊的引导和信息传播，还有各类机构和体制对商人的激励、约束、管理、规范、塑造等。总之，家庭教育、学校教育、师徒教育和社会教育这四种教育途径，虽然所占轻重各有不同，但最终结合形成了新的商人培养模式，由此也培养了一个新的商人阶层。他们具备经商所需的足够的知识技能和业务素质，也展现了明显的“商业职业道德”和“资本主义精神”，对推动英国向商业社会转型起了巨大的作用。这就是我们阅读这部著作所能得到的感受和收获。

那么，这样教育出来的商人该是什么样子的呢？书中举了一些个案，读者自可品辨。我想如果用一个普遍标准来衡量的话，可看一看16、17世纪英国的重商主义代表人物托马斯·孟（书中举了他作为新商人的例子）的要求。他特别对从事对外贸易的商人提出了品质上的要求，认为这种商人：第一，应该擅长书法、算术和会计，能够使用复式记账法，还要精通各种租借合同、提单、发票、契约、汇票和保险单的规格和形式；第二，应该知道和了解各国的度量衡和货币，知道货币的面值，知道其成色，能将其与本国货币作价值比较；第三，应该知道各种商品在各个国家的应缴纳的关税、通行税、一般赋税等各种费用；第四，要知道各个国家各种商品的富余和短缺情况；第五，应了解从一个国家与另一个国家之间货币的汇兑方法和汇兑率；第六，应该知道各个国家在哪些货物上禁止出口或禁止进口；第七，应该熟悉船运货物的价格和条件，知道船与货受损时怎样索赔；第八，应该知道船只建造和修理的材料好坏及其价格，船上各种设备装置的质量与价格等；第九，应对一切商品都具备基本的知识；第十，应学会航海技巧；第十一，应该留心所去国家的社会风俗习惯、政策法令，并向自己的祖国报告；第十二，还应学好拉丁语。这就是一个具备所有外贸知识和技巧的完美商人形象，是商人教育所要达到的育人目标。也许托马斯·孟是按照他自己的模子来描画的，他本人是英国东印度公司的一位董事。

这是当时对商人要求的一种理想状态。今天对商人教育的研究也要达到一种理想状态，不是一两本著作就能做到的。王瑞红博士开了一个很好的头。我一是希望她自己把这一研究继续做下去，把每个专题都做深、做透；二是希望带动更多的同人也投入这一研究，以获得更多的、更丰富的认识。

是为序。

刘景华

2023年7月于天津

目录
Contents

绪 论

一、英国商人教育问题的研究背景和意义

资本主义的发生，从传统农业社会向现代工商业社会的转变，大概是人类社会迄今为止所经历的最重要的一次社会转型。它经历了一个漫长的历史过程，对于转型起于何时，历史学家有不同的说法，以前的以某次革命或者某一重大政治事件作为历史分期标志的观点虽然依然存在，但已经不再占主流地位。现在人们越来越看重普通民众的经济和社会生活中所蕴含的变化。所以，以 15、16 世纪作为大转变起点的说法较为普遍，到 17、18 世纪时这种转变基本完成，这一时期通常被认为是社会转型时期。

这一大转变起源于何地，也已有大致结论，即欧亚大陆的西端，英国为领头羊，如果说 19 世纪中叶后以英国为首的西欧国家依次完成了工业化，那么中国的由以农业为本向以工商业为本的社会转型时至今日仍然在进行中。研究英国社会转型时期的情况，对于理解、认识和解决中国社会转型中遇到的一些问题，仍具有重要意义。

15—18 世纪是英国从以农业为本的传统社会向以工商业为本的现代社会全面转型的重要时期。其间，16、17 世纪的历史被认为是传统社会和近代社会的分水岭。16 世纪的英国经历了政治革命，开始形成近代中央集权的官僚体制；商业化和商业革命成为发展的主旋律，英国经济经历了显著发展；还经历了宗教革命，世俗人士开始主宰自己的宗教生活。然而，这一系列历史性大变革的深层动力因素就是资本主义的发展，政治、经济、社会的商业化成为时代发展的最强音，商业逐渐成为核心的经济部门。在这一历史演变进程中，作为商业经营主体的商人也由社会的边缘日益走向社会的中心位置，他们在英国政治、经济和社会以及主流价值文化的转型中起着重要的推动作用，也日益受到民族国家政府的重用和社会各阶层的尊重。这一对社会转型时期英国商业、商人的作用与变化的描述，是我们从国内外关于这一时期研究的成果中得出的较为突出的认识。但同时也发现，研究成果中对英国社会发展进程中商人群体何以能够壮大、崛起，何以能够得到社会各阶层的肯定和尊重，何以能够在社会转型中起到中流砥柱的作用，还缺乏深入系统的研究。

长时间以来，为了理解和解决中国向现代社会转型中遇到的一些问题，国内学术界格外关注作为最早步入现代社会的“原发型”国家——英国的社会转型时期。在国内出现了从经济、政治、法律制度、宗教、文化、家庭及私人财产权等视角分析英国社会转型动因的成果。其中，不少学者注意到，在农业生产技术变革和农业生产力水平提升的基础上，在国内外市场不断扩展和商品日渐丰富的刺激下，在政府和全民重商意识的浪潮中，商业得到迅猛发展，商业化犹如飞速旋转的发动机在推动英国社会向现代社会的转型中起到了关键的作用。商业逐渐成为社会中独立的、核心的经济部门。与此同时，传统商业中那种农业生产者兼商人或手工业者兼商人的现象已越来越少，奔走于生产者和消费者之间的形形色色的代理商或中间商队伍不断扩大，从事对外贸易的大商人也空前地增多，逐渐形成了一个职业商人群体。伴随经济实力的增长，商人群体不仅成了英国近代社会中最富有的阶层，其经济、政治影响力也迅速增强。他们的活动舞台也远远超出商业领域，他们在经济、政治和社会领域中广泛地发挥着越来越重要的作用，成为推动英国社会进步的重要力量。

社会对商人群体的评价也在发生着翻天覆地的变化。在近代以前的农本社会里，东西方封建社会意识形态中都无一例外地存在“贵农贱商”的意识。就欧洲而言，商人的获利行为一直受到封建主流意识形态基督教神学思想的斥责和抑制。基督教教义和教会法都禁止基督徒为商，并宣布商人都是进不得天堂的。《圣经》中记载，“富人进入天堂比骆驼穿过针眼还难”。从宗教伦理上说，商人的财富常被认为是通过“贱买贵卖”的不公道价格赚取的不义之财。在以农业生产为主体的社会里，做买卖被认为不是生产，商业被认为是最下贱的行业，商人被认为是不劳而获的人，也是社会地位最为低下的边缘群体。长期以来，反映大众生活的文学作品中谈起商人时，往往冠之以贪得无厌、奸诈狡猾、投机取巧、冷酷无情、为富不仁等反面人物形象，人们在与商人打交道时都心存戒备。无疑，对商人的这种认识的形成有多方面原因：其一，在庄园时代，自给自足的经济形态占据主导地位，人们对商品和商品交换没有大量需求，商业缺乏存在的基础，这也是最根本的原因；其二，这时的商人的确大多出身微贱，“商人阶层并不是一个新生的力量，也不是一种外来的力量，而是那些原本生活在庄园最底层的广大农奴”，也就是说，商人原本就是农本社会中最低下的人等；其三，是因为这些从农本社会中游离出来的“流浪儿”，[①]他们的活动本身就是违背庄园农本社会的秩序和价值原则的，而且由于商业环境恶劣，经营技术低下，为求生存，他们在行为上也常常不择手段地获利，这更加深了农本社会对他们的不良印象。

伴随商业的发展和商人阶层的壮大，对商人的社会认知也在发生着变化。在17、18世纪的西方思想界、学术界和文化界，都出现了赞颂商业和商人的声音。重商主义思想更是成为社会普遍认同的主流意识形态。社会各阶层对商人的社会作用和社会地位也给予了相应的肯定和尊重，对于他们的职业操守也投以更多的欣赏和赞许的目光。分析这些变化的原因，较为明显的应该是商业给社会经济生活带来的种种方便，给民族国家财富积累和国力的提高作出的重大贡献，因而使人们对商业和商人获利行为给予一定的理解和感激。但更深层次的因素则与商人群体的主观努力分不开，商人群体开始展现出较为明显的理性投资、合法取财的商业经营行为，他们将勤俭谨慎、守时公正、虔诚自律奉为成功哲学，表现出热心公共事业、服务民族国家的担当情

① 赵立行：《商人阶层的形成与西欧社会转型》，中国社会科学出版社2004年版，第133页。

怀。他们富有进取和敢于开拓的精神也成为引领全社会的精神和价值追求。诚然，商人能以如此形象立足于近代早期英国社会，除了民族国家推行重商主义政策、全民的重商主义意识、社会经济结构由以农业为本转向以工商业为本等客观因素之外，还应该与商人阶层自身提高知识、技能、素质和品质等努力息息相关。那么，面对15—18世纪社会经济尤其是商业的迅速发展和变革的新形势，商人阶层是如何提升自己做人和从商的知识技能与道德品质的，对于商人的培养，民族国家、家庭、商业组织和社会各方面都起到了怎样的作用，在此之下，推动近代早期的英国形成了什么样的商人培养教育模式；这种模式对新商人阶层的培养教育效能如何；以及这些受新型教育模式培养的高素质商人在英国社会经济转型中究竟起着怎样的作用；等等，这一系列相关联的问题目前学术界还没有专门的论述，本书试图系统地作一个回答，并更深一步地从商人教育视角对英国社会转型的动因作出初步探讨。

结合当下新时代中国特色社会主义发展的实际，这项成果也是具有重大的现实意义的。首先，在英国社会转型时期，社会经历了剧烈的变革，市场经济和商业化成为不可逆转的重大趋势，在这种情况下发挥市场经济中介环节作用，作为市场经济主体的商人群体成为极为重要的角色，商人群体自身素质如何、能力如何，以及他们如何确认自身的社会角色，如何正确履行自己的职责，都十分关键。当前，我们经济发展中提出要坚持使市场在资源配置中起决定性作用，更好地发挥政府作用，推动有效市场和有为政府相结合，注意增强市场主体活力，激发企业家精神，这实际上就是鼓励商人和企业家发挥作用。

其次，我国正步入社会主义现代化建设的新征程，为了最终建成社会主义现代化强国，实现中华民族伟大复兴，党的二十大报告尤其强调要“实施科教兴国战略，强化现代化建设人才支撑”，提出“科技是第一生产力、人才是第一资源、创新是第一动力，深入实施科教兴国战略、人才强国战略、创新驱动发展战略”。[①] 这就说明加大人力资源培育力度，鼓励创新，提倡终身学习，拓展企业家精神生长空间，建设知识型、技能型、创新型劳动者大军是当前的重要任务。社会主义现代化强国的实现需要有足够的人力资源储备。人才强国战略是基础，是前提。因此，探索一个适合中国国情的行之有效的现代化的职业教育模式也是亟待解决的时代课题。最后，商业化的发展使以农业为基础的传统社会结构逐步解体，传统的文化观念和价值体系也受到冲击，因此，社会的现代化必然伴随着传统文化价值观念的继承和创新，必然要构筑适合和满足中国特色社会主义现代化建设的文化价值体系和社会风尚。在英国的社会转型中，伴随着商人群体日渐成为社会发展的主力，商人群体的知识品位、文化素养、社会价值观在树立新的时代精神方面起着重要的导向作用。俗话说，“它山之石，可以攻玉”，研究别国的历史，尤其是社会转型时期的英国的历史，可以获得宝贵的鉴戒。处于转型时期的英国是通过哪些途径和方式进行商人教育，如何培养了新型的适合社会需要的商业人才，这些值得进行深入探讨。

笔者主要运用历史分析或者说实证的方法提出研究问题。商人的

① 习近平：《高举中国特色社会主义伟大旗帜　为全面建设社会主义现代化国家而团结奋斗——在中国共产党第二十次全国代表大会上的报告》，人民出版社 2022 年版，第 33 页。

培养和教育问题是一种经济社会现象，从根源上是依存于经济社会的变迁的。纵观历史，运用发展、变化的观点，对15—18世纪英国政治、经济社会变迁及商人社会地位和形象改善的原因进行考察，笔者发现其背后还存在着商人培养和教育模式的变迁，商人培养和教育与之前西欧中世纪时期有很大的不同，实际上形成了一种新的教育模式。那么这是一种怎样的培养模式，在英国社会转型中起着怎样的作用，需要研究。

在研究方法上，笔者通过最大限度地搜集相关的第一手资料和文献，运用实证分析的方法，对文献作品进行必要的文本分析和解读；在此基础上，重点参阅西方史学界较为前沿的权威著作，并对国外相关的学术研究成果的观点和研究方法，相关材料史实进行比较分析、评判和吸纳。

针对社会转型时期英国商人是如何接受教育的问题，笔者主要依据对商人的传记、日记等私人档案，城市、行会等官方档案进行文本解读，力求探寻商人教育的“真相”；运用历史学比较分析的方法，将所考察的阶段置于宏观的历史长河中，比较分析英国商人教育模式的形成、时代特点和历史作用；通过对档案资料的挖掘、诠释和解读，运用微观史学的分析法，深度描述社会转型时期形成的新的商人教育模式是如何改善商人群体的整体形象的；在对商人群体定量分析的同时，选择一些典型商人的个案进行剖析，运用案例分析法，将个案实证与抽象分析相结合。

该研究成果拟在三个方面有所突破：一是在学术思想上，从商人教育发展动因角度对商业化时代英国社会、商业发展和变革进行系统梳理，然后基于社会转型视野对英国商人的教育和培养问题进行专门研究，论证英国商人教育模式的形成不仅仅是适应社会转型的结果，而且是推动社会转型的重要因素。二是在学术观点上，通过系统全面的考察，得出英国社会转型中形成了新的商人教育模式，这种新的商人教育模式适应了社会发展的需要，培养了一个庞大的、高素质的商人阶层，新的高素质的商人阶层成为英国社会转型的重要推动力量，从而从商人教育模式和商人道德素质角度关注英国的经济社会转型，论证经济社会发展中人力资源的关键作用。三是在研究方法上，拟用微观史学的方法，对大量不被前人注意和使用的传记、日记、遗嘱等个人档案资料进行诠释和解读，力求全景式地构建商人个体和群体的商务活动、公私生活、精神风貌等，揭示商人的教育状况。

通过对转型时期商人教育问题的历史考察，得出结论：在英国社会转型中形成了新的商人教育模式，新的商人教育模式培育了庞大的、高素质的商人阶层，使他们在政治、经济和社会道德领域推动了英国社会向近代转型，从而论证商人教育模式在英国社会转型中起着举足轻重的作用。

二、学界对商人教育问题的研究综述

对于社会转型时期英国商人的教育问题，迄今为止，国内外学术界均无研究专著问世，只是在经济史、社会史、教育史、文学史等领域中有所涉及，因此，现有的一些相关成果也多散见于相关领域中。相比较而言，经济史和社会史学者从分析商业和商人在英国向近代社会转型中所起的重要作用时关注得更多一些。

鉴于社会转型时期主流思想中残存的“贱商”意识，当时的思想文化界对商人仍然有某种不屑一顾的情绪，因而在现存史料中呈现出来的是商人的传记极其少。这使我们对转型时期商人的认识存在一定困难，所幸的是，19、20 世纪的一些西方学者通过收集整理一些原始资料，梳理、编撰了一些优秀商人的传记或者一些商人个体的资料，并在此基础上开展了对商人个体或某个商人家族的个例研究，从而由点到面地揭开了对商人阶层的整体认识。

这些研究成果中，较早的有福克斯·伯恩的《英国商人》[①]（1886）。作者以不同时期影响英国商业发展的著名商人为主线，按照时间的先后顺序，叙述了自 14 世纪至 18 世纪中期涌现出的优秀商人个体，以及由他们主导的英国商业的发展史。从内容上看，作者着墨最多的是商人的财富、政治成就、慈善活动以及社会威望。作品对商人未成年时期的成长经历介绍得非常少，只是提到一些商人的学徒培训经历，没有专门探及商人的教育问题。

商人个案研究的成果中，按照商人生活的时代先后顺序排序有以

① H. R. Fox Bourne, *English Merchants: Memoirs in Illustration of the Progress of British Commerce*, London: Richard Bentley, 1886.

下几本。J. 韦伯的《伊普斯维奇的大托勒》①（1962），大托勒是都铎八世统治早期最活跃的商人，该书揭示了托勒家族如何组织海外贸易和分发进口货物，其在市民共同体生活中起到怎样的作用，是如何支配所积累的财富的。H. 艾莉森的《塞利一家：15 世纪的商人家族》②（2002），羊毛商乔治·塞利是一位较为谨慎理智的商人，他善于留存记录，该书基于他珍藏的重要的如商业账簿、次要的如他父亲曾标记过的废弃便笺等翔实的第一手资料，较为完整地展现了一个 15 世纪的羊毛批发商兼船东家族的商业活动，而且还记载了一些如吃穿住行、支出借贷、消遣娱乐等方面的生活琐事。R.H. 托尼的《詹姆士一世时期的商业和政治：商人兼大臣的莱昂内尔·克兰菲尔德》③（1976），该书以米德尔塞克斯郡的莱昂内尔·克兰菲尔德伯爵为研究中心，论述了在詹姆士一世时期，克兰菲尔德伯爵的经济状况和实践活动，他作为一位商人，后来成为政府部长，并很快升至财务大臣。作者对克兰菲尔德一生中种种成功与失败作了非常富有洞见性的解读，同时还考察了英国广泛的海外贸易与詹姆士一世时期的财政政策之间的关系。商人克兰菲尔德伯爵的个案，使我们从微观视角看到了 17 世纪上半期英国政府和商业之间的相互依赖和利用关系，这是英国崛起过程的一

---

① J. Webb, *Great Tooley of Ipswich, Portrait of an Early Tudor Merchant,* Ipswich: Suffolk Records Society Publications, 1962.

② Alison Hanham, *The Celys and Their World: an English Merchant Family of the Fifteenth Century,* Cambridge: Cambridge University Press, 2002.

③ R. H. Tawney, *Business and Politics under James I: Lionel Cranfield as Merchant and Minister,* New York: Sentry Press, 1976.

个明显特征。这部著作部分阐述了克兰菲尔德伯爵童年时的家庭生活经历，让我们看到了一位商人早年的生活环境和受到的启蒙教育之于一生事业成功的重要意义。

对社会转型时期商人个案的研究最为翔实的是美国经济史家 R. 格拉斯比的《英国的绅商：达德利·诺斯的传记和著述》①(1994)。格拉斯比教授非常重视在历史发展中人的主观能动性的发挥对历史进程产生的影响。由此，他认为商人个体的研究具有重要意义。他提出，通常情况下，虽然不能把单个的人作为合适的研究单位，但经济史家不能忽视个人对经济发展所起的作用。非人的因素可能预先设定了商业发展的经济参数，但正是人的因素造成了“可能是什么”和“实际是什么”之间的差别，也正是商人引发了英国国家发展方面的质的诸多变化。商业发展不是对时势消极的适应，而是具有自我选择性、不断调试性和开拓创新性的。经济发展的历史永远是个人主观能动性和环境制约之间斗争的历史。经济发展不仅要依靠良好的发展环境，更要靠一代一代的目标明确、干劲十足、具有开创性才智和激情、能够创造和利用机遇的优秀个人的努力。② 由于前工业革命时期，小规模的家族企业是最基本的商业经营单位，这样的市场主体通常是在某单个商人或者家族的控制之下运作，因此独立的商人个体是前工业革命时

① R. Grassby, *The English Gentleman in Trade: the Life and Works of Sir Dudley North 1641–1691,* Oxford: Oxford University Press, 1994.

② R. Grassby, *The English Gentleman in Trade: the Life and Works of Sir Dudley North 1641–1691*, Oxford: Oxford University Press, 1994, pp. 1–2.

期经济发展的主要推动者和管理者。[①] 从这一点出发，格拉斯比教授利用丰富的文献资料，向我们揭示了绅士阶层出身的商人达德利·诺斯依靠个人的商业技能、勇于开拓的精神和坚持不懈的奋斗，在利凡特贸易中发财致富，并在政治仕途和社会地位上走向全面成功的经历。作者认为，达德利·诺斯是一位成功的商人和经济学家，而且是查理二世和詹姆士二世统治时期具有重要地位的国家公职人员。他认为达德利·诺斯的成功与其性格、信仰、意志和他所具备的各种技能及品质有着正向的关系。格拉斯比的这部著作展示了一个生活在 17 世纪的鲜活的商人的成长个案，可以让我们了解 17 世纪英国商界状况的一部分。该书附录中达德利·诺斯的著述，对我们了解当时商人的经营理念和价值追求极有帮助。这些商人个案的研究成果不仅提供了丰富的资料，而且使人们对社会转型时期英国商人有更加直观的认识。

随着西方学者对原始资料的发掘，学术界对商人群体的研究成果也逐渐增多：S. L.瑟拉普的《中世纪伦敦的商人阶层：1300—1500》[②]（1962）基于两个世纪里伦敦社会发展的大背景，考察了伦敦商人群体的社会地位、社会关系、社会流动及生活品行等。在探讨伦敦商人群体的生活品行时，作者提到了商人的文化和道德教育，并强调了道德教育对商人的重要性，他认为，一个意欲从商的孩子假如没有太多的拉丁语知识，也是能够进行基本的经商活动的，但是，良好

① R. Grassby, *The Business Community of Seventeenth-century England,* Cambridge: Cambridge University Press, 1995, pp. 401–402.

② Sylvia L.Thrupp, *The Merchant Class of Medieval London 1300–1500*, Ann Arbor: The University of Michigan Press, 1962.

的道德品质的培养却是其成长过程中必不可少的。[1] 有些遗憾的是，著作没有提及商人的技能教育。J. 克蒙德的《中世纪商人：中世纪晚期的约克、贝弗利和赫尔》[2]（1998）基于中世纪晚期生活在英国北部约克、贝弗利、赫尔三个城镇的大约 1400 名商人的资料，分析了这些商人的政治成就、宗教态度、家庭生活、广泛的交际圈，以及不同层级的商业经营行为和性质等，论及商人社会的诸多层面。作者认为，商人群体是城市社会的核心，他们积累了比其他市民更多的财富，他们有着与众不同的视野和开创精神，尤其在把握和应对长距离贸易的机遇和挑战方面更是略胜一筹。他们在慈善事业、城市公共工程和宗教事务方面慷慨解囊，表达着对社会的关切和责任，因而得到社会的肯定和尊重，引领着城市价值观的形成和发展方向。

对商人群体考察全面透彻、细致缜密的，当数格拉斯比的《17 世纪的英国商人团体》[3]（1995）。该书全面探讨了 1590—1720 年发展起来的英国商界的诸多方面，在关于近代早期英国商人的研究史上称得上是一部商人群体的总体史，就资料的翔实和全面性来说是空前的，具有里程碑式的意义。作者开创性地使用了大量私人商号中尚未开放的原始资料和机构档案，描述和解释了前工业经济中的商业模式

① Sylvia L.Thrupp, *The Merchant Class of Medieval London 1300–1500*, Ann Arbor: the University of Michigan Press, p. 164.

② Jenny Kermode, *Medieval Merchants: York, Beverley, and Hull in the Later Middle Ages*, Cambridge: Cambridge University Press, 1998.

③ R. Grassby, *The Business Community of Seventeenth-century England*, Cambridge: Cambridge University Press, 1995.

和技术结构，考察了社会价值观、人口因素、家庭、政教分离等方面的变化如何锤炼、激励了商人的斗志和决定了他们的生活方式。作者使用经验研究的方法，通过列举大量的实例论证了人们为什么要去经商，他们怎样生活和工作，取得了什么成就，等等。作者对这一时期商业的性质和模式及商人各种各样的生存方式所作的详尽而生动的描述和分析，为我们提供了大量弥足珍贵的资料和商业信息。通过研究，作者得出结论：正是商人个体的主动性和流动的社会结构在很大程度上解释了英国和其他前工业社会的国家对经济机会的反应差异，这种差异使英国成为商业强国。显然，格拉斯比的这个观点充分肯定了商人个体和群体在推动英国经济崛起中起到了极为关键的作用。这项研究成果还特别探讨了商人群体的培养和教育问题。作者提出，商人的成功需要有创新能力与敢于冒险的资质和天赋，需要有意志坚定、乐观自信、沉稳淡定的个性品质，更需要有后天对书法、簿记、语言、法律、销售技巧等商业经营技能的培训。所以，他认为，这些铸就商人事业有成的品能必须通过正规的教育和培训习得，学徒制自然成为补充商界新成员的主要渠道。这项成果极大地推进了英国商业和商人史的研究，开拓了人们对前工业时期英国商业乃至整个经济的动态发展与社会中人的能动性发挥之间的互动认知视野。

为了进一步论证商人家族在英国经济社会发展中发挥的关键作用，格拉斯比在商人史研究领域继续深耕细作，用纯经验主义的方法，对收集到的丰富的文献资料进行加工梳理，构建了一个包括 28000 个商人家族资料的数据库。他用计量的方法和大量的实证个案竭力呈现 1580—1720 年英国城市商人家族的公私生活，在此基础上写成了《亲属关系和资本主义：1580—1720 年讲英语世界里的婚姻、家庭和商业》[①]（2001），开辟了商人研究的新视角。[②] 该著作大致从商人的婚姻、家庭和商业三个部分探讨了商人家族的亲属关系与家族企业的发展，以及与英国资本主义发展之间的关系。格拉斯比认为在小生产经营方式占优势的前工业时期，家族企业是与这个阶段的经济历史发展相适应的，是普遍存在的一种经济单位。而且，家族企业延续或中断都对英国经济起着推动作用：家族企业的代代延续性确保了商业技术的传承，家族企业的易中断性则能够避免寡头管理，有利于培育企业精英和企业家精神。[③] 正是家族企业而非占有性个人主义（possessive individualism）成为英国经济发展的引擎。这项成果让我们认识到，亲属关系网络与家族资本主义是共生的关系，亲属关系是维系家族企业发展的纽带，而家族企业为商人个体的发展提供技能培训、资金支持、信息和风险庇护等便利。家族企业在资本积累和商业人才培养上，起着重要的作用。格拉斯比严谨的治学态度，新颖独到的研究方法，求真务实、追求卓越的精神也令吾辈肃然起敬、受益匪浅。

伴随商人群体的壮大，商业社会发展走向顶峰，长久以来被排斥

---

① R. Grassby, *Kinship and Capitalism: Marriage, Family, and Business in the English Speaking World, 1580–1720,* Cambridge: Cambridge University Press, 2001.

② 刘景华、沈琦在《史学理论研究》2004 年第 1 期发表的《商人研究新视角：亲属关系和家族企业——格拉斯比转型期英国商人亲属关系和家庭企业研究评述》一文中对该书作了经典评述。

③ R. Grassby, *Kinship and Capitalism: Marriage, Family, and Business in the English Speaking World, 1580–1720*, Cambridge: Cambridge University Press, 2001，p.415.

在权力之外的商人群体，不可避免地开始关心国家政治的发展进程。他们在由社会边缘日益走向国家政治、经济舞台中心的过程中，推动了国家政治生活的民主化和经济生活商业化。学者 P. 高斯在《贸易的政治：在国家和社会中的海外商人（1660—1720）》[①]（2001）中，就从商业与英国政治、经济转型视角，探讨了在国家发展的关键时期海外商人的政治、社会影响力，解释了海外贸易商人与民族国家政治的关系。作者认为在 1660—1720 年这一时段英国海外贸易商人的活动已经超越了商业舞台，他们对国家政治生活的积极参与是这一时期政治变化的基本特征之一。作者选取伦敦、利物浦和约克三个海外商人较为集中的城市为个案分析了商人政治的运作，同时研究了当时的商业媒体和议会政治的发展，论证了商人在国家中的地位和影响力日渐突出，开创性地提出商人阶层与土地贵族的政治妥协对 18 世纪英国成为一流商业强国起着至关重要的作用。在探讨海外商人的成长背景和培训时，作者认为商人出身的家庭背景对商人事业的发展有着重要影响，影响年轻商人发展前景的关键因素是其前辈的社会影响力和职业地位，只有拥有家族财富优势的年轻人才能够通过正规的学徒制进入海外贸易的领域。[②] 在海外商人新成员的招募中，具备城市地缘关系和家族商业关系的年轻人在商业教育中享有明显的优势。许多海外商人为确保家族事业的延续性和安全性，尽力雇用与自己沾亲带故的人，

① Perry Gauci, *The Politics of Trade: the Overseas Merchant in State and Society, 1660–1720*, Oxford: Oxford University Press, 2001.

② Perry Gauci, *The Politics of Trade: the Overseas Merchant in State and Society, 1660–1720*, Oxford: Oxford University Press, 2001, p. 68.

对他们进行内部（in-house）培训，节省孩了培训的费用和在职业选择上耗费的精力。[①] 这些研究让我们认识到，海外商人群体凭借在城市经济社会中的特殊地位和在商业社会中得天独厚的网络关系，形成对新商人教育培训的实际垄断性，这也是源自英国特定时期的商业的垄断性。

高斯的另一部著作《世界的商业中心：伦敦商人 1660—1800》[②]（2007）则是基于对伦敦整个城市商人阶层系统研究的成果。作者通过阐述伦敦商人的社会经济生活和文化经历，论证了商界精英在首都伦敦大火后的涅槃重生中，在民族国家日渐壮大走向世界中心的历程中作出的巨大贡献。该书分前后两部分，前半部分重点关注商人的家庭及工作场所和商业活动地即城市栖息地（City Habitat）的发展，这是理解商人影响力的关键部分。后半部分关注的是，在更大的社会环境中，商人的业务成长和品能铸造、财富和金融影响力以及政治势力。作者提出，城市商人是推动社会变革的公认力量，商界领袖在国民经济的发展中，在 18 世纪英帝国的崛起与走向辉煌中作出了巨大贡献，起着关键作用。[③] 论证中作者运用了大量史料，借用了前人的成果，深描了一个商人从学做学徒到由学徒转型为年轻商人，再由年轻商人历

① Perry Gauci, *The Politics of Trade: the Overseas Merchant in State and Society, 1660–1720,* Oxford: Oxford University Press, 2001, pp. 70–71.

② Perry Gauci, *Emporium of the World: the Merchants of London 1660–1800,* London: Hambledon Continuum, 2007.

③ Perry Gauci, *Emporium of the World: the Merchants of London 1660–1800,* London: Hambledon Continuum, 2007, p. 15.

练为成熟商人的经历，历数了商人成长中的种种困难和挑战，凸显了伦敦商人群体卓尔不群的精英形象，为探讨英国商人的教育和培训问题提供了宝贵的资料和观点启迪。

伴随着经济社会的商业化，商人群体成为整个社会经济运动的支配者和主导者。这体现在生产领域和流通领域的变化便是一种特有的文化现象产生了，也就是新的商业文化的兴起。一些学者关注到这一变化并从商业文化视角展开了对商人的研究。N. 葛雷斯的《英国商业文化（1660—1720）》[①]（2006）选择了被众多学者极为关注的1660—1720年，这是一个商业迅猛发展的阶段，被称为商业革命和金融革命时期。N. 葛雷斯在前人关于商人文化和社会商业化的研究成果基础上，选取了伦敦商人会聚地皇家交易所这个商业据点，缕析了这一时期关于商业的报刊和书籍，解读了牧师对商人的布道及对商业说教的文学作品等，从四个渠道中抽取出了许多个案，论证了商业是怎样被合法化、被推动、被改革和被认可的。这一著述大大拓展了对商人社会教育的研究思路。C. 马德鲁的《责任经济：近代早期英国信用文化与社会关系》[②]（1998）探讨了维系经济结构的信用的文化价值。文章提出，由于近代早期英国市场上流通的是硬通货，有限的金属货币难以满足日渐膨胀的交易需求，因而人们只能借助信用进行交易。在公共金融机构、法律体制和信用机制尚不健全的年代，信用的兑现与否

① Nata sha Glaisyer, *The Culture of Commerce in England 1660–1720,* Suffolk: The Boydell Press, 2006.

② Craig Muldrew, *The Economy of Obligation: the Culture of Credit and Social Relations in Early Modern England,* New York: St.Martin's Press, 1998.

只能寄托在家族或个人的声誉之上。在交易中，一个人的信用就相当于一种“文化货币”，也就是信任。这就使人联想到，在这个特定的时代，处于信用网络核心位置的商人要赢取客户的信任，维护好自身声誉显得特别重要。这些研究成果也使人们认识到商人职业道德教育之于商人教育的必要性。

商业也被称为贸易，是商人谋生的手段，因此商业或者说贸易自然是承载着商人思想和行为的主要活动。海外贸易对英国近代早期民族国家的扩张、巩固和发展起到了重大作用，因而不乏学者集中研究近代早期英国的海外贸易。其中，具有代表性的有：著名经济史家 E.M. 卡鲁斯－威尔森的《中世纪晚期布里斯托尔的海外贸易》①（1967），该书考察了中世纪晚期布里斯托尔商人广泛的对外贸易，提出布里斯托尔商人的足迹几乎遍布整个欧洲，揭示了商人顽强拼搏的开拓精神；西奥多・K. 拉布的《进取与帝国：商人和绅士的海外投资（1575—1630）》②（1967），该书以大量的数据资料显示了商人和绅士的海外投资情况，并分析了两者海外投资的动机和特点；吉奥拉・帕加诺・德・迪维提斯的《17 世纪意大利的英国商人》③（1997），该书探讨了英国商人征服地中海贸易的过程；梅维斯・E. 马特的《贸易

① E. M. Carus-Wilson(ed.), *The Overseas Trade of Bristol in the Later Middle Ages,* London: Merlin P., 1967.

② Theodore K. Rabb, *Enterprise and Empire: Merchant and Gentry Investment in the Expansion of England 1575–1630,* London: Routledge Press, 1999.

③ Gigliola Pagano de Divitiis, *English Merchants in Seventeenth-century Italy,* Cambridge: Cambridge University Press, 1997.

与经济发展（1450—1550）》[①]（2006），该书关注了英国东南部肯特（Kent）、萨里（Surrey）和苏塞克斯（Sussex）三郡的酿酒业的发展，以及与诺曼底、布列塔尼和低地国家贸易的扩展。

相对于对外贸易而言，学者们对国内贸易的关注较少，不过已呈现出增多的趋势。其中，琼·瑟斯克的《英格兰和威尔士农业史：1500—1640》[②]（1967）第八章和 J. A. 撒彻尔的《1500—1700 年英国国内贸易》[③]（1977）都介绍了国内农产品市场的发展；D. 戴维斯的《购物史》[④]（2007）回答了过去的人是怎样购物的，这是十分难得的关于零售业的研究成果，论述了大量国内小商人的活动。国内外对英国贸易领域的相关研究，对了解转型时期英国商人所生活的社会经济背景，以及他们所从事的商业实践活动都有所帮助。

20 世纪初以来，西方学术界出现了对中产阶级问题的研究。虽然对于中产阶级的起源和定义，学者们各抒己见，莫衷一是，但无论怎样定义中产阶级，商人总是这一群体的主体部分和核心力量，因此在对中产阶级的研究成果中，一般包含对商人的研究。这方面的研究成果较早的有：

---

① Mavis E. Mate, *Trade and Economic Developments 1450–1550,* New York: The Boydell Press, 2006.

② Joan Thirsk(ed.), *The Agrarian History of England and Wales, Vol. 4, 1500–1640,* Cambridge: Cambridge University Press, 1967.

③ J. A. Chartres, *Internal Trade in England 1500–1700*, London: the Macmillan Press Ltd., 1977.

④ Dortothy Davis, *A History of Shopping,* London: Routledge, 2007.

路易斯·B.赖特的《伊丽莎白时期英国的中产阶级文化》[①]（1935）。本书描述了伊丽莎白时代中产阶级的知识背景、思维习惯、文化品位等，认为中产阶级是推动英国民族进步的脊梁，也正是中产阶级的一些重要文化价值观念焕发了民族追求物质与精神的蓬勃热情。中产阶级开创了新的成功哲学，也就是通过节俭、诚实、勤奋和虔诚等品质赢得成功。中产阶级为了取得事业成功，表达出强烈的自我完善的要求，因而推动了英国教育事业的大发展。这部著作能让我们更多地了解到商人群体对自我完善的迫切需求和对商业人才培育的重视，对探讨商人的学校教育和社会教育问题富有思想启迪作用，其中还有丰富的史料可供参考。

P. 厄尔的《英国中产阶级的形成：伦敦人的商业、社会和家庭生活（1660—1730）》[②]（1989）。该书利用了大量原始资料，比如遗嘱、工商业票据、存货清单、结婚协议、离婚听证会记录、同时代人的著述和日记等，还原了一个丰满的“中产阶级”。作者通过深入描写伦敦人的商业、社会和家庭生活，认为正是伦敦的中产阶级，引领英国近代经济和社会走向现代化。书中提到了商人的学徒教育方式，对伦敦学徒的论述有助于加深对这一时期英国商人学徒教育的认识。

R. H. 玛格丽特的《中等阶层：英国商业、性别和家庭（1680—

---

① Louis B. Wright, *Middle-Class Culture in Elizabethan England,* Chapel Hill: University of North Carolina Press, 1935.

② Peter Earle, *The Making of the English Middle Class: Business, Society and Family Life in Lo-non, 1660–1730,* Berkeley: University of California Press, 1989.

1780)》[①](1996)。该书以家庭为核心展开研究，依据部分家族档案和法庭诉讼记录，重点考察当时人们的思想、情感和价值追求。通过研究发现，伴随资本主义的发展、财富的增长，近代早期的家庭反而比先前更缺乏安全感。由于家族对财富追求的看重，因而家庭关系中出现较多的矛盾冲突和紧张状态。譬如，由于商界家庭都非常看重家族事业的传承和发展繁荣，儿子便是未来的筹码，因此商人家庭特别重视对儿子的培养。这种培训的严酷程度有时使结果适得其反，造成父子关系破裂，甚至反目成仇。这部著作部分呈现了社会转型时期商人家庭教育的情况，以及商界对商业人才的培养态度。

美国学者约翰·斯梅尔的《中产阶级文化的起源》[②]。该书是一部关于中产阶级研究的代表作，以17—18世纪约克郡的哈利法克斯为研究个案，深入描写了该教区的中产阶级在经历经济、社会和文化变迁中，如何具备了中产阶级的意识，形成了独特的中产阶级文化。该书虽然没有直接论及商人的教育，但在论证中产阶级崛起和中产阶级文化起源过程中引用了关于商人家庭生活、社会活动以及商业运营的大量史料，加深了人们对商人阶层形成的认识。

鉴于学徒教育是中世纪以来工商业人员培训的传统方式，因此在对转型时期学徒研究的著作中也自然涉及商人学徒期教育的研究。其中主要有 J. F. 斯科特的《行会体制下的学徒制》和《英国学徒制的衰

---

① Margaret R. Hunt, *The Middling Sort: Commerce, Gender, and the Family in England, 1680–1780,* Berkeyley: University of California Press, 1996.

② ［美］约翰·斯梅尔：《中产阶级文化的起源》，陈勇译，上海人民出版社 2006 年版。

落》[①]两篇论文，前者分析了中世纪至文艺复兴时期英国学徒制在行会监督下得以成功运行的原因；后者则提出，由于经济环境的改变，行会监督力的衰弱，17、18 世纪的学徒制虽曾一度取得伊丽莎白国家政策的支持，但终究因难以适应新的时代要求而寿终正寝。从这两篇论文，基本上可以看出英国学徒制的整体发展脉络，但作者所论及的多是工匠学徒和工业教育，没有正面讨论商人的学徒教育。近年关注工业学徒和工业教育的文章还有 K. D. M. 斯内尔的《英国历史上的学徒制》[②]（1996），该文概述了英国历史上学徒制的发展变迁。

除了上述几篇侧重从社会制度角度对学徒制进行研究的论文外，还有一些侧重从教育角度研究的成果。如安妮 · 亚伯勒的《16 世纪布里斯托尔的青年学徒》[③]，该书认为学徒制是城市人口补给的唯一而又极其重要的渠道，也是传统道德代代延续的重要途径。学徒期的培训任务是使学徒由一个孩童迅速地向青年转变，并使其最终成长为能担当重任的城市自由人。史蒂文 · R. 史密斯在《理想与现实：17 世纪伦敦师徒关系》[④]及《伦敦学徒：17 世纪的青少年》[⑤]两篇文章中提出，学徒

---

① J. F. Scott, "Apprenticeship under the English Gild System" , *The Elementary School Teacher,* Vol. 13, No. 4 (Dec. 1912), pp. 180–188; "The Decline of the English Apprenticeship System" , *The Elementary School Teacher*, Vol. 13, No. 9 (May 1913), pp. 445–454.

② Keith D. M. Snell, "The Apprenticeship System in British History: the Fragmentation of a Cultural Institution", *History of Education,* Vol. 25, No. 4(1996), pp. 303–321.

③ Anne Yarbrough, "Apprentices as Adolescents in Sixteenth Century Bristol", *Journal of Social History,* Vol. 13, No. 1 (Autumn 1979), pp. 67–81.

④ Steven R. Smith, "The Ideal and Reality: Apprentice-Master Relationships in Seventeenth Century London" , *History of Education Quarterly*, Vol. 21, No. 4 (Winter, 1981), pp. 449–459.

⑤ Steven R. Smith, "The London Apprentices as Seventeenth-Century Adolescents" , *Past and Present,* No. 61 (Nov. 1973), pp. 149–161.

制作为一种教育制度，蕴含着复杂的社会经济关系，理想的师徒关系是父子关系，但实际的师徒关系往往只是一种契约关系。鉴于学徒处于青春期这个人生的特殊阶段，对学徒的管理，尤其道德教育是当时社会关注的主要问题。莱弗里特·S. 莱昂的《作为商业教育方式的中世纪英国的学徒制度》① 一文，从行会组织这个中世纪最基本的生产经营单位的正常运营所需要的能力和品质出发，分析了学徒制教育的意义。这些关于学徒制的研究成果都或多或少地谈到了商人学徒教育的某些方面，为专门进行商人学徒教育的探讨提供了一定的帮助。

在传统农本社会里，职业技能教育主要以父传子或者师传徒式进行，因此，正规教育体制中不涉及商人教育。但伴随 15—18 世纪社会的大转型，英国教育体制和模式也由传统向现代转变，这种转变的最显著特点是学校教育更加普及，而且最重要的是更加实用。因此，关于这一时期教育的研究成果也较多地涉及商人教育。J. 西蒙的《都铎时期英国的教育和社会》②（1967）结合 15—17 世纪英国经济社会发展的历史背景，论述了英国教育领域的变化情况，重新解读了宗教改革立法对英国教育的深远影响。书中首先探讨了中世纪晚期英国的教育模式和推动宗教改革的人文主义思想的传播；然后考察了亨利八世和爱德华四世时，国家开始鼓励创办大学、中学的政策，并从民族国家发展角度对课程进行规划的做法。通过对教育和社会变化的重新审视，

---

① Leverett S. Lyon, “Medieval English Apprenticeship as Business Education” , *The School Review,* Vol. 28, No. 8. (Oct. 1920), pp. 585–599.

② Joan Simon, *Education and Society in Tudor England,* Cambridge: Cambridge University Press, 1967.

作者认为，伊丽莎白时代旨在培养绅士的教育体制得以巩固下来，并且在清教徒伦理和现实需要的推动下，大众教育得以普及。M. 亚历山大的《1348—1648 年英国教育发展史：社会和文化视角》①（1990），本书以 1348—1648 年为研究时段，提出亨利八世在位时的最后几年英国教育发生了重大变革，亨利八世的宗教政策暂时破坏了国内大学和文法学校的教育体制，却有益于国家教育的长远发展。因为它摧毁了中世纪以来宗教界对教育的垄断传统，大大推动刺激了世俗教育的发展，使民间地方办教育的潜能得以释放。自此，各种各样的由世俗人士资助的教育和培训机构很快涌现出来，这一趋势持续发展到 17 世纪四五十年代。17 世纪中期之后教育呈现出新的问题。由于英国资产阶级革命的影响，伴随资本主义的发展，民众对大学和文法学校的教育的效能越来越不满，主流民意开始质疑人文主义教育的理念，这威胁着传统的教育体制，致使英国教育持续衰微直到 19 世纪中叶。通过对这个时段英国教育发展史的考察，作者认为，英国教育不断世俗化、实用化，普通民众是教育机会不断扩大化的最大受益者。以上两部著作加深了人们对转型时期英国教育的宏观认识，尤其对商人学校教育发展的整体背景认识有很大帮助。

对转型时期英国教育史的研究中，也涉及商人教育的成果，如海伦·M. 朱厄尔的《近代早期英国教育》②（1998）。作者对近代早期英

① Michael Van Cleave Alexander, *The Growth of English Education, 1348–1648: A Social and Cultural History,* University Park: Pennsylvania State University Press, 1990.

② Helen M. Jewell, *Education in Early Modern England,* New York: St. Martin's Press, 1998.

国教育进行了广泛的考察，包括初等、中等、高等不同等级阶段的教育，制度化的和非制度化的教育形式，以及教育目的、教育设施、教育成就等。作者持一种大教育的理念，提出教育是一个连续的过程，不能只是在孩童时期教育，教育也应该有多种途径，不是所有的教育过程都要在正规学校教育中进行。而且从一定程度上说，所有的学习和培训过程都应该是受教育的过程。在这种大教育理论指导下，作者谈到商人教育采用的是灵活的教育方式，如学徒教育期间的灵活安排，文法学校和不信奉国教学院（Dissenting Academies）的灵活的商业课程的开设等，这些都有效地满足了商人教育的需要。

社会、政治、经济、宗教和文化的发展直接决定着对待教育的态度、教育经费的投入和教育课程的设置等，同时，若教育发展滞后或者不适应前者的需求，前者也会大受限制。罗斯玛丽·奥戴的《教育与社会（1500—1800）》①（1982）就从教育与政治、经济、文化等社会存在的相互作用理论出发，②选择1500—1800年英国社会剧烈变革的时期，探讨了这一时期英国初等、中等和高等学校教育的发展演变。难能可贵的是，在讨论社会与教育相互作用的过程中，作者论及传统教育体制的调整究竟在多大程度上满足了商业社会的需求，这一部分的探讨不仅为英国商人学校教育的研究提供了难得的资料，而且在学

① Rosemary O'Day, *Education and Society 1500–1800,* London & New York: Longman Group Limited, 1982.

② 即社会、政治、经济、宗教和文化的发展决定对待教育经费、教育课程的观念，这种观念影响教育，同时也受教育的影响。Rosemary O'Day, *Education and Society 1500–1800,* London & New York: Longman Group Limited, 1982, p. xiii.

术观点上也颇富启迪性。

K. 查尔顿的《文艺复兴时期的英国教育》[①]（2007）结合文艺复兴时期的社会、政治和历史背景，将文艺复兴时期英国教育分为正统教育和非正统教育。文法学校、大学和律师学院提供的教育属于正统教育，家庭教育、旅行、现代语言学习和文化教育，以及商人、航海家和土地所有者所接受的教育属于非正统教育。作者认为，商人教育采用的是一种特殊的教育形式即传统的学徒教育，但是从16世纪起，由于公会的监管职能偏向消极的一端，学徒制沦为公会维护行业垄断的工具，这使学徒制的教育功能呈下降趋势，[②]幸运的是，这一时期出现了一批民间教师、私立学校和商业类书刊等，我们姑且称之为社会教育的方式，这弥补了学校教育改革的滞后和学徒制教育的缺陷。但总体上看，该书只是宏观梳理了文艺复兴时期英国教育发展史的脉络，对商人和商业教育研究只涉及商业书刊对商人知识技能的教育，忽视了对商人学徒教育和商人学校教育的研究。

关于商人高等教育研究的著作较为稀少。其中有艾米斯－莱维斯编的《托马斯·格勒善和格勒善学院》[③]（1999），这是一本为庆祝格勒善学院（Gresham College）成立400周年而出版的论文集，是关于16、17世纪伦敦文化史的研究成果。其中考察了格勒善学院成立的原

---

① Kenneth Charlton, *Education in Renaissance England*, London: Routledge and Kegan Paul, 2007.

② Kenneth Charlton, *Education in Renaissance England*, London: Routledge and Kegan Paul, 2007, p. 255.

③ Francis Ames-Lewis, *Sir Thomas Gresham and Gresham College,* Hampshire: Ashgate, 1999.

因，分析了其成立和举办的活动是怎样吻合了伊丽莎白和斯图亚特伦敦的社会文化需求；论述了大商人托马斯·格勒善在商业中心伦敦的社会生活和商业生涯，分析了他创办格勒善学院的初衷，以及他期望格勒善学院起到什么样的作用；还论述了格勒善学院的学术活动和格勒善学院的教授对推动实用学科（比如几何学和天文学等学科）的发展所作出的贡献；还着重提到商业巨子格勒善是积极倡导创办商人高等教育的人之一，1575 年，他在遗嘱中提出创办格勒善学院，并列出在该学院开设的科目，其办学宗旨就是要办一所区别于牛津大学和剑桥大学的新型高等学府，满足立志于从事海外贸易和经商的伦敦市民的需要，对鼓舞和推动近代早期自然科学的发展作出了不可磨灭的贡献。这部论文集帮助我们更深入和全面地认识了大商人格勒善的成长经历、价值追求、社会形象、民族国家情怀等，这是社会转型时期商人群体中的典范。

专门研究商业教育的成果真是少之又少，迄今为止，仅有一篇论文算是专门研究，即 M.A. 达尔维的《1543—1902 英国商业教育概述》①。作者选择了 1543—1902 年这个较为漫长的时段进行梳理，整个这一时期英国对商业教育的重视程度是比较弱的。商业教育的历史实际上与古典人文教育一样悠久，作者认为其得不到重视的原因是商人迷恋上层贵族阶层的地位、价值理念和生活习惯，他们往往用经商获取的财富去竭力效仿贵族，这不仅影响了商业资本的积累，而且很自

① M. A.Dalvi, "A Historical Survey of Commercial Education in England 1543- 1902", *Comparative Education Review,* Vol. 9, No. 2 (Jun. 1965), pp. 170- 176.

然地使之也不会重视对商业后继人才的培养。这篇文章中，关于 17、18 世纪商业教育的内容非常少，作者仅仅借助呼吁商业教育改革人士的言论，论证了近代早期国家、社会及商人群体自身都对商人教育不够重视，让我们从一个新的角度认识了这一时段商人教育的整体状况。

国内学者关于英国商人教育问题的研究，由于起步较晚，而且长期以来在获取资料方面存在一定困难，取得的成果自然难以与国外的研究成果相提并论。但伴随着学者们英语水平的提高、研究方法的改进、现代化的研究工具的使用，以及国内外学术交流的增多，资料也越来越多地得到开发和利用，因而研究成果日渐增多，研究领域也在不断地拓展。首先是一些从宏观经济社会史角度对英国商人给予研究的，例如，刘景华的《城市转型与英国的勃兴》①选择与商业、商人紧密联系的城市展开研究，提出转型时期英国城市的转型推动了英国国内经济结构一体化的形成，“国内经济的一体化，为前工业化时期英国迅速的海外扩张（包括海外贸易和殖民运动）铺展了坚挺的国内背景，为英国在国际经济社会体系乃至世界市场体系中逐渐具有领导地位奠定了基石”②。这部著作解读了转型时期英国商业化社会的繁荣，以及商业和商人在国内外贸易中能够发挥关键作用的深层原因。侯建新的《社会转型时期的西欧与中国》③则从农民个体积累增加促使农业经营的专门化和资本主义化的角度，揭示了转型时期英国商业发展和向现

① 刘景华：《城市转型与英国的勃兴》，中国纺织出版社 1994 年版。
② 刘景华：《城市转型与英国的勃兴》，中国纺织出版社 1994 年版，第 153 页。
③ 侯建新：《社会转型时期的西欧与中国》，济南出版社 2001 年版；高等教育出版社 2005 年版。

代社会转型的深层原因。

也有一些专门研究转型时期英国商业和商人的成果，其中具有代表性的著作有以下几部。

赵立行的《商人阶层的形成与西欧社会转型》以商人阶层为考察对象，集中论证了中世纪的商业发展和商人阶层的形成，提出“商人阶层的形成，不是一种孤立的运动，它是社会机制、社会意识和社会经济共同变动的结果。商人阶层的形成并不是在与庄园制对抗和对立中完成的，而是双方的势力此消彼长的结果。商人阶层的形成不但引起经济势力的分化，同时还引起法律、道德、文化和社会意识等一系列的变动，它为西欧走出中世纪设定了物质的和意识的基础”[①]。该书把研究的重点放在商业和城市发展的主体——商人和商人阶层上面，认为商人阶层的成长和崛起不是通过斗争和对抗的方式，而是借助经济社会的发展，同时完善自身而完成的。商人阶层注重自身完善，比如，看重人身自由、追求钱财、提升自己的力量，注重交往联系，崇尚开拓冒险精神等，由此形成新型的价值观念，进而逐步推动整个社会的思想意识和道德价值观的转换。该作称得上是从思想文化意识角度解读西欧社会转型的成果，观点新颖，论证独到，对英国商人教育问题的探讨具有启发意义。

赵秀荣的《1500—1700年英国商业与商人研究》对英国社会转型重要时期的商业发展和海外贸易扩张，以及商业和商人在向近代社会过渡中的作用和地位问题进行了全面系统的探索，剖析了商人财富

① 赵立行:《商人阶层的形成与西欧社会转型》，中国社会科学出版社2004年版，第2—3页。

的积累、商业资金的流向和作用，提出在贸易扩张中，商人成为一个拥有雄厚财富和权力的社会阶层，逐渐拥有了资产阶级的阶级意识。①

张卫良的《英国社会的商业化历史进程（1500—1750）》提出，在工业化之前的英国社会实际上是一个趋于商业化的社会，新航路开辟、国内市场的完善和统一、国外市场拓展奠定了商业化的根基，农业、手工业和城市的商业化共同驱动一个商业化社会形成，表现为商人阶层的扩大和参政、国家政策的商业化加强、商人财富的增长和资本积累的加速，亦即一个商业化在社会发展中起着主导作用的社会。经过层层分析，作者提出，这一时期“商业化既促进着英国社会的变革或转型，也促进着英国社会关系的变化”，突出表现在商人社会地位的日益上升。商业化还推动了工业化，“没有商业化的发展就没有工业化的扩张”，“没有商业化的发展，自然也就没有现代社会的生产方式。商业化是现代社会生产方式发展的一个必要条件”②，不容忽视，再次强调了商业和商人阶层在英国向近代社会转型中的作用。

最新的研究成果还有刘景华的《走向重商时代：社会转折中的西欧商人和城市》，该书由商人篇和城市篇两部分构成，商人篇评析了社会转型时期商人的社会作用及其局限性、商人的社会形象和社会评价及其变化、商人的亲属关系与家族企业发展的关系等，见解独到，视角新颖，使国内对英国商人的研究由政治、经济层面拓展到社会文化层

① 赵秀荣：《1500—1700 年英国商业与商人研究》，社会科学文献出版社 2004 年版，第 209—221 页。

② 张卫良：《英国社会的商业化历史进程（1500—1750）》，人民出版社2004 年版，第340—341 页。

面。尤其是商人社会形象和社会评价更是激发了笔者对转型时期商人这一社会形象和社会评价转变的深层原因探讨，也就是说，这一转变一定是与商人阶层自我完善或者说接受的培养、教育有着密切的关系。

管新福的《英国文学经典中的商人世界》立足于对英国文学经典文本解读，通过对文学经典中关于商人描述部分的爬梳，展示了英国商人的经商活动、社会活动、感情状况，以及外邦商人的商事等，尽力把英国文学经典中所描写的商人形象进行历时性的梳理和共时性的呈现，还原了一个较为全面的商人世界，是一部非常难得的从文学史角度、运用文化学理论研究英国商人的著作，使人们对英国商人有了更为直观和鲜活的认识。

国内也有部分对转型时期英国商人作专门研究的代表性论文，比如，陈曦文的《英国都铎时代伦敦商人的财富和权力》[①]详细阐述了都铎王朝时期，伦敦商人如何通过积极参与商业活动和海外势力的扩张，实现了巨额财富的积累，并伴随着这一过程，他们的政治、经济权力和社会影响力得到了相应的增长，为我们认识商人在英国经济和政治生活中所扮演的关键角色提供了一个清晰的视角。刘景华的《转型时期西欧商人资本的独立发展和消极作用》[②]提出，在西欧经济向近代转型中，商业和商人资本的作用无疑是巨大的，然而也不能无限拔高，文章深入分析了商人资本在诸多方面的局限性，让我们对商人资本的作用有了一个全面辩证的认识。赵秀荣的《16—17世纪英国商

① 陈曦文：《英国都铎时代伦敦商人的财富和权力》，《世界历史》1993年第4期。
② 刘景华：《转型时期西欧商人资本的独立发展和消极作用》，《世界历史》2001年第2期。

人的社会生活特征》[1]提出，商人群体是中等阶层的主体，文章以商人的婚姻和慈善事业为载体，分析了英国商人群体既追求物质财富，又珍视信仰和感情的社会生活特征。另外，这方面的论文还有陈娟、陈勇的《略论近代早期英国商人的慈善活动》[2]，沈琦的《近代早期英国商人的婚姻取向及其影响》[3]和《略论近代早期英国商人亲属关系网络的作用》[4]，谢素科、黄虎的《近代早期英国海外贸易商发展因质与贡献》[5]等，以及几篇硕士学位论文：杨建华的《社会转型时期英国贵族同商人的交往研究》、刘保娟的《试论英国商人冒险家公司（15—17世纪）》、郭丽敏的《转型时期英国商人社会地位研究》、黄虎的《近代早期英国商业精英阶层来源研究》、白永亮的《近代早期英国社会转型中的商人及其作用》。总之，国内对转型时期英国商人的研究也由政治、经济领域逐渐向社会、文化、生活领域推进，成果更加丰富。

综合国内外有关社会转型时期英国商人教育问题的研究成果来看，国外学者对15—18世纪英国商人问题的研究成果比较集中在经济史、社会史和教育史领域，而且每项成果都资料翔实、角度新颖、观点独到。这些研究成果的内容大部分也不同程度地涉及商人的教育、培养和培训问题，其中有从社会转型视角对英国商人教育的不同侧面进行

---

① 赵秀荣：《16—17世纪英国商人的社会生活特征》，《暨南史学》第三辑。

② 陈娟、陈勇：《略论近代早期英国商人的慈善活动》，《武汉大学学报（人文科学版）》2002年第5期。

③ 沈琦：《近代早期英国商人的婚姻取向及其影响》，《史学集刊》2006年第5期。

④ 沈琦：《略论近代早期英国商人亲属关系网络的作用》，《青海师范大学学报（哲学社会科学版）》2006年第3期。

⑤ 谢素科、黄虎：《近代早期英国海外贸易商发展因质与贡献》，《求索》2011年第6期。

研究的成果；在对中产阶级或中等阶层研究的成果中，也有成果从社会学角度分析商人在社会经济发展中所起到的重要作用。其中，虽然也涉及商人阶层对英国学校教育和社会教育的推动、商人学徒教育的情况，以及商人对财富的追求给商人家庭教育带来的影响等方面，但是，从总体上看，目前成果还只是多领域、多角度地涉及商人教育的问题，还没有对商人教育进行专门研究的学术著作，无法给我们一个关于社会转型时期英国商人教育问题的整体的、系统的认识。国内对英国商人问题的研究虽然也已推进、拓展到社会文化领域，但仍然非常薄弱，尤其是对社会转型时期的商人教育的情况和社会作用更是缺乏细致的梳理和系统的研究，这方面还有很多工作需要做。当然，上述研究成果是继续研究转型时期英国商人教育问题的基础，对研究成果的开展和构思都是很有启示作用的，这些成果是继续研究的逻辑起点、资料基础，笔者也正是在对以上成果的梳理中认识到转型时期英国商人教育问题的学术意义，力图对其进行较为全面的、系统的探讨，以引起学界对这一问题的关注，增强人们对英国商人的认知，丰富国内英国史研究的成果。

三、研究对象的界定

为了明确研究对象，对商人群体进行界定，阐述其内涵，分析其特征是十分必要的前提。

在人类历史上，商业自产生以来就在推动着人类文明的进步，改善着人们的生活，进入近代社会以来更是成为推动经济社会发展和迅速转型的引擎。进入 16 世纪以来，伴随着以农业生产要素的商品化、手工业商品化、城市化等为主要特征的商业化大潮，英国经济社会结构经历了巨大变革，传统的以农业为本的经济社会形态逐渐过渡到以工商业为本的经济社会形态，经济结构的大变动带来了社会结构的变迁，产生了新的社会阶层，一批具有资本主义经营理念的新型农场主、企业家，从事国内外贸易的大商人，服务于商业化的职业人士构成了一支庞大的中产阶级队伍，共同的经济利益使他们有了共同的政治诉求，并成为近代市民社会中重要的政治力量。在这个庞大的中产阶级队伍中，商人是核心，是主体部分，也是商业化社会的主导力量。

那么什么是“商人”呢？商人群体又是指哪些人呢？在工业、农业、商业等传统行业已较为明朗的现代社会，我们对商人下个定义都是非常困难的。更何况，在近代早期这个商业与手工业正逐渐分离的时代，下定义就更加困难了。商人是一个成分庞杂而又变动不定的群体，纵观之，商人在商业发展的不同时段具有不同的时代内涵；横观之，商业具有不同的经营方式、不同的区域、大小不等的经营规模，或种类不一的业态，又有着不同类别的商业经营者。同时，商人群体又具有极强的开放性和流动性。

在漫长的商业与手工业分离的时代，西方学者在对商人的研究中，总是有意地把商人与工匠师傅区别开来。商人的职能就是与市场打交道和从事商品交易。比如，经济史、商业史研究的先驱，英国学者乔治·昂温，在他的《16、17 世纪的工业组织》一书中，探寻了贸易组织（Trade Union）和商人阶层的来源。他认为，商人是随着早期手工行会内部劳动分工逐步分化出来的新的阶层。他对早期行会中工匠师傅的多种职能（工头、雇主、商人和店主）非常缓慢地分离出去的过程进行了细致的考察和阐述，论述了商人是从工匠中脱胎而出的。这一分离过程根源于手工业和商业的不断发展，根源于从业者分工的不断细化和专业化。这个分离过程历经了四个世纪，即从 13 世纪末期至 17 世纪末期。乔治·昂温认为这个分离过程大致可分为三个阶段：第一阶段，早期的手工业生产单位俗称作坊里，有三类人员，即师傅、帮工和学徒。此时师傅的身份是商人、监工、雇主、店主，同时也是技术工匠，因为师傅自己也要做一份工。所以，这时的师傅称 craftsman，即工匠师傅。伴随着工商业的发展，工匠师傅发现了更能发挥自己能力或者更加有利可图的机会，为了把精力转移到这些机会上，就先把体力劳动的活儿完全抛开，自己不再做工匠，把做工匠的活儿完全交给帮工和学徒，自己只做管理和交易的工作。这样，行会时代后期，师傅的身份就只有商人、监工、雇主和店主了，此时的师傅称为商人师傅（Trading Master）更符合身份。第二阶段，随着工商业经营规模的扩大，商人师傅也无暇监管帮工和学徒做工。这样，帮工就可以自己独立组织生产，成为小师傅（Small Master），但是，帮工资金有限，仍然依赖于商人师傅提供的生产资料，身份上仍然受雇于商人师傅，与此同时，经过这步分工，商人师傅的身份就只有商人、雇主和店主了。第三阶段，伴随着工商业发展规模的变大，分化变得更加复杂，首先，一些小师傅逐渐有了足够的资金，可以自己购买原料和组织生产了，但产品的销售方面仍然依靠商人师傅，也有一些小师傅的资金积累较快，逐渐成长为大师傅，他们开始把资金用于雇用大量工匠以扩大生产规模，而不是投资于产品的流通领域，这样的一批人就逐渐发展成为工业资本家。在这一发展中，雇主职能就从商业（trading）资本家手中转移到工业（industrial）资本家手中。而原来的商人师傅则有的发展成为大商人（Large Merchant），有的则发展成为商人兼店主（Large and Small Shopkeepers），有的则发展成为商人兼雇主（Merchant Employer）。这样，形形色色的商人就从手工业中分化出来，集中从事更大规模的商业经营。乔治·昂温细致入微的分析，部分诠释了不同时期商人具有不同指向，以及同一时期具有不同类别的商人的原因。

正是由于商业与手工业分离的漫长性，商人群体具有不同的时代指向，国外学者在研究该群体时都首先对其下定义，我们从中可以看到研究时段不同，商人的指向也有所不同。

研究中世纪晚期伦敦商人的 S. L. 瑟拉普认为，merchant（商人）是一个模糊的群体，泛指所有从事买卖的人，中世纪早期时仅指零售店主（retail shopkeepers）和小贩（peddlers），中世纪晚期时则常指主要从事批发贸易兼获取一种或多种其他收益的人。他们具有特殊的经济地位，并且具有独特的政治地位，即参与市政管理。[①] 瑟拉普认

---

① Sylvia L. Thrupp, *The Merchant Class of Medieval London 1300–1500*, Ann Arbor: the University of Michigan Press, 1962, p. 6.

为，狭义的 merchant 就是指一些重要的 tradesman（主要从事国内贸易的商人），尤其是指从事海外贸易的批发商（wholesaler）。[①] 同样研究中世纪晚期商人的学者 J. 克默德的定义也与瑟拉普对商人群体的界定大致相同。在他的研究成果中，the merchants 是一个城市群体：包括男人和非常少的女人，他们的谋生之道在很大程度上依赖于批发贸易（wholesale trade）和商业（commerce）的投资。他们处在城市社会的核心位置，财富超过绝大多数人，他们通过斥资慈善、主办公共事务和宗教仪式等，在塑造城市社会价值观和构筑城市集体意识上起着重要作用，[②] 也就是像瑟拉普所说的从事批发贸易同时具有重要政治地位的一群人。

研究 17 世纪英国商人群体的美国学者格拉斯比在《17 世纪英国商人团体》一书中，将其研究对象称为 businessmen，并认为 businessmen 和 merchants 是同义词，二者可以相互换用。在谈及 businessmen 的内涵时，他先谈了什么是商业，他认为商业没有明确的定义，所有的有产家庭都是商业的参与者。有的是亲自参与，有的是通过代理人参与，像非商业领域的人——股份公司的雇员、政府官员、律师、士兵和医生等都通过个人和代理人不同程度地涉足商业。土地所有者、绅士、寡妇和教士也会像商人一样积极地从事借贷。中世纪晚期的贵族也会发战争横财或者从事海外羊毛贸易，其后代中多

① Perry Gauci, *The Politics of Trade: the Overseas Merchant in State and Society, 1660–1720*, London: Hambledon Continuum, 2007, p. 8.

② Jenny Kermode, *Medieval Merchants: York, Beverley, and Hull in the Later Middle Ages*, Cambridge: Cambridge University Press, 1998, p. 2.

数也会光顾地方市场，或者成为食利人员。都铎和斯图亚特时代的绅士也会通过装贮粮食、经营呢绒、从事海上私掠、雇用海外代理人等方式涉足商业。许多土地所有者和专业人士也会积极从事制造业的投资经营、海外殖民掠夺、海外贸易投资和购买股票等。但并非所有从事商业的人都可以被称为 businessmen，格拉斯比认为，business community 即 merchants community，是指在除了农业生产之外的所有经济领域中，能独立投资、生产和销售，拥有至少 500 英镑产权和 1000 英镑周转金，进行全日制勤勉经营的一类人。这个定义，首先排除了所有的农民（farmers），尽管这些农民中有一些是积极的市场参与者（marketeers），但他们不是全日制的参与者；其次也排除了没有发展成为独立商号的工匠，因为他们缺乏独立投资经营的能力，资产的价值额度也不够；还排除了所有拿薪水的雇工、商业机构中的雇员、一些消极的投资者，以及偶尔参与商业的业余投机商。[①] 格拉斯比对商人的定义还是比较宽泛的，它包括生产领域里的一部分资本家。

然而，从对 17、18 世纪英国商人的研究者的成果中总体上看，研究者们还是更倾向于认为 merchant 这个词就是专门用来指从事海外贸易的商人的。P. 高斯就认为 merchants 是 businessmen 的一部分，merchants 主要从事海外贸易。还可以看出，将从事海外贸易的商人称为 merchants，已为同时代的学术界和社会大众普遍认同。大量斯图亚特晚期的资料可以证明 merchant 这个词就是专指海外商人

---

① R.Grassby, *The Business Community of Seventeenth-century England*, Cambridge: Cambridge University Press, 2001, pp. 8–11.

（overseas trader）的。生活在17、18世纪的英国作家丹尼尔·笛福（1660—1731），曾出版了大量的现实主义小说和时事评论性作品，因而被称为"英国现实主义小说之父"、"英国报纸之父"和"现代新闻业之父"。他坚持认为，在英国，merchant这个词就是指依靠海外代理商的往来信件从事进出口贸易的人。[①]他的《完美的英国商人》（*Complete English Tradesman*）一书，为了区别于依靠海外信件经营的对外贸易商人（merchant），将从事国内长距离贸易的批发商和零售商表述为tradesman，这样tradesman就是指从事国内贸易的大商人，不包括那些与工匠、雇工和仆人在一起，自己制造产品并自己出售的人[②]，也就是制造商。通过对以上研究者关于商人群体定义的梳理可知，在英国，17、18世纪时merchant和tradesman的表述已经较为清楚了。merchant是指从事海外贸易的大商人，tradesman是指从事国内贸易的大商人。

随着英国国内贸易的发展，尤其是乡村工业的兴起和零售业的日渐兴盛，出现了种种类型的国内贸易商人，对国内贸易商人则多使用traders、tradesmen等，业务中较多地从事国内零售贸易的通常被称为retailers。研究国内贸易的学者D.戴维斯在其《购物史》一书中列举了一些国内商人，其中包括：店主（shopkeepers）和推销员，他们的主要业务是从一些制造行业中购买成品然后零售，这些制造行业

① Perry Gauci, *The Politics of Trade: the Overseas Merchant in State and Society, 1660–1720*, London: Hambledon Continuum, 2007, p. 8.

② Craig Muldrew, *The Economy of Obligation: the Culture of Credit and Social Relations in Early Modern England*, Houndmills, Basingstoke, 1998, p. 186.

会按照统一标准为他们生产订购的产品；征购商（factor），其主要业务是收集分散的小生产单位生产的产品，然后批量提供给伦敦或其他城市的商人，类似中间商或者代理人；叫卖者（chapman），其在中世纪的时候指所有的旅行商，17 世纪和 18 世纪时这些人逐渐在乡村城镇集市上固定下来，拥有固定的店铺，成了店主（shopkeepers），伦敦人也将其称为零售商（dealer）；城市店主（city shopkeepers），其集中在伦敦，主要业务是零售兼批量赊销给乡村零售商（country dealer）；小商贩（pedlar），他们是在乡村步行或用驮马挨家挨户叫卖的零售商，通常用现金做买卖，18 世纪时被称为小商贩（petty chapman），这算是比较礼貌的称呼；在城镇街道叫卖出售商品的货郎（hawker）及乡村的小商贩有时也被轻蔑地称为货郎；还有随着乡村工业的兴起，出现了用驮马驮着货物奔走于工场（factory）和店主（shopkeepers）之间从事批发贸易的行商，如曼彻斯特人（Manchester man）、什鲁斯伯里人（Shrewsbury man）、谢菲尔德人（Sheffield man）等，他们有时独立经营，有时受制造商雇用，经常被伦敦商人辱骂为 pedlar，hawker 等。18 世纪，这些词仍被用来指专门经营某种新型纺织品，以分期付款的方式付款，挨家挨户零售的零售商。①

实际上，种种类型的商人也很难完全分离开来。批发商与零售商很难完全区分开来。一些规模较大的零售商多数也保有一个从事批发

① Dorothy Davis, *A History of Shopping,* London: Routledge, 2007, pp.VIII–XIV.

贸易的商店。在布里斯托尔、埃克塞特、利物浦和南安普敦等城市，批发和零售没有明显的界线。[①] 从事国内贸易的商人与从事海外贸易的商人有时也很难截然区分开来，尽管在一些港口城市（如布里斯托尔）尽全力排除零售商（retailers）和工匠（artisans）从事海外贸易，但是海外贸易商人从事国内贸易和国内贸易商人从事海外贸易的现象仍然难以避免。东印度公司第一批股东里，约有三分之一是国内贸易商人。约克、布里斯托尔和切斯特的零售商也投资于海外贸易，1607年英国出口西班牙的货物中，有12%的份额是由国内的批发商运营的。[②] 但从英国活动区域和资本运营的整体特征来看，国内贸易商人和海外贸易商人还是有明显区别的。前者的商业活动和资本投置主要在国内，而且资金规模相对较小。后者的商业活动则主要是涉外的，而且资本雄厚，经营规模较大。

总之，社会转型时期英国商人虽是一个非常庞杂的群体，但有一个总体特征，即他们多是周旋于生产者和购买者之间，为卖而买，从中取利的经营者。与经营外贸有关，资金规模较大，商业技术含量较高，社会政治地位较为重要的商人被称为merchant，主要集中在港口城市，包括出口商（exporter）、进口商（importer）、批发商（wholesaler），当然，在实际经营中，由于业务主营不同，又有汉堡商人、土耳其商人、意大利商人、荷兰商人、法国商人、葡

① R. Grassby, *The Business Community of Seventeenth-century England*, Cambridge: Cambridge University Press, 2001, p.64.

② R. Grassby, *The Business Community of Seventeenth-century England*, Cambridge: Cambridge University Press, 2001, p.63.

萄牙商人、利凡特商人、非洲商人、印度商人、东方商人、俄罗斯商人、东印度商人、弗吉尼亚商人等的分类。再者，伴随着商业专门化而出现的从事某种大宗产品贸易的商人通常也有自己的职业称号，如呢绒商、酒商、烟草商、绸布商、杂货商等。主营业务在国内，资金规模、商业经营技术含量、社会政治地位略次的，通常被称为 tradesman。根据经营规模，大致上有店主（shopkeeper）、客栈老板（innkeeper）、零售商（retailer）、经销商（dealer）、商贩（pedlar）、货郎（hawker）之分。根据经营大宗商品的种类不同，又有铁器商、木材商、煤炭商、丝绸商、谷物商、面粉商、油商等类别。根据经营业务交易方式不同，又有各种各样的代理商（factor）、中间商（middleman）等。

为了对商人群体有更加直观的认识，我们也讨论一下这支队伍大概有多大。若要精确计算出商人群体的人数，是非常困难的。因为商人群体是一个开放的，而且流动性极强的群体，且不说在城市中，每个阶段各手工行业中都有不少工匠不断地上升为商人，在一些小市镇、小贸易站和广大乡村的商人也在不断地变化，更难以计算。另外，一些长期生活在海外的商人及从未获得自由资格而经商的人更是无法计算。

对于活跃商人（active businessmen）人数的计算也很难，数目会因时间、区域、城镇的经济发展水平不同而明显地波动。基于格拉斯比对 17 世纪英国商人数量的研究，我们可以对该时期英国商人队伍的规模有一个大致的认识。17 世纪专门从事海外贸易的伦敦商人可能在 1000 人左右，另外，还有同等数目的偶尔参与者，从事海外贸易的伦敦商人合计约有 2000 人。国内贸易商人的数目无法给出令人信服的数字，但大概是海外商人数量的 4 倍，这样算来，国内贸易商人大约有 8000 人。在布里斯托尔、埃克塞特、纽卡斯尔、约克、诺里季 5 个较大的地方城市，资产在 500 英镑以上的商人约有 1000 人，其中资产在 1000 英镑及以上的占四分之一。但是对 23 个小港口城市、乡村城镇和 800 多个乡村集市的商人数量的估计是极富挑战性的，无法得出结论性的结果。在这些地方，资产超过 500 英镑的商人的总数只能是猜想，大约有 1000 人。经过格拉斯比对 17 世纪的商人群体的考察，粗略合算下来，当时的商人有 12000 人。商人始终是城市自由民中很小的一部分，也是城市人口中极小的一部分。商人群体的主要流入渠道是通过做商人学徒，学徒期满，考核合格获得自由人资格，成为合法商人。基于格拉斯比的估算，假如商人群体中有 10350 个商人以每人每 6 年带满 1 个学徒进入商界计算，意味着在伦敦的商业高层领域，每年大约有 850 人成为独立商人，在低层领域则有 542 人；在地方城市，这组数字将分别是 42 人和 292 人。整体算来，每年大概会有 1726 人进入职业商人群体。[①]

除了通过做商人学徒的渠道流入外，还有诸多其他途径。首先，在乡村和城市郊区的纺织业、金属冶炼业、食品业及交通运输业等领域，经常是不需要做学徒而随时都可以参与经营的。其次，一些海外贸易或港口贸易中的水手有时会上升为商人的代理人或者货物负责人，一些承担金融职能的赶马车的实际上已成为金融商人，一些律师、医

① R. Grassby, *The Business Community of Seventeenth-century England,* Cambridge: Cambridge University Press, 2001, pp. 54–60.

生、教师等所谓的专业者阶层人士也以购买股票或者在贸易站做代理人的方式涉足商业。各行会、公会或者商人公司中也都有少部分通过赎买或者赠赐而进入商界的，一些自由人的孩子也可以通过继承的方式进入。所有这些，都要给予充分的考虑，而且，通过非学徒渠道成为商人的数目，是伴随学徒制的衰落呈增长趋势的。总体上看，商人群体是呈日渐壮大发展趋势的。

本论著的研究对象商人群体的研究重点是 merchant 和 wholesaler、shopkeeper、innkeeper，以及后来涌现出来的 middleman 和 factor，也就是商人队伍的中上层部分。这些大商人所从事的商业经营规模大、区域跨度大、风险高、利润丰厚，对从业人员的商业知识技能要求较高，受到商业发展的冲击也较大。他们在英国获取商业霸权过程中起着重要作用，在推动英国经济和社会转型过程中也是主要力量之一。

本论著所要讨论的商人教育，这个“教育”是指广义上的教育，泛指一切增进商人的知识和技能的活动，既包含正规学制的学校教育，也包含通常所说的培训，还包含一切改善商人的道德品质的实践活动。商人教育的施教主体包括商人的家庭、从学的学校、从业的商业组织和所生活的特定时代的大社会。受教育的内容中，重点是与商人职业相关的知识技能和道德品质。

第一章

英国商人教育发展的历史动因

教育作为上层建筑范畴，总是依附于政治、经济、文化等社会存在，政治、经济、社会、文化等的发展和变迁影响甚至决定着教育经费、教育课程、教育观念等。反过来，是否有适合的教育也会推动或者制约社会的发展。15—18世纪，英国经历了大动荡、大变革时期，其中文艺复兴、宗教改革、商业革命等重大历史事件推动着英国社会向近代社会变迁，这一变迁亦给教育或者更加具体到商人的教育带来巨大影响，教育作为社会的子系统，与这一社会变迁之间的关系怎样？本章欲对这一问题加以讨论，以探明商人教育在此时段发展的历史动因。

第一节

文艺复兴、宗教改革与商人教育的发展

文艺复兴是指发生在 14 世纪中期到 17 世纪中期的一场反映新兴资产阶级要求的欧洲思想文化运动，标志着欧洲近代文化的开端。通常认为，这场运动是在 15 世纪末期传入英国，16 世纪在英国进入鼎盛时期。在这场运动中，新崛起的资产阶级在古典文化的启迪下用以人文主义为核心的崭新的意识形态反对以神为核心的陈腐的意识形态，在意识形态领域发起对封建势力的进攻。这场运动波及文史哲、艺术、法学、教育等领域，席卷了贵族、普通大众、教会人员等多个阶层。在这场运动中，人文主义者无情地揭露天主教会的腐败、黑暗，否定教会的权威，反对禁欲和苦行僧式的生活，肯定“人”的价值、力量和尊严，鼓励人们追求现世的幸福，并且强调“人”的巨大潜能和创造力不是靠家庭出身和社会等级，而是要靠教育才能焕发出来的。教育成为人们自我完善、发财致富和向社会上层流动的必由之路。人文主义教育的推动也成为文艺复兴运动的重要成就。

中世纪时，英国主要教育机构有文法学校和大学。文法学校是为了教导教徒祈祷和服务教会而创办的，学校由主教直接控制，由主教任命的牧师担任教师，牧师服从于他的主教，教学内容也完全由教会设定，“学校是教会的附属物”。教会还严格控制新学校的创办，规定没有伦敦主教和圣保罗大法官（chancellor）的允许，任何人都不准开办文法学校，否则开除教籍。在教会的严格控制下，12 世纪时伦敦有 3 所文法学校，直到 15 世纪中期才增加到 6 所。[①] 地方的文法学校也非常少。在基督教会监督控制下，文法学校的教学内容几乎全部是基督教拉丁语，学习是为了祈祷和服务上帝，向大学输送生源。大学也基本上是教会的侍女和附庸，具有浓厚的宗教色彩，经院哲学的理论和思想充斥着学术界，弥漫着整个校园，培养目标就是使学生成为神职人员。虽然伴随着城市的复兴，人口的增长，为满足市民识字的需要也创办了一些非教会文法学校，但它们也同样要接受教会的监督。总之，中世纪时整个教育机构都是在宗教神学的控制下，教育的目的都是培养为宗教服务的人才，整个学校教育系统都笼罩在宗教神学之下，教育俨然是宗教的“婢女”。

直到 15 世纪末，文艺复兴运动在英国展开，在文艺复兴运动发生的三个世纪里，英国人文主义教育兴起并发展起来，大大推动了教育的世俗化。在人文主义教育发展的早期，“英国人文主义者批判中世纪经院哲学，主张运用人文主义的方法研究中世纪经典，回归古典文献，揭示经典的原有本质。在学校教育中，他们主张中世纪经典是唯一权威，普通人可以直接阅读和理解经典”[②]。在人文主义思想的启迪下，人

---

① Sylvia L. Thrupp, *The Merchant Class of Medieval London 1300–1500*, Ann Arbor: The University of Michigan Press, 1962, pp. 156–157.

② 赵海渊：《文艺复兴时期的英国教育》，《文化学刊》2015 年第 12 期。

们对中世纪教会垄断教育的状况尤为不满，因而社会上创办世俗教育的激情高涨。所谓世俗教育，就是教育机构由世俗人士创办，任命非宗教界人士任教，教给大众追求世俗幸福生活的知识和能力。早在15世纪，伦敦杂货商威廉·塞文奥克斯就创办了七橡树文法学校。他在遗嘱中要求任命一位诚实的、能够胜任文法教学的教师和一位助教，免费教导所有来此求知的男孩，且受任命者绝不可以是圣职人员。[①] 七橡树文法学校成为商人办学的榜样，随后诞生了一大批类似的免费文法学校。人文主义者约翰·科利特（John Colet）将人文主义教育理念付诸实践，创办了圣保罗文法学校（St Paul's Grammar School）。圣保罗文法学校拒绝任用教职人员为教师，而是任用人文主义学者威廉·利利（William Lily）执教，由世俗集团绸布商公会监管。伦敦绸布商社团是在资助圣保罗学校的同时获得了学校的管理权的，这说明世俗集团凭借财力掌握了教育的创办权和管理权。圣保罗文法学校堪称文法学校的典范，"有许多新的文法学校依照圣保罗文法学校创办"[②]，比如，创立于1561年的泰勒文法学校（Merchant Taylor's School）在很大程度上遵照圣保罗文法学校的章程办学。其可供250名学生学习，并且允许其中的100名学生免费入学。[③] 世俗文法学校的创办大大惠及了普通民众，提高了民众的识字能力。

---

① Arthur Francis Leach, *The Schools of Medieval England*, London: Methuen and Co. Ltd., 1915, pp. 244–246.

② ［英］奥尔德里奇:《简明英国教育史》，诸惠芳等译，人民教育出版社1987年版，第9—10页。

③ ［英］奥尔德里奇:《简明英国教育史》，诸惠芳等译，人民教育出版社1987年版，第105页。

随着人文主义思想的传播和教育的深入发展，英国教育开始向以塑造人为中心的绅士教育方向转变，将重点转向国民的美德教育，培养忠诚于王国的臣民，培养完备的绅士。受教育者接受教育的目的转变为追求自我的言谈举止更符合上层社会优雅与高贵的气质，教育成了受教育者获得社会荣誉和进入上层社会的手段。[①]文艺复兴运动后期，英国殖民活动和海外贸易飞速发展，导致教育向实用主义方向发展。与此同时，自然科学知识教育也日渐受到重视。人文主义者开始反对古典文化教育，提倡专业实用技术知识的教育，教育开始注重培养人的实用技能，这有力地推动了商业类学校的创办和商业人才的培养，同时促进了近代科学的诞生。

总之，在文艺复兴运动的推动下，人文主义者的主张才打开了世俗教育发展的天窗，英国教育日益世俗化，惠及越来越多的民众，其中最主要的是商人群体。

宗教改革运动为世俗教育的创办提供了契机。宗教改革运动摧毁了教会对教育的垄断，摧垮了众多与教堂和修道院相联系的学校，同时，清教教义倡导人人都要阅读《圣经》，并能通过自己的理解从中获取智慧，还宣扬“无知者不可饶恕”，使孩子和朋友能够阅读《圣经》是每一个基督徒的职责，否则，将会受到上帝的惩罚。[②]在这种思想的影响下，文法学校的招生也开始不问出身和财产，向所有有能力的

① 毛欣欣：《英国文艺复兴时期教育取向的变迁》，硕士学位论文，吉林大学文学院，2007 年，第 22 页。

② Sylvia L. Thrupp, *The Merchant Class of Medieval London 1300–1500*, Ann Arbor: The University of Michigan Press, 1962, p. 155.

年轻人敞开大门，虔诚的民众尤其是商人，都竭尽全力地将孩子送进学校接受教育。这样，在王权的保护下，在对知识渴求的推动下，社会掀起了办学热潮，一大批与教会相脱离的新型文法学校如雨后春笋般迅速遍布全国。这些学校大都以圣保罗文法学校为模范，完全由世俗人士资助创办，并由世俗集团负责监管，注重培养学生的文化知识和道德品质。另外，宗教改革也改变了商人的宗教情结，致使商人的捐助转向办学和助学，从另一侧面推动了商人教育的发展。几个世纪以来的基督教观念中，“富人进入天堂比骆驼穿过针眼还难”使商人对自己死后能否进入天堂惴惴不安，对此，聊以慰藉的办法就是向教会慷慨捐助，对穷人广泛施舍，资助牧师为自己的灵魂祈祷。然而，由于宗教改革时期摧毁了大批修道院和教堂，并禁止向教堂和牧师捐助，商人不再资助牧师以祈求灵魂的安息。但是，清教教义没有根除死者在生前做好事有助于通过末日审判的观念，因此，富裕的商人开始将大批捐赠转向资助教育以求死后能顺利进入天堂。加之，经过文艺复兴运动的洗礼，知识的尊贵和重要性已深为人知，因此，办教育也就成为一切美好事情的开门咒。当然，其中也包含着商人对社会发展的责任心，尤其是一些在伦敦发迹的商人，他们经常在自己的家乡创办学校或者资助已有的学校，以教育家乡贫困的孩子，借此表达对家乡的热爱和报答家乡的养育之恩。鉴于以上原因，商业公会和商人个人不惜斥巨资捐助办学或者资助贫困学生成为16、17世纪的社会时尚。

文艺复兴、宗教改革作为外在的社会历史因素，最终激发了社会成员对世俗教育和商人教育的强烈需求。在文艺复兴、宗教改革思想观念的洗礼下，无论是在商海中沉浮的商人群体，还是广大非商界民众，都更加舍得投资教育。在此背景下，加上贸易立国和全民重商的思想意识的影响，非商界成员也积极寻求商业教育机会，加大了对意欲从商孩子的教育投资。尤其是 17 世纪后半期以来，商业成为社会趋之若鹜的领域，商业教育被认为是提升社会地位的阶梯。

第二节

商业化社会对商人教育的推动

进入 16 世纪后，英国进入由农本向重商的社会转型时期，有学者称之为“重商时代”，也是“重金”、“重工”、重对外出口贸易的时代。经过两个多世纪的发展，英国国际地位飞速提升，从偏安欧洲一隅的农业国一跃成为强大的商业帝国。在重商主义思想的引导下，英国掀起了商业化大潮，伴随其中的是商人队伍迅速壮大，商业发展和变革成为时代发展的核心内容，整个社会的经济运动被商业和商人集团所支配，商业成了社会经济的主导部门，商人资本成了社会的中心形象，商人集团成了社会的支配者和统治者，即所谓商人经济或经济的商业化。[①] 商人群体面临着千载难逢的发展机遇，同时也接受着空前的挑战，社会发展对商人的高要求推动了商人教育事业的发展。

重商主义（Mercantilism）盛行于 15—18 世纪的西欧。它的核心思想是倡导国家干预经济，禁止金银输出，增加金银输入，努力实现对外贸易中贸易出超，以实现资本的原始积累的一套经济理论和政策体系。伴随着近代民族国家意识的加强和王权的扩张，为了解决政

① 刘景华:《商业和商人资本历史作用的局限性简论——重读〈资本论〉关于商人资本历史作用的论述》,《长沙水电师院学报（社会科学版）》1991 年 8 月。

府财政困难，维护民族国家的利益，英国政府也推行了重商主义政策，即以商业发展为中心的国家政策。比如，都铎时期打击天主教势力，推行宗教改革；16 世纪末废止反圈地运动的法令；17、18 世纪时推行殖民政策；多次颁布航海法令；实行保护关税政策，鼓励本国制造产品的出口，限制某些原料的出口和外国制成品的进口；颁布学徒法令，保证工商业有充足的劳动力资源；扶植本国商人，限制外商特权；引进专业技术人才，推进技术革新；等等，推行众多鼓励和直接推动工商业发展的政策，甚至还为了商业利益与荷兰和法国兵戎相见。在重商主义政策的推动下，国内各部门朝着商业化的方向迅速发展。

中世纪时英国的工商业如西欧其他国家一样在国民的生活中处于从属地位，国家财富主要来源于土地，国民的绝大多数也是躬耕于田垄之上，“直到十四世纪中叶，英格兰还主要是一个农业国家”[①]。但是当历史的车轮驶入 16 世纪，以地理大发现为契机，英国商业贸易以空前的速度蓬勃发展起来。国内城市经济突破封建束缚和地域局限，不断壮大、繁荣，城市作为商业中心的功能得到淋漓尽致的发挥，成为联系国内商业网的网节。伴随着海外贸易探险和殖民，海外市场日渐广阔，海外贸易也突飞猛进地发展，为英国带来了巨额的商业资本。在国内外市场的诱导下，农业生产也逐渐以市场为导向，进行商业化生产。总之，商业贸易日渐活跃，商业化浸润着英国社会的各个角落，

① [比]亨利·皮朗:《中世纪欧洲经济社会史》，乐文译，上海人民出版社 2001 年版，第 137 页。

成为英国社会发展的主要趋势[①]，商业化的行为原则和观念意识开始快速地渗透和扩散到英国社会的各个领域，重商主义日渐成为社会的主流意识。甚至有些学者将16—18世纪的英国社会称为“商业社会”或者“商人社会”。商业化成为社会的主旋律具体体现在以下几个方面。

就城市的发展方面来看，国内学者刘景华在专著《城市转型与英国的勃兴》中系统分析了这一时期英国城市的变化。他提出，中世纪城市是“工商业者聚居的地方”，经济活动是“工商并举”，主要满足本城和周围农村的生活生产需求，是城乡余缺产品的交换市场，并且为了保护本城工商业者的利益，城市还具有极强的地方保护主义和市场垄断意识。而在15—18世纪，随着商品经济的发展，城市不仅人口迅速增长，地域不断扩大，数目急剧增多，而且在职能上也发生了一次蜕变：城市在继续服务于地方的同时彰显出较强烈的外向性和更为突出的商业中心功能，规模层次不等的城市都成为全国统一市场的重要组成部分，成为统一市场网络的大大小小的节点，城市经济结构和经济职能的专门化、外向化、商业化是这一时期城市发展的主要特征。[②]

农业部门的发展也发生了重大变化。庄园制进一步解体，原来附有身份、等级和政治职能的土地，逐渐成为市场上流通的一种商品。在市场的作用下，土地占有开始集中，出现了农场式雇佣制经营方式。在国内市场需求的刺激下，农业经营也向专业化和商品化转

① 张卫良：《英国社会的商业化历史进程（1500—1750）》，人民出版社2004年版，第7页。
② 刘景华：《城市转型与英国的勃兴》，中国纺织出版社1994年版，第73—114页。

变，无论是畜牧业生产还是耕作农业生产都表现出面向市场规模化经营的趋势。农业生产率大大提高，不仅满足了国内市场日渐膨胀的需求，而且还出口国外，英国被称为“欧洲的粮仓”。与此同时，庄园制的解体释放出大量的自由劳动力，劳动力的商品化满足了城市化、工业化对人力资源的需求，也进一步拉动了国内消费品的需求市场。农业生产的商业化、专门化、商品化成为农业发展的重要特征和主要动力。

在城市工商业和农业发展的基础上，乡村手工业的商业化也在这一时期大规模启动。随着应用水力、风力等动力的生产工具的广泛使用，农村封建生产关系的解体，加上商人资本冲破城市行会束缚向广大乡村的渗透，在农民原有的家庭手工业的基础上，乡村工业也进入了商业化运作的阶段。其较为流行的组织形式就是由商人担负组织者和承销者角色的“家内制”或者说是“外放制”。另外，也有一部分是原有的自产自销家庭手工业者，他们自己购买原料、使用自己的工具、雇用工匠组织生产，然后将产品出售给行商。这两种主要的乡村工业的经营方式都体现出了明显的市场化趋势。并且，在商业因素的控制和牵动下，乡村工业制造品的市场更加广阔，由区域而全国乃至世界。乡村工业的商业化也是该时代发展的一个重要特征。①

政府商人化也是重要内容之一。中世纪早期，商人受到统治阶级的蔑视，几乎与国家政治活动无缘，政府也没有专门管理商业的机构。

---

① 关于这一时期英国农业商业化和乡村工业的商业化发展状况，见张卫良：《英国社会的商业化历史进程（1500—1750）》，人民出版社 2004 年版，第 103—149 页。

而进入 15、16 世纪，商人出任城市行政职务已是司空见惯的现象，甚至大中城市里都曾一度出现了商人寡头政治阶段。[①]17、18 世纪时，商人在国家政治生活中的影响更为显著，无论是在国家和地方议会中的议席数，还是直接担任国家行政职务的人数，商人都呈现增加的趋势。[②] 商人直接参与政治大大提高了商业法案的通过率。而且，为了更好地解决一些贸易问题，查理二世时开始设立主要由资深商人组成的咨询机构——贸易委员会，它后来发展成为政府决策运作的一个组成部分。[③] 商人参政和在政治决策中起着越来越重要的作用，这已成为国家政治发展的主要趋势。

商业化也在改变着社会对商业的态度。中世纪时在天主教思想统治下，社会主流意识中普遍持有“贱商”的观念，而在 15—18 世纪的社会发展中，重商主义日渐成为社会的主流意识，牟利的观念逐渐深入人心。丹尼尔·笛福在诺福克旅行时描述道，那里的“每个人都在忙碌着他们一生中的主要事情，也就是，挣钱”[④]。在这样的社会氛围中，社会各个阶层对商业趋之若鹜，商业人口日渐膨胀是这一时期社会发展的重要特征。

综上所述，在转型时期重商主义时代的大背景下，英国的国家政

① 刘景华：《城市转型与英国的勃兴》，中国纺织出版社 1994 年版，第 15—19 页。

② 张卫良：《英国社会的商业化历史进程（1500—1750）》，人民出版社 2004 年版，第 220—221 页。

③ Perry Gauci, *The Politics of Trade: the Overseas Merchant in State and Society, 1660–1720*, London: Hambledon Continuum, 2007, pp. 181–192.

④ Daniel Defoe, *A Tour through England and Wales,* 2vols, London: J.M. Dent, 1959, p. 72.

策、城市、农业、工业、政府以及文化意识等各个领域都呈现出明显的商业化趋势，商业化成为时代发展的主旋律，也是时代发展的动力。其中，商业的发展和繁荣则是根本的条件和时代发展的核心内容，这必然要求把商业人才的培养作为教育的主体任务。

第三节

商业变革：商人教育发展的根本动力

15—18 世纪，英国商业获得了迅猛发展，尤其是跨区域和跨海洋的长距离贸易的增多，规约公司、股份公司等新型商业组织的诞生，商店、交易所、客栈等新的流通方式的涌现以及更为复杂深奥的商业经营手段的使用等，都对商人的业务技能、人文知识和道德品质等提出了更高的要求，使他们普遍意识到掌握商业知识技能、塑造良好信誉的重要性，从而直接推动了商人教育的发展和变革。

一、商业结构的发展与变革及对商人的挑战

15 世纪以前的英国商业已经有了一定程度的发展，国内贸易中有城市、港口、集市和市镇等基本的交易场所，在对外贸易中，英国与欧洲低地国家有基本的贸易往来，具有了商业发展的基本架构。但在整个 15 世纪，由于国内政治骚乱、国外百年战争，再加上瘟疫和其他疾病的侵袭，因此除了呢绒出口业有所发展外，经济几乎停滞或者说

萎缩。[①] 进入16世纪后，直至18世纪，英国经济得到迅速发展，商业结构发生了巨大变动：国内贸易中，区域之间、城乡之间、城城之间的自然界限、经济界限逐渐被破除，商业联系普遍加强，商品更为丰富，交易量增加，跨区域远距离贸易增多，市场整体向纵深方向发展；对外贸易则突出表现在市场广度的拓展，先由低地国家至整个欧洲，然后由欧洲而至非洲、美洲、亚洲乃至整个世界。

（一）国内商业联系更趋密致和复杂

中世纪晚期，英国商业虽然有了一定程度的发展，但就市场的广度和深度讲都很不够。16—18世纪国内市场向纵深方向发展，商业联系加强，主要表现在以下几个方面。

第一，交通运输网络的优化。

交通网络的状况是商业发展的前提条件，通常也能够体现出经济发展的程度。中世纪的英国交通运输条件与西欧其他国家一样都相当差。由于国内各封建主具有较强的独立性，缺乏对道路的统一疏通和管理的公共意识，因此陆路经常受到破坏甚至阻隔，水路运输也经常遇到河道淤塞问题，此外，行人还经常受到拦路抢劫的盗匪的骚扰。这些都增加了贸易的风险和交易成本，在交易主体之间形成屏障，不利于商业联系和发展。

然而，在中世纪晚期，尤其是自15世纪后期起，随着民族国家的

① D. C. Coleman, *The Economy of England 1450–1750*, London: Oxford University Press, 1977, pp.48–55.

崛起，中央政府控制的加强，以及商品流通需求的直接推动，英国国内交通环境有了改善。从 1555 年和 1563 年的法令中可以看出，道路由教区雇工负责修缮，但难以满足需求。1622 年，“以路养路”法案被提出并得到大范围推行。[1] 但道路真正得到大规模改善是在 18 世纪，道路开始由信托公司进行商业化的经营管理。经过维护和管理，大大提高了公路交通的便利度和安全性。随着道路的改善，还出现了定期进行商业运输的服务班车。“在 17 世纪早期，运送商品、旅客和书信的定期服务已经展开，在布里斯托尔、索尔兹伯里与南安普敦之间，在北方乡村与东北沿海之间，在伦敦与像韦克菲尔德、普雷斯顿、哈利法克斯、切斯特、雷丁、剑桥、索尔兹伯里、莱斯特和埃克塞特这样的地方城市之间都有定期服务的班车，时间定在某日、某星期，一周两次或三次。1637 年，大约 200 个城镇至少每周有班车到伦敦，约 2000 名运送工和车夫被列在作为时间表的手册上。”[2] 并且随着商业发展的需求不断增加服务班次，扩展服务范围。陆路运输工具也有所改进，手推车、驮马、挂在人肩膀上的背篓等是小生产者和小商人将货物运送到地方集市上的主要交通工具。在跨地区运输中广泛使用小推车、驮马和四轮运货马车。1564 年，长轴距的四轮运货马车被引进公共交通运输。另有一种载重量更大的四轮马车也得到推广。[3] 英国交通运输网络还充分借助了岛内纵横分布的河道。16 世纪晚期，政府开始

---

① J. A. Chartres, *Internal Trade in England 1500–1700,* London: The Macmillan Press Ltd., 1977, p. 41.

② 张卫良：《英国社会的商业化历史进程（1500—1750）》，人民出版社 2004 年版，第 50 页。

③ J. A. Chartres, *Internal Trade in England 1500–1700,* London: The Macmillan Press Ltd., 1977, p. 40.

开掘疏通一些河道。17 世纪，又实行了大规模的河流改造计划。经过改造，“英国通过泰晤士河、塞文河、亨伯河和默西河使大港口连接起来，运河穿越了奔宁山脉，使伦敦和密德兰地区及北部地区直接联系起来。……到 1724 年大约 1160 千米长的英格兰河流适合于航运，除了山区，英格兰和威尔士的大部分可以直接通航的水路在 15 千米之内”[①]。另外，沿海还密布着天然的海港，它们与疏通的河道联系在一起形成一个有机的水路运输体系。

18 世纪，英国的交通运输系统经历了显著的发展，形成了广泛的包括陆路、水路和海路在内的网络。这一交通网络的建立极大地促进了国内外的交流与贸易，原有的市场（Market）、集市（Fair）、城镇（Town）和城市（City）等交易据点之间的地理障碍逐渐被消除。交通的便利化不仅减少了货物运输的时间，降低了交易成本，而且激发了偏远地区的经济发展潜力，使得这些地区的市场得以开发和活跃。

第二，跨区域远距离贸易增多。

中世纪多数时间里，城乡经济发展水平较低，造成城乡之间关系淡漠，甚至是对立。“城市工商业经济虽然是商品交换经济，需要开拓市场，但这种开拓程度必须以商品经济发达的程度而定。……在行会居统治地位的时期，城市对附近地区缺乏经济上的控制欲。城市对周围农村的经济渗透，更多体现在商品经济这种物质生活方式对农村的影响上……虽然工商业城镇遍布全国，但它们宛若散布在汪洋大海中

① 张卫良：《英国社会的商业化历史进程（1500—1750）》，人民出版社 2004 年版，第 54 页。

的‘孤岛’，相互缺乏固定的、频繁的有机联系。”①而同时期的乡村则是自给自足的庄园奴役制经营方式占据主导地位，缺乏商业发展的条件。加上在小商品经济时代，市场拓展能力有限，城市又具有强烈的地方保护和排外意识，这些都使城城之间、城乡之间、区域之间存在着贸易壁垒和经济界限，国内贸易呈现局域化和封闭性特征。

15—18世纪，伴随着城市经济的扩张，城市资本向农村的渗透，农村经济向资本主义经济方式迈进，以及乡村工业商业化，旧的国内贸易格局逐渐被打破。首先，城市商人资本冲破行会的束缚向农村转移，农村经济体制向商业化变革，再加上城乡之间的人员流动，将广大的乡村逐渐纳入国内统一的市场体系中来。遍布全国的中小城镇成为城乡联系的关键桥梁，它们有的成为乡村工业产品输出和原料调进的重要窗口，有的则是国内大宗产品的中转地或集散地。其次，大城市的经济发展呈现出越来越强烈的专门化和商业化的趋势，商业联系空前加强。为了共同发展，城城之间开始达成互惠协议，结成贸易伙伴关系，各地方城镇市场更加开放②，统一的国内市场最终形成。

伴随着国内市场的开放，跨区域长距离贸易迅速增加。大宗商品如羊毛、呢绒、谷物、畜产品等都在国内市场上大规模地跨区域流动。“林肯、莱斯特和北安普敦所产的优质长绒羊毛，向南，用马运到格洛斯特郡的西伦斯特和图克斯伯利，在那里卖掉，然后被威尔特郡、格

① 刘景华:《城市转型与英国的勃兴》，中国纺织出版社1994年版，第24页。
② 参见赵文洪:《论英国行会的衰落》,《世界历史》1997年第4期，本文揭示了城市内部政府经济政策的调整打破了行会制度造成的地域壁垒和行业壁垒，促进了城市市场的开放。

洛斯特郡以及萨默塞特郡的呢绒制造商纺成纱线，同西班牙优质羊毛掺和，制成宽幅呢绒。向东，运到诺里季和伯利圣爱德蒙。向北，运到约克郡最偏远的地方，甚至进入威斯特莫兰郡和坎伯兰郡，在那里纺成优质纱线，然后再运到伦敦，在斯皮托菲尔德制成优质的地毯等。”[①] 谷物则由其主要产地东密德兰经陆路和水路运输到主要的谷物港口如东部的林恩、雅茅斯和伊普斯维奇等，预留一部分后其余再运抵伦敦。[②] 牲畜贸易则主要由北部和西部地区畜养地向南部和东部流动，先由牧场主畜养，然后牲畜贩子将牲口驱赶到伦敦附近宰杀，然后供应伦敦及周围地区。伦敦是许多消费品漫漫旅途的终点站，它每年消费约 87500 头食用牛，其中有 35% 来自北部和西北部，通过托特纳姆和海格特进入伦敦；有 23.5% 来自西部，通过圣基尔斯进入伦敦；有 23.5% 来自北方，通过萨瑟克进入伦敦；还有 18% 穿过弓桥，来自东部。[③] 除了国内大宗产品向大城市汇聚外，进口物品也在大港口或者大城市，通过批发商和零售商反方向向各地分发。这些贸易都充分说明国内市场联系加强了。

长距离贸易增加，国内市场之间联系加强，商人的业务在地域范围上也更加广阔。17 世纪中期的伦敦商人加尔德 · 普利就是一位面向全国的呢绒批发商。他的呢绒大部分从诺里季买来。其中一部分卖给伦敦的呢绒出口商、批发商和零售店主，另一部分则向地方的商人批

① 刘景华：《城市转型与英国的勃兴》，中国纺织出版社 1994 年版，第 123 页。

② J. A. Chartres, *Internal Trade in England 1500–1700*, London: The Macmillan Press Ltd., 1977, pp. 17–18.

③ J. A. Chartres, *Internal Trade in England 1500–1700*, London: The Macmillan Press Ltd., 1977, p. 21.

发出售，买主中有奇切斯特城的爱德华·霍普森、雷丁城的威廉·莱特，以及布里斯托尔的乔治·卡佩尔和理查德·杨。[①] 贝弗利商人的账簿中显示，其业务人（有的是顾客，有的是合伙人）有来自韦克菲尔德和林肯的，也有来自伦敦的。赫尔商人的业务人则遍布纽卡斯尔、惠特比、格里姆斯比、林肯、切斯特菲尔德、南安普敦、柴郡及伦敦。同样，约克商人的债务人也非常普遍，有来自惠特比、史奈斯、赫顿、亚姆、波尔顿、唐克斯特、庞蒂弗拉克特和约克郡其他地方的，还有来自纽卡斯尔、彭里斯、兰开斯特、考文垂、波顿和纽瓦克的。[②] 除了大商人之外，一些零售商的业务也非常广泛，18 世纪 50 年代伯克郡泰晤士河畔沃灵福德小城里有一位店主，他利用该地与阿宾登和牛津等较大城市的便利交通，从事乡村批发零售贸易。他从伦敦批发货物，然后零售给较小城市，有时也将农产品运至大城市。他的账本中显示，其业务涉及的地区除了伦敦之外还有 45 个地方，绝大多数是地方城镇（如潘伯恩），也包括一些较大的城市如牛津、雷丁、阿宾登或者距离泰晤士河沿岸 10—15 英里以内的城市。[③] 甚至一些专门从事零售的店主也以在多个地方开连锁店的方式拓展业务，如 16 世纪后期一位名叫爱德华·汉逊的曼彻斯特服饰商兼日用杂货商，除了在曼彻斯特拥有商店外，还在波尔顿开了一家商店，另一位曼彻斯特服饰商托

---

① 转引自刘景华：《城市转型与英国的勃兴》，中国纺织出版社 1994 年版，第 104 页。

② Jenny Kermode, *Medieval Merchants: York, Beverley, and Hull in the Later Middle Ages*, Cambridge: Cambridge University Press, 1998, p.186.

③ Craig Muldrew, *The Economy of Obligation: the Culture of Credit and Social Relations in Early Modern England,* New York: St. Martin's Press, 1998, p.53.

马斯·哈德曼也在沃林顿开了一家商店。①

综合以上论述可见，在 15—18 世纪英国国内贸易中，城乡之间、城城之间和区域之间的经济界限逐渐被打破，统一的国内市场逐步形成，这给原来局限于一隅的商人提供了更加广阔的经营空间。

第三，商品种类繁多，交易规模和频率增加。

伴随着乡村城市化和乡村非农业人口的增加，国民的购买力增强，国内需求随之增加，再加上海外市场的开拓，这些都极大地刺激着工农业生产更大程度的专门化、商业化，因此农产品和制造业产品更加丰富，商品种类繁多，交易规模和频率都空前膨胀。

谷物一直是国内贸易的大宗产品。随着城市人口的增长，谷物交易量日渐攀升。17 世纪，谷物仍是农产品交易的主体，而且交易谷物的种类更多，城市人口除了消费大麦外，还消费麦芽、小麦、燕麦、黑麦、小麦和黑麦等的混合粉、各种豆类等。② 畜类商品也越来越丰富，有皮革、黄油、奶酪、羊毛、奶油和鸡蛋等。当时还出现了服务和文化类商品，如大量的啤酒馆、书籍和营利性剧院。还有进口的各种商品如酒、葡萄干、香料、茶叶、新鲜水果、咖啡与巧克力、糖、烟草等杂货。这类商品需求量大增，已日渐成为民众的日用品。在林肯郡、诺福克郡、萨福克郡和剑桥郡，每人每年消费外国杂货达7—8.5 磅。③

---

① 转引自刘景华：《城市转型与英国的勃兴》，中国纺织出版社 1994 年版，第 124 页。

② J. A. Chartres, *Internal Trade in England 1500–1700*, London: The Macmillan Press Ltd., 1977, p. 22.

③ Craig Muldrew, *The Economy of Obligation, the Culture of Credit and Social Relations in Early Modern England*, New York: St. Martin's Press, 1998, pp. 16–20.

商品种类增多充分反映在一些零售商铺中，以南安普敦为例，短短 20 年间，商店中的商品种类就实现了大幅增长，几乎翻了一倍多。16 世纪 50 年代一位商人拥有的两个店铺中，商品共计 180 种。而在 16 世纪 70 年代这里的店铺中，商品平均达到了 300 种，部分店铺的商品甚至超过了 1000 种。[①]

随着乡村工业的兴起，制造品在商品中的比例增加。伴随着商品种类增多，交易规模增大，商业也出现了专门化趋势。如光是在羊毛和呢绒贸易中就有羊毛商人、毛纱商人、羊毛分类商人、各种呢绒批发和零售商人与林林总总的代理商，羊毛和呢绒相关的成品和半成品在他们中间不断转手，从而形成了一个羊毛和呢绒贸易的网络。另外，还有生丝商、铁商、盐商、酒商、杂货商、服饰商、鱼商、皮革销售商等。

（二）对外贸易向更广阔的领域拓展

在 15 世纪及以前的世纪里，英国从总体上看是一个自给自足的封闭型国家，对外贸易方面非常消极，贸易范围仅局限于邻近的欧洲大陆国家，出口的产品主要是羊毛等国内剩余的原材料，进口的则主要是丝、毛皮、燃料和法国葡萄酒等一些奢侈品，而且进口商品几乎全是由外国商人用外国船只运抵口岸，出口商品也是由外国船只载出。英国商船到国外销售英国货物并带回外国商品的概率不大，绝大多数商人乐于待在家里将商品出售给每年一次来伦敦和其他港口的外国商

---

① Craig Muldrew, *The Economy of Obligation, the Culture of Credit and Social Relations in Early Modern England*, New York: St.Martin’s Press, 1998, p. 53.

人。进出口的利润都被外国人赚取。直到 15 世纪末，英国海外贸易的 40% 仍然控制在汉撒商人和意大利商人等外国人手中。[①]

而在社会转型时期，英国对外贸易得到了极大的拓展。16 世纪时，英国商人开始崛起，从外国商人手中夺回了对外贸易的垄断权，并获得国王的特许成立了商人冒险家公司，控制了伦敦和安特卫普之间的呢绒贸易。当时的安特卫普是欧洲的贸易中心，英国通过它将呢绒产品销往欧洲的其他地方。但从 16 世纪中期起，安特卫普受到革命和战争的影响而走向衰落，这使英国遭受严重的出口危机。为寻求出口市场，英国商人、探险家、贸易公司在国家力量的保护下，从 16 世纪中期开始展开海外市场的拓殖活动。一方面，进一步在欧洲寻觅贸易机会，加强与欧洲其他地区的直接联系，如拓展与东欧国家和地区的贸易，1555 年成立俄罗斯公司；加强在北欧的贸易主动权，1579 年成立东地公司，开展与丹麦、挪威、瑞典、波兰等国家或地区的贸易；17 世纪以后又加强与南欧及东南欧国家的贸易，展开与意大利商人的竞争。另一方面，在不放弃欧洲传统市场的同时，积极拓展欧洲以外的市场。在亚洲，为了更方便地获取东方的香料、染料和药品等，开拓了与土耳其、叙利亚等国家或地区的贸易，1581 年成立利凡特公司，垄断了东地中海贸易，1600 年又成立东印度公司，垄断了好望角以东各国贸易。对非洲，1588 年特许成立了非洲公司，开展与冈比亚和塞内加尔沿岸地区的贸易，后来贸易区域进一步拓展到整个已知的

---

① D. C. Coleman, *The Economy of England 1450–1750*, London: Oxford University Press, 1977, p.45.

非洲西部海岸。在美洲，自 17 世纪初开始，建立了弗吉尼亚、马萨诸塞、马里兰、宾夕法尼亚、西印度群岛等殖民地，并直接开展与殖民地之间的贸易。①

伴随着对外贸易市场由欧洲向亚洲、非洲、美洲至整个世界的扩张，英国贸易结构也发生了重大转变。对外贸易的主要市场由欧洲转向利凡特、东印度和美洲。由主要向欧洲市场出口呢绒，进口奢侈品贸易，转向由利凡特、东印度大量进口生丝、无核葡萄干、香料、药材、棉织品、茶叶等贵重物品和由美洲殖民地进口烟草、蔗糖等当地产品，然后再输出或加工再输出至欧洲国家或亚洲国家。这种进口然后再出口的转口贸易逐渐成为 17 世纪英国海外商人的主要贸易活动。如将西印度群岛运来的货物转运到俄罗斯、德国、尼德兰、意大利等欧洲国家；将美洲的烟草、糖，印度的棉布和来自意大利的产品再出口到低地国家；或者将欧洲其他国家制造的产品转运到美洲和非洲销售；将非洲的奴隶转运到美洲，从美洲进口原料特产，再出口到欧洲、非洲、亚洲等地。17 世纪末时，再出口贸易额占整个贸易额的几乎三分之一。② 这种变革被现代经济史学者拉尔夫·戴维斯称为“商业革命”。

在对外贸易中，尽管每个贸易区都具有特有的基本贸易模式，但单个商人的经营活动却复杂多样，如利凡特贸易中基本经营模式是以出口英国的宽幅呢绒交换土耳其和士麦拉的生丝，也有些商人附带出

---

① 关于英国对外市场的开拓详见赵秀荣：《1500—1700 年英国商业与商人研究》，社会科学文献出版社 2004 年版，第 77—136 页。

② Ralph Davis, “English Foreign Trade, 1660–1700”, *Economic History Review,* 2nd ser.vii (1954–1955), p.151.

口英国的其他产品如铅，进口利凡特的棉花、染料。许多利凡特商人还与欧洲、北美洲国家尤其是西班牙进行贸易，有时是现金交易，有时是物物交换。一些利凡特商人还开创了更具花样的贸易，将从地中海进口的贸易品再出口至汉堡和波罗的海。如商人乔纳森·道斯（1670年去世）的主要业务地区是利凡特，但他还有别的业务扩展到世界各地。同样，在波罗的海贸易区，由于这里难以消化掉大量英国出口的商品，许多商人只能完全从事某一些特定领域专项产品的进口，如约翰·费尼的业务就是从瑞典进口铁和沥青。但是这种不均衡的贸易促使商人开创新的、更复杂的国际贸易模式。一些商人秘密地开展与西班牙殖民地之间的贸易，换取现金来支付他们从波罗的海进口的物品。还有一些商人通过进口亚洲、地中海和美洲的货物，将其再出口来支付波罗的海贸易。① 这样也造成商人的业务范围通常非常广泛，如18世纪初，希思科特（Heathcote）家族的业务活动就遍布波罗的海、西班牙、地中海、西印度、北美洲和东印度等广大地区。② 可想而知，新的贸易领域和新的商品及远距离贸易的增多都必然要求商人必须懂得更多的航海知识，更多地区的语言、风土人情、法律法规，更多地区的货币和度量衡标准，掌握更为复杂的经营技能。

总之，15—18世纪国内贸易各区域之间商业联系的加强，跨区域长距离贸易的增多，以及对外贸易市场的开拓和经营模式的灵活多样，

① Peter Earle, *The Making of the English Middle Class: Business, Society and Family Life in Lonon, 1660–1730,* Berkeley: University of California Press, 1989, pp. 38–39.

② H. V. Bowen, *Elites, Enterprise and the Making of the British Overseas Empire, 1688–1775*, London: U. K. Macmillan, 1996, p. 59.

都给商人提供了广阔的发展机遇，与此同时，也使原来受地区局限的商人们面临更多的挑战，如在异地经商必须熟悉当地的历史地理、风土人情、语言、法律、税收、货币及度量衡器换算等众多方面的知识，在这方面，对外贸易商人比国内贸易商人面临更大的挑战。

二、新型商业组织的兴起及对商人的挑战

20 世纪 70 年代，美国新制度经济学派的代表人物道格拉斯 · 诺斯和罗伯特 · 托马斯在《西方世界的兴起——新经济史》中提出："有效率的经济组织是经济增长的关键；一个有效率的经济组织在西欧的发展正是西方兴起的原因所在。"[①]这个有效率的经济组织就是现代企业制度。在英国，它最先诞生在商业领域。转型时期英国商业组织的发展和变化，是推动英国商业发展的重要因素之一，也是商业发展水平的重要标志。

自古以来，商业都是一种风险相对较大的行业，尤其是在近代以前，商人不仅要冒资金风险，而且还要冒生命的风险，如在航海贸易中，海难造成的沉船事故屡见不鲜，海盗的威胁则更大；在陆地上，商道中也常有战争和强盗；还有在异国他乡时遭受不公正的对待等。但利润往往就在风险之中，一般风险越大，利润也会越大。商人们在

① ［美］道格拉斯 · 诺斯、罗伯特 · 托马斯：《西方世界的兴起——新经济史》，厉以平等译，华夏出版社 1989 年版，第 5 页。

追逐利润最大化的同时，一直都在努力采取种种方式降低市场不完善所带来的风险损失。

在国内贸易中，失去生命的风险相对较低，因此，国内同一行业的商人们往往组织起来形成对有限市场的垄断。15、16 世纪时，英国伦敦出现 12 大号服公会，其中具有鲜明商业职能的公会有 6 个，即呢绒商公会、杂货商公会、服饰商（Haberdashers）公会、绸布商公会、鱼商公会和裁缝商公会。商人公会的形成有诸多原因，但其根本动力很显然是商人追逐利润的最大化。它们有一个共有的特征，那就是努力加强合作，兄弟成员集体议价，公会本身作为商人的团体从事商业交易。在一些城市里，某些公会对某种商品享有专营权，这样的收益装进集体的腰包。有时候他们对进口的货物进行集体购买，然后在成员间分发零售。[①] 这样可以压低价格，使成员获得更大收益。为了保证集体的收益，公会不但排斥外来竞争，而且严格禁止内部竞争，如 1397 年的一位鲱鱼商抱怨，由于他出售鲱鱼的价格比城市里其他商人的价格低了一些，他因此遭到其他商人的攻击、殴打、虐待，甚至他的未来也被断送了，这使他绝望得要死。[②] 另外，公会还具有对兄弟成员扶危济困，操办婚丧嫁娶之事，提供政治、法律问题上的帮助的职能，总之是尽可能地给予成员最大的保护。但是，从公会的总体职能看，它还不属于纯粹以商业营利为目的的商业经营组织。

相对于国内贸易，海外贸易中的风险更大，一些新型的商业组织

---

① E. Lipson, *The Economic History of England,* Vol. I, London: Longmans, 1947, p. 271.

② E. Lipson, *The Economic History of England,* Vol. I, London: Longmans, 1947, p. 273.

多是在海外贸易中诞生的。降低风险是商业组织产生和发展最根本的动机。为了降低风险，商人很早就养成结伴而行的习惯，“人多力量大”是非常简单的道理。一些现存的资料为我们勾画出中世纪商队行进的情景：“大队的成员用弓和箭武装起来，包围着拖着货物的马匹和满载着袋、捆、箱、桶的车辆。走在大队前面的是旗手（持盾者），有一个领袖——‘商帮老大’或‘会长’带领和管理这个为忠诚的誓言所联合起来的团体。一种紧密团结的精神激发着这个团体。显然，商品是合起来买卖的，利润是根据每人的份额按比例分配的。”① 商人们不仅结成旅行的伙伴，而且在生意上共同投资，形成合伙制经营，以分担风险。合伙制（Partnership）最初出现在中世纪意大利商人中，后来被西欧其他国家所采用。

合伙制是转型时期英国存在最为普遍的一种企业组织形式。合伙制的形式多种多样，有普通合伙制，即合作者在达成共同协议的基础上共同出资出力，这类形式绝大多数是两三个商人的短期合伙，也有多个人的合伙。17 世纪，商人们通过合伙组织的形式，共同投资和分担风险，以扩大贸易活动的规模和范围。利凡特商人达德利 · 诺斯是一个典型的例子。他在结束了自己的代理商生涯返回伦敦之后，积极参与了多个合伙组织的商业活动。最初，达德利加入了一个由 17 位商人构成的合伙组织，很快融入伦敦的商业网络中。1680 年，他与商人雅各布 · 特纳共同出资，合伙从事靛蓝的进口和丝袜的出口业务。他

① ［比］亨利 · 皮朗：《中世纪欧洲经济社会史》，乐文译，上海人民出版社 2001 年版，第 90 页。

们两人各自承担了相等的股份，次年，接纳第三位合伙人加入他们的生意。除此之外，达德利还参与了其他几项合伙生意：在一笔交易中，商人包艾利持有八分之一的股份；在前往汉堡的一次航海贸易中，威廉·福克斯莱拥有一小部分股份；在一次关于柔软绣花丝线的生意中，塞格里拥有一份股份；在与汉堡商人露西·奈特利合作的黑布生意中，达德利也有参与。而达德利的主要合伙人则是在阿勒颇的商业冒险中，与之合作的商人狄利。[①] 在合伙制的商业实践中，存在着大量的为了某一次的商业冒险而聚集起来的短期合作，这些合作往往是为了特定的商业冒险而临时组建，合伙关系具有较高的灵活性和随意性，一旦该机会或需求得到满足，合伙关系就可能终止。但是，也有少数长期的合作伙伴。以罗伯特·福勒和金饰商托马斯·沃顿为例，他们之间建立了长达十年的合伙关系，在这段合伙关系中，两位合伙人各自投入了 1000 英镑作为初始资本，共同参与某项商业活动，合伙期间每人的最高月收入达到了 33 英镑。[②] 由于合伙制比较灵活自由，对外贸易的扩张也以合伙的形式鸣锣开道。如 1551 年和 1552 年，5 名伦敦商人与 1 名航海家合伙，远航摩洛哥，开辟了与摩洛哥的长期贸易。1553 年，又有 3 名商人合伙向东北方探险，意外到达俄国，开辟了与俄国的贸易等。[③] 也有特殊的合伙组织，即以亲属关系为纽带而结成的家族

---

① R. Grassby, *The English Gentleman in Trade: the Life and Works of Sir Dudley North 1641–1691,* Oxford: Oxford University Press, 1994, p. 74.

② R. Grassby, *Kinship and Capitalism: Marriage, Family, and Business in the English Speaking World, 1580–1720,* Cambridge: Cambridge University Press, 2001, p. 269.

③ 赵秀荣：《1500—1700 年英国商业与商人研究》，社会科学文献出版社 2004 年版，第 94、96 页。

企业。著名的有 15 世纪从事与加莱之间羊毛贸易的塞利家族，16 世纪从事与安特卫普之间呢绒贸易的格勒善家族。对家族企业有独到研究的格拉斯比认为，家族企业在社会转型时期的英国是一种普遍存在的资本组织形式。

由合伙制还延伸出一种新的形式即代理制，这是由委托商将资本或货物预付或者委托给代理人进行经营，由代理人抽取一定佣金的合伙形式，多是坐商（或者投资者）与行商之间的合作。16、17 世纪时，代理制又有了新的发展。原来代理商是作为货物的押运员随同商船航行或者作为行商，而到 1673 年，利凡特公司为了杜绝无照经营者（interlopers）侵害公司利益而禁止船主、船员等参与贸易，于是代理商就在海外定居下来，并形成了新的组织——代理商行（ragione）。[①] 代理商行通常由 3 个或 3 个以上商人合伙组成。据统计，这样的代理机构在 17 世纪 80 年代的君士坦丁堡至少有 6 个，[②] 在威尼斯、热那亚、阿勒颇等其他贸易点也广泛存在。这些代理机构与国内的委托商合作，从每份货物按比例（一般是 2%—4%）收取两份佣金（因为一笔交易包括买和卖）作为报酬。[③] 代理制在国内贸易中更为发达，一些大代理商甚至结成团体控制某项产品的交易，如纽卡斯尔的牙商（hostmen）

① R. Grassby, *The English Gentleman in Trade: the Life and Works of Sir Dudley North 1641–1691*, Oxford: Oxford University Press, 1994, p.36. ragione 是 17 世纪新兴的代理商联合体，类似专业代理机构，具备集中化分销能力，能够批量处理购销及航运事务，配备仓储设施，具有解决法律、税务和保险问题的经验与地方人脉。

② R. Grassby, *The English Gentleman in Trade: the Life and Works of Sir Dudley North 1641–1691,* Oxford: Oxford University Press, 1994, p.40.

③ R. Grassby, *The English Gentleman in Trade: the Life and Works of Sir Dudley North 1641–1691,* Oxford: Oxford University Press, 1994, p.95.

控制煤炭贸易，布莱克韦尔大厦（Blackwell Hall）的代理商控制伦敦呢绒市场。①

虽然合伙制下商人的资本组合比较灵活，可以有效适应经营业务的多样化，满足频繁的远距离贸易自由组合的需要，但合伙制往往在一次合作之后出现变更，即便是家族企业，也会因人力资源短缺而缺乏延续性，无法对商路和市场进行永久性占领和拓展，而且随着商业规模的扩大和商业风险更大的跨洋贸易的开展，合伙制在资本和人力上都有其难以克服的局限性。因此为适应对外贸易的需要，商人们又开创了新型的商业组织即公司制。转型时期英国的商业公司主要有规约公司（Regulated Company）和股份公司（Joint-stock Company）两大类。

规约公司是从行会组织形式发展过来的一种商业组织，带有浓厚的行会性质，由所有经营同类商品的外贸商人组成。成员靠支付一定费用成为公司自由人或者向公司缴纳运营成本税，然后在遵守共同规章的情况下，结成种种形式的合伙制，独立经营，自负盈亏，承担无限责任。公司组织的职能主要是加强集体的垄断性，维护公司整体利益，代表公司集体在必要时游说议会，制定条例规范商业行为，任命海外领事和代理人，与海外贸易所在地的统治者出面协商等。英国的海外公司中最为重要的规约公司有商人冒险家公司、汉堡公司、利凡特公司和东地公司等。规约公司是介于个人合伙与团体组织之间的一种贸易组织，是公会组织向现代意义上的企业组织过渡的一种形式。

① J. A. Chartres, *Internal Trade in England 1500–1700*, London: The Macmillan Press Ltd., 1977, p. 52.

其缺陷是资本一旦投入，不容易撤出，对于一时想撤出资本转而投资其他领域的商人不太方便。此外，公司资本较分散，成员承担的都是无限责任，缺乏抵御较大风险的能力，不适合更远距离贸易的开拓。

股份公司恰好弥补了规约公司的缺陷，成为英国对外扩张中强有力的武器，它以认购股票的形式面向整个社会募集资本。因此不但集中了大商人的财力，而且广泛吸纳了社会各阶层的闲置资金，如 1617 年东印度公司的合作股东中除了 313 个外贸商人、214 个内贸商人、25 个外国商人外，还有 15 个公爵和伯爵、13 个伯爵夫人和其他头衔的贵妇人、82 个骑士、18 个寡妇和家庭主妇、26 个牧师和医生、248 个不明身份者，共954 个股东。[①] 以此方式不仅可以在短期内积聚雄厚的资本，而且股东们只对认购的股份承担有限责任，[②] 实现了公司风险共担，公司的股份还能够在伦敦交易所买卖，方便及时撤出投资份额。在经营模式上，则是由股东委员会聘请专业职员来管理。股份公司在筹集资本、管理运营、抵御风险方面都满足了海外贸易的需求。因此，在最早的一家股份公司莫斯科公司于 1553 年成立之后，为了开拓海外贸易和殖民地，英国陆续建立了一大批股份公司。1554—1680 年建立了 49 个。1688—1695 年，股份公司的数目从 32 个增加到 150 个。[③]

---

① W. A. S. Hewins, *English Trade and Finance Chiefly in the Seventeenth Century,* London: Methuen & Company, 1892, p. 59.

② 有限责任公司制是将商业发展推向现代化阶段的核心发明，是人类在经济制度和法律制度方面的一个创新。参见解玉军：《试论英国早期股份公司的有限责任制问题》，《山东大学学报（哲学社会科学版）》2006 年第 5 期。

③ [美] 道格拉斯 · 诺思、罗伯斯 · 托马斯：《西方世界的兴起——新经济史》，历以平等译，华夏出版社 2009 年版，第 192 页。

如规约公司和股份公司等联合的贸易组织，具有相对独立于其成员的人格，具有相对独立的组织、意志和利益，可以被视为以营利为目的的商业公司。它们是在国家的保护下成立的，靠国王或议会颁发特许状而具有独立的法人资格。到 17 世纪末时，英国商人不用获得特许状就可以成立一个法人企业，从而摆脱了国家对股份公司的控制，这被称为“法人革命”，这样企业就具备了私人企业的性质，成为现代公司的先驱。①

在商人逐利意图的直接推动下，为适应社会转型时期英国商业发展的需求，英国商业组织也向着更加高效、更加理性、结构更加复杂的现代商业组织演变。这需要商人具有与之相适应的各种知识和技能。可以推想一下，在各种合伙制、代理制中必然需要商人具备基本的利润计算知识、契约知识和相关的法律知识，必然要求商人有对商业投资综合判断决策的知识和能力。在合伙生意中记账特别复杂，成本和利润都要在同伙中分配，要做到每个人的贡献和收益都成比例分配是非常困难的，商人需要通过自己的计算和簿记技能以及契约知识来维护自己的利益。在更加新型的公司组织出现后，则更加需要商人掌握高级别、高水平的计算和簿记技能，加之，为了分散风险和多方取利，商人经常要投资不同的冒险公司，这使他们不可能了解每个公司的直接信息，只能依靠自己的账簿所提供的信息，对之加以分析，然后作出判断和决策。因此，新型的商业组织更加提高了对商人各种知识技能的要求。

① 李新宽：《重商主义时代英国企业组织制度的演变》，《北方论丛》2007 年第 6 期。

三、商业流通方式的多样化及其对商人的挑战

商业流通是指产品由生产领域转到消费领域的一个过程，从社会角度来看，它是无数次交易行为和无数个独立的交易过程的总和，是商业运营的一个重要环节。它包括商品的交易途径、交易手段、结算方式等方面。15世纪以前，生产模式主要是作坊式生产，前商店、后作坊是手工作坊的普遍形式，而且产销基本是一体的，生产者往往就是销售者，而购买者也往往就是消费者。虽然也有商人在规定的市场或集市上从事批发或零售买卖，但仅靠肩挑背扛和牛马驮运，数量非常有限，而且多是价值高、重量适中的奢侈品。商品交易量非常少，流通频率也非常慢。然而，伴随着16—18世纪英国工农业生产的规模化、专业化、商品化和社会生活城市化的发展，交通运输的改善，商业的流通量和流动频率迅速加大、加快，商品流通方式也发生了巨大变革。

（一）传统商品流通方式的新发展

传统的商品流通渠道主要是两种平台，即市场（market）和集市（fair）。尽管在15—18世纪出现了许多新的流通途径，但是遍布各地的市场和集市仍然是非常重要的商品交易场所。

都铎和斯图亚特时期的英格兰大约有760个城镇（market town），威尔士有50个城镇，每一个城镇都有一周一天或几天的市场日和一年一次或两次的集市日。[①]16—17世纪，乡村市场密布，平

① Joan Thirsk(ed.) *The Agrarian History of England and Wales, Vol. 4, 1500–1640,* Cambridge: Cambridge University Press, 1967, p. 467.

均3—6千米就有一个市场或者城镇。国内商人，尤其是经营某种专门商品的著名商人，经常可以在方圆12—15千米内光顾2—3个市场。①这些公开的市场上的交易都有严格的市场规章制度对经营者加以规范，严格的规范虽然使商人受到一定的限制，但也使商人获得一定的安全保障，在交易技能层面上要求不高。

为适应交易规模的增加，伴随着农业生产和手工业生产地区的专业化，16世纪末或更晚些时候，各地出现了市场的专门化趋势，大约有五分之二的英格兰市场和三分之一的威尔士市场成为专门化的市场。如有133个谷物市场，26个麦芽市场，6个以上水果市场，92个牛市，32个羊市，13个马市，14个猪市，30多个鱼市，21个野禽或家禽市场，12个奶酪和肉市，30多个羊毛和毛纱市场，27个以上呢绒市场，11个皮革或皮革制品市场，8个麻布市场和至少4个粗麻市场。②地方市场的专门化反映的是流通方式的进步，因为专门市场显然能够提高货物交易效率，增加交易量，减少交易成本，也使国内市场的格局进一步优化。在专门化市场发展繁荣的同时，一些原有的市场失去商业意义而衰落或消失，德文郡城镇市场原有45个，到1700年时，只剩下27个，到1720年则只有20个；萨默塞特郡减少了9个；格洛斯特郡减少了8个。③总体来看，多地原市政控制下的周期性的集

① Christopher Chalklin, *The Rise of the English Town, 1650–1850,* Cambridge: Cambridge University Press, 2001, p. 2.

② Joan Thirsk(ed.), *The Agrarian History of England and Wales, Vol. 4, 1500–1640*, Cambridge: Cambridge University Press, p. 490, p. 495.

③ J. A. Chartres, *Internal Trade in England 1500–1700*, London: The Macmillian Press Ltd., 1977, p. 48.

市或者城市定期市场都呈减少趋势，然而，商业交易场所的减少并不能说明商业流通力量的减弱，恰恰相反，商业开始向着更有利的中心集中，这正是市场功能强化的表现，说明市场服务的区域面积扩大了。11 世纪的市场服务区域一般直径在 6—7 千米，到 17 世纪时则增至 10—12 千米。[①] 这些论证说明，传统地方市场的服务功能更加专门化和服务区域更加广泛化，这使它们与外界的联系普遍加强了，市场功能也有所增强，但其主要职能仍然是供应当地城乡居民日常生活必需品，经营活动主要是小规模的零售业，交易方式主要以现货交易或者物物交易的方式进行，总之是交易比较简单，易操作。

与地方市场相比，集市招徕的范围要更加广泛，这是各地大商人会聚的地方，主要的商业活动是批发交易。16、17 世纪英国国内涌现了很多地区性的集市，有的集市（如剑桥三一集市）甚至具有较高的国际声誉。大多数集市的主要功能是进行牲畜和农产品交易，开市日多集中在春秋两季，春季卖出家畜和畜产品如羊毛等，秋季丰收后卖出消费品如农产品和呢绒等。集市因各地农业产品的不同，开市的高峰日也不同。如什罗普郡牧业发达，因此集市多集中在 5 月开市；汉普郡是粮食区，10 月的集市比较繁荣。[②] 集市是远距离跨区域贸易的主要场所，它将远道而来的买主或卖主会聚在一起，减少了市场信息的搜集成本。由于集市上的交易规模较大，因此交易中赊销、赊购或

---

① Thomas Stuast Willan, *The Inland Trade*, *Studies in Elizabethan Foreign Trade,* Manchester: Manchester University Press, 1976, pp. 313–316.

② J. A. Chartres, *Internal Trade in England 1500–1700*, London: The Macmillan Press Ltd., 1977, pp. 48–49.

看样品预订的交易方式比较多。

在国际商品流通中，集市（fair，有时也译成交易会）也曾起着非常重要的作用，如12—13世纪的香槟省集市就曾是整个西欧的商业中心。集市担负的是各国间的商品流通，聚集的是来自各国的大商人，由于硬通货携带不便，而且币种不一，使用现金交易很不方便，因此，自香槟集市时代起，“在集市上利用赊购的方式购买货物已成为惯例，而将所有的承付款项记在某一位当时参加集市的银行家的账簿上”[①]。集市结束后，再进行结算。14世纪，香槟集市衰落后，德意志南部和瑞士地区又兴起了新的集市群。15世纪后期，法国国王路易十一还设立了由国家管理的里昂集市。但随着国际贸易额增加，定期的集市已难以满足交易的需求，贸易逐渐转移到大城市的市场里进行，在大城市的市场里，贸易是长年不断的。与此同时，经营国际贸易的代理商也在贸易地点固定下来，建立长期驻地和代理机构。与之相伴随的集市的票据结算职能即金融交易则转移到新兴的交易所。因此，伴随国际贸易量的增加，传统的定期交易的国际性的大集市则在16、17世纪逐渐走向衰落。

（二）新的流通方式涌现

传统的交易场所和交易方式固然可以使交易双方的权益得到更加可靠的保障，但同时交易双方也要受到交易时间和地点的诸多限制。伴随16、17世纪商业化社会的发展，传统的市场已经很难满足如此大

① ［意］卡洛·M. 奇波拉：《欧洲经济史·十六和十七世纪》，贝昱等译，商务印书馆1988年版，第468页。

额和如此频繁的商品交易，于是对交易双方来讲都更加灵活自如、更加方便及时的新的流通方式悄然兴起。

1. 商店（shop）。由于经济社会发展的商业化和市场化，商品关系对城乡社会生活的深入渗透，人们对商品的消费需求量也不断增加，定期开市的市场和集市都很难满足消费者日用消费的需求。为了给消费者提供更加及时方便的服务，17、18 世纪时商店零售业兴起。商铺作为一种专门的销售途径，早期只不过是房前靠路的一个小摊或者遮棚。而到 17 世纪晚期，绝大多数商店的构造则是全部围起来，只留一个窗口服务顾客。顾客可以要求店主或学徒为其服务。商店普遍的布局是前面用护壁板围着的商铺，后面是仓库，中间用拱门隔开。铺内家具通常有供顾客坐下休息的皮椅子，一面可以让顾客自我欣赏消遣的镜子，几本印刷的书籍，一些装货的箱子，还有货架、柜台、20 个量布的尺子“艾勒”（specklewood ells）和码尺，用以丈量丝和其他商品。①17 世纪商店零售业的发展，是英国国内贸易发展中最为引人注目的亮点之一。它们不仅是城镇街道上的风景，而且乡村商店的数量也应该增加了不少。有一史实可以让我们认识到商店零售业的实力和规模：商店零售业发展中的最大阻碍是现金不足，为了弥补零用现金的需求不足，1649—1672 年，有 6575 个有实力的店主（多为杂货商、绸布商、呢绒商、蜡烛制造商、面包商和药剂师等）联合起来，发行了他们自己的代币（trade token）。这种私人通货面值不足 1 便

① Peter Earle, *The Making of the English Middle Class: Business, Society and Family Life in Lonon, 1660–1730,* Berkeley: University of California Press, 1989, p. 46.

士，可以在具有密切联系的商店里作现金使用。发行这种代币的地方有 1534 处，几乎是全国市镇数量的两倍。[①] 日常性的零售商业的兴起与公开市场上的零售相比有很多优势，它们销售网点固定，营业时间长。为了招徕更多的顾客，店主还注意商店的选址、装修、备货齐全，对货物进行广告宣传，顾客可以讨价还价，在商店里闲谈、购物兼娱乐。一些勤奋、服务周到而且健谈的店主往往会把商店打造得像娱乐场所，特别能吸引顾客。

2. 交易所（exchange）。在现代商业中 exchange 这个词基本上不再用于指商业中心了，现在一般用 emporia。在 15—18 世纪时的交易所（exchange）实际上就相当于商业中心或者购物中心（emporia 或 shopping mall），它是商业流通较高级阶段的形式。还在 16 世纪中期时，伦敦企业家就认识到打造交易所的重要意义。交易所不仅用来组织零售批发业务，还可用于高层次的金融信用交易。

在零售业务方面，交易所通过装饰同一格调的干净整洁的铺面，出租给店主，将店主会集在一起形成联营，并制定共同的规则对店主的经营行为进行统一管理。创设一个专业的购物环境，以集商品齐全、安全保险、购物休闲于一体等优势招徕世界各地的顾客。17 世纪晚期，交易所集中了全国近一半的店铺。这类交易所有 5 个：皇家交易所（The Royal Exchange）、新交易所（The New Exchange）、中等商品交易所（The Middle Exchange）、埃克塞特交易所（the Exeter

① Thomas Stuart Willian, *The Inland Trade, Studies in English Internal Trade in the Sixteenth and Seventeenth Centuries,* Manchester: Manchester University Press, 1976, pp. 83–89.

Exchange）及威斯敏斯特大厦（Westminster Hall）。其中最为气派、最为有名的就是皇家交易所，它是由砖、石、木架构，底层是拱廊，铺有黑白相间的大理石地板，内设房间供商人在此交流、洽谈生意。它有100—160个铺位（铺位大小可以调整），周围布满天窗，汇集了男子服饰用品店、绸布店、绘画店、裁缝店、杂货店、皮革店、服装店等近30类商店，各商店还以兽类或禽类图像做标记。七层塔顶有一个钟，在中午和晚上6点（夏季7点）鸣钟告诫店主停止做生意，吃午饭和晚饭。在塔的上面几层的周围是一个走廊，夏季的礼拜日，大约下午4点乐师聚集在这儿演奏。[①] 就以娱乐休闲招徕顾客而言，甚至可以与现代的购物中心相媲美。交易所的上层是能体现社会身份和威望的奢侈品商店，很受女士的赞赏和青睐，一些时尚和前卫的上流女士像蜜蜂采蜜一样从一个店铺逛到另一个店铺。据说这儿停靠的马车通常比教堂门口的还多。甚至还有人以挖苦的口吻说："商人应该看紧自己的老婆，不要让她们经常光顾上层，以防她们沉醉于穿衣打扮掏空自己的钱袋。绅士的女人尽管上去，这儿会使她们更加体面娇艳，更能牵动丈夫的芳心。"[②] 这种新型的零售业经营方式引领了时代发展的新方向。

然而，交易所是供国际、国内大商人批发和进行金融交易的中心，它承担了国际性集市的职能，"交易所是交易会（集市）的最高阶段，而且它的活动从不停顿。大商人以及许多中间人聚集在交易所，并在

① William C. Baer "Early Retailing: London's Shopping Exchanges, 1550-1700", *Business History,* Vol.49, No.1(Feb. 2007), pp.34-35.

② Lupton & Donald, *London and the Countrey Carbonadoed and Quartered into Several Characters(1632)*, Aungervyle Society Reprint, Second Series, Edinburgh, 1884, p.65.

那里洽谈商品交易、汇兑、入股、海事保险等业务，……交易所也是一个货币市场、金融市场和证券市场”①。16 世纪，欧洲安特卫普、塞维利亚、阿姆斯特丹等各主要大城市都相继建立了交易所，一些商埠也有自己的交易所。伴随着伦敦商业地位的上升，皇家交易所取代了阿姆斯特丹而成为国际金融和商业中心，成为各国商人、批发商和各种类型中间商的会聚地。

3. 客栈（inn）。随着生产的规模化、商品化，商品交易活动的日益频繁，商业流动人口的增加，旅店业在 16、17 世纪应运而生。客栈成为农场主、商人和制造商之间私下交易的主要场所。应该说私下交易很早就存在了，如一些小生产者在街道或者房子里与邻居交易，小商贩在乡间兜售商品。因为在原市政控制市场的体制下，这样的私下交易是违规的，是备受指责的行为，所以交易量非常少。而在商业繁荣的 17 世纪，私下交易与公开的市场交易量已经难分伯仲了。私下交易的盛行归功于伦敦市场大量需求的拉动。资料显示，赫特福德郡的一位骑士 4 年内供应伦敦 2000 夸特② 麦芽。柴郡的牲口贩子一年要在艾塞克斯养肥 600 头牛供给伦敦；在齐普赛街每周六要出售 1700 或 1800 头小牛。③ 这样一次交易就要完成几吨货物的易手，价值高达几百英镑的交易量在公开的市场上是难以达成的。因此，像谷物、牲畜、

① ［法］费尔南 · 布罗代尔：《15 至 18 世纪的物质文明、经济和资本主义（第二卷）》，顾良译，生活 · 读书 · 新知三联书店 1993 年版，第 86 页。

② 1 夸特 =1.1365 升。

③ Joan Thirsk(ed.), *The Agrarian History of England and Wales, v. 4, 1500–1640,* Cambridge: Cambridge University Press, 1967, p. 511.

羊毛等物品，交易量大，而且多是跨区域长距离的贸易，其交易主体，农场主或其代理商、旅行商之间的会面都不会局限在公开市场，而是更多发生在任何他们相聚的地方，如农家庭院里、牲口棚下、谷仓里、酒馆里、码头货栈里，绝大多数是在地方客栈里。

斯图亚特时期的客栈具有明显的为商业服务的功能，客栈老板为了招徕远方的买主和卖主，竭尽所能地为房客提供方便，撮合他们达成交易。除了提供食宿之外，客栈还附有仓库、银行、交易场所、拍卖店、文书办公室和车库。17、18 世纪之交有时还设有邮局，有时还是当地开展讲座和展览的中心，以及地方商业信息和社会设施的问讯处。[①] 客栈俨然成为会聚八方来客、招徕各地商人、各种信息广泛交流并迅速传播的商业文化中心，推动着国内商业贸易活动深入发展。

16、17 世纪，英国的城镇和乡村到处是一簇一簇的客栈。据史料统计，1577 年，25 个郡遍布 1600 多个客栈，其中，白金汉郡有 22 个，埃塞克斯郡和萨里郡各有 77 个，德文郡有 80 个，萨福克郡有 119 个，赫特福德郡有 152 个，约克郡有 239 个。到 1640 年，客栈更多而且规模更大。在威尔特郡，1686 年曾吹嘘一个客栈能容纳 200 个城镇和村庄，在索尔兹伯里，有的客栈能容纳大约 548 个旅行商和 865 匹马。有的客栈有 36 个房间，有的客栈则达到 40 个房间。[②] 詹姆士一世时期，许多客栈因销售某项产品而获得了非常好的声誉，如肯特郡米尔顿里吉斯（Milton Regis）的乔治（George）客栈是一个大麦市场，来自各

① Alan Everitt, "Social Mobility in Early Modern England", *Past and Present,* No. 33 (Apr. 1966), p. 70.

② Joan Thirsk(ed.), *The Agrarian History of England and Wales, v. 4, 1500–1640,* Cambridge: Cambridge University Press, 1967, p. 559.

地的买主和卖主在这里会集。雷丁的柴尔德主人（Master Child）客栈成为重要的羊毛市场。埃克塞特的比尔（Bear）客栈成为该城镇的商业中心，每周五都有价值数千英镑的商品易手。①一些经营同类商品的代理商和旅行商年年在同一个地点会聚。久而久之，他们的活动使一些城镇诸如德比、什鲁斯伯里、北安普敦、索尔兹伯里等要么成为广阔乡村的商业中心，要么成为一些专门商品的集散地。

与市场和集市等间时性的商品交易场所相比，这些新的商品流通方式往往是日常性的，即每天都可在商店、客栈等固定地方完成商品买卖行为。而与传统的公开市场相比，客栈这种新兴的私下市场又缺乏管理和规范，而且由于多是跨区域的长距离大规模的交易，总是伴随着预购、赊购、赊销、看样品订购、代销、代购等交易方式，因此对信用的使用空前增加，同时对簿记技能和契约知识的要求也增加了。这些都不是传统商人所熟悉的，需要商人努力加强自身的知识积累和技能训练，以尽早利用好新的经营方式。

四、商业经营技术的复杂化及对商人的挑战

伴随着商业结构不断变革，新的商业组织不断诞生，商品流通方式日渐丰富多样，商业经营技术也日趋复杂，这主要体现在支付手段、

① Joan Thirsk(ed.), *The Agrarian History of England and Wales, Vol. 4, 1500–1640,* Cambridge: Cambridge University Press, 1967, p. 560.

资金筹措、簿记技能等方面。

（一）支付手段

由于现金缺乏，国际贸易中很早就出现用信用来支付的方式，最著名的信用工具就是汇票。英国的外贸商人已于 15 世纪开始使用汇票进行支付或转让信用。如 15 世纪 80 年代在英国与加莱之间经营呢绒贸易的塞利家族像使用现金一样经常使用汇票偿付债务。[①] 他们在国外出售羊毛的票据也经常转贷给想在海外进口某些商品的其他英国商人，回到伦敦后再以英镑偿还。[②] 约克商人在国际贸易中也常用汇票作为支付手段。[③] 通常“利用汇票进行一笔交易需要有四个人参加。首先是想要清偿国外债务的商人甲。如果商人甲在有关国家找不到有钱的业务联系人，他就不得不求助于本地可代他找到联系人的商业银行家乙。银行家乙可以给国外市场上的商务联系人丙开一张票据，即汇票，授权客户丙向甲的债权人丁偿付这笔债务。甲则将这笔款子交给乙汇寄，同时付给乙一笔手续费，汇票将由商人信使送到丙处。几星期后，丙通知收款人丁他的货款已到，然后，丁亲自去取这笔钱”[④]。由此可见汇

① Alison Hanham, *The Celys and Their World: an English Merchant Family of the Fifteenth Century,* Cambridge: Cambridge University Press, 2002, pp. 188–192.

② Alison Hanham, *The Celys and Their World: an English Merchant Family of the Fifteenth Century,* Cambridge: Cambridge University Press, 2002, pp. 398–405.

③ Jennifer I. Kermode, “Money and Credit in the Fifteenth Century: Some Lessons from Yorkshire”, *The Business History Review*, Vol. 65, No. 3, Financial Services (Autumn 1991), p. 479.

④ ［意］卡洛 · M. 奇波拉：《欧洲经济史 · 十六和十七世纪》，贝昱等译，商务印书馆 1988 年版，第 463 页。

票使用的复杂性。除了使用汇票外，延期支付、转账、赊购也是商人普遍使用的信用方式。一些久处商场的大商人很少用现金来结算自己的账簿，因为现金只占很少一部分。一些商人经常利用自己在国内外贸易中广泛的业务联系，用信用进行多边支付，用第三方欠的款项来支付对方的货款。有时还以海外的信用来支付国内的债务，或者使国内的债务人支付国外的欠款。[①]在现金短缺的时代，商人正是用这种商业技能保证了业务中资本的正常运转。

进入16、17世纪，随着商业规模的进一步扩大，信用在国内贸易中得到广泛使用和发展，各种信用手段如借贷、汇票、期票、债券和抵押等都已流行。17世纪中期以后，汇票也成为一种可转让的票据，最初的支票，即所谓的“开立票”也在同时期出现。另外，“贴现”票据也普遍使用，“贴现”票据是将一张信用证券在到期之前出卖给第三者，以便换取一笔稍低于票面价值的款子。[②]在近代银行出现之前，一些金匠、律师、文书等充当借贷经纪人，同时也担当起各种票据的贴现人。信用机制成为英国国内羊毛、呢绒、谷物、牲畜、煤炭、矿产品等大宗贸易的基础。众多城市商人资本家将原料、生产工具贷给乡村工匠进行生产，然后回收产品，就是以信用为基础进行的。伦敦的大饭店为保证货源，预购农场主的谷物。零售商店和客栈也运用信用

---

① Jennifer I. Kermode, “Money and Credit in the Fifteenth Century: Some Lessons from Yorkshire”, *The Business History Review,* Vol. 65, No. 3, Financial Services (Autumn 1991), pp.480–481.

② [意]卡洛·M.奇波拉:《欧洲经济史·十六和十七世纪》，贝昱等译，商务印书馆1988年版，第467页。

手段。零售商店通常是由批发商实行赊账，零售商开出期票。商店有时也对顾客尤其是大顾客实行赊销。如笛福说："我认识一家人，他们每年收入达几千镑，每次给肉铺、面包铺和奶酪铺付款以一百镑计，经常是积欠一百镑才还。"① 17 世纪晚期，艾塞克斯郡一家名叫思旺客栈的老板在去世时，手中还保存着 11 张商业票据和期票。这些票据和期票有的是发生在他与本地商人之间的，有的则是发生在他与伦敦商人之间的。② 18 世纪时，贸易信用是交易运作的关键，许多公司的资产多数是以信用而不是以现金结算的。③

信用的普及应用有效弥补了交易中货币量的不足，加快了商业流通，降低了运营成本，是推动商业发展的重要动力之一，也是商业发展水平现代化的标志之一。但同时，信用的使用也使商业变得更加专业化、复杂化，这必然需要商人具有更专业的知识和技能。

（二）资金筹措

资金对商人的重要性是毋庸置疑的。怎样筹措资金是商人要考虑的首要问题。部分信用的使用实际上相当于给债务人一笔贷款，如获得一张支票、延期兑付汇票或将来某日偿还的期票等。一些合伙制也含有

---

① ［法］费尔南·布罗代尔：《15 至 18 世纪的物质文明、经济和资本主义（第二卷）》，顾良译，生活·读书·新知三联书店 1993 年版，第 56 页。

② J. A. Chartres, *Internal Trade in England 1500–1700,* London: The Macmillan Press Ltd., 1977, p. 53.

③ Julian Hoppit, "The Use and Abuse of Credit in Eighteenth-century England", *Business Life and Public Policy: Essays in Honour of D. C. Coleman*, N. McKendrick, and R.B.Outhwaite, Cambridge:Cambridge University Press, 1986, pp. 64–66.

贷款的性质，一些成熟商人与年轻商人之间签订代理契约实际上就相当于贷给年轻人一笔款子。有时赊销的方式也相当于一笔贷款，威尔士的一个牲畜贩子从一个牧场主那里赊购了40000多英镑的牲畜。[①]一些信誉好的商人，经常以有息贷款的方式从乡村或城市中的遗孀或者行将就木的约曼那里筹集资金。兰开斯特的杂货商威廉·斯考特（William Scott）就是以有息贷款筹集资金来扩展其生意的。[②]但是这些靠个人信用筹措资金的方式都过分依赖个人的信誉和情感，缺乏稳定性，而且成本较高。伴随着信用的使用，筹措资金的方式变得更加巧妙，如一些规模较大的合资公司，除依靠常规借贷外，开始发行债券或股票来筹集资金。信用的广泛使用还推动了首家公共信用机构英格兰银行于1694年诞生，随即众多银行承担了存款、贷款、兑现票据、发行银行券等业务，为商业的发展提供了极大的便利。与此同时，政府也进行了公共财政改革，以发行证券与公债券来筹集资金。这些革命性变化促使人们改变投资理念，随即购买各种股票、债券、证券、公债券等投机盛行，各种有价证券也逐渐像纸币一样在市场上流通，这些使投资活动变得更加扑朔迷离。

各种信用手段的使用与各类商人都是息息相关的，正如笛福所言，“信用之于商人犹如骨髓之于骨头”[③]。信用决定着商人业务的启动和正常运转，一旦信用失灵，资金就无法周转，也就意味着破产。而信用的获得又取决于个人的信誉，个人的信誉又要靠个人的道德品质和业

① J. A. Chartres, *Internal Trade in England 1500–1700,* London: The Macmillan Press Ltd., 1977, p. 51.

② J. A. Chartres, *Internal Trade in England 1500–1700*, London: The Macmillan Press Ltd., 1977, p. 54.

③ J. A. Chartres, *Internal Trade in England 1500–1700*, London: The Macmillan Press Ltd., 1977, p. 54.

务技能来维护，因此加强这方面的教育对商人来说尤其重要。

（三）簿记技能

簿记即记账、算账，是做商人的最基本技能。15—18 世纪商业中的各种变革都直接挑战着商人的簿记技能。首先，商业组织的变革推动簿记技能的改进。原来商人单枪匹马或者家族成员间合作，无须将家庭消费支出与生意上的账目严格区分，也不用担心利润的分配不公。而在合伙制和合资企业中，由于资本来自多个不同的投资者，因此需要更加严密的簿记方法，必须将私人账目与合伙制账目严格分离开来。这是追查一位投资者在一个企业中所占的确切股份和应该分得多少利润所必需的依据。另外，在早期的合伙制中，多数是为了一次冒险而筹集的，之后将整笔买卖的资产整体结算，将资本和利润总和在投资者中间进行分配，这样计算和分配利润都相对较简单。然而，随着商业合伙制的延长，公司和商号都必须持有一定的资本运营，在这种情况下投资者的红利怎么分配，就需要商人具有非常高的计算技能，何况多数商人是同时参加多个合伙组织，其簿记的复杂性可想而知。股份公司的发展对簿记技能的要求更高，也正是在股份公司兴盛的 17 世纪，复式簿记法在英国得到推广。复式簿记法是一套非常科学的记账方法，通过分析严格的复式簿记账簿，商人就可以知道自己的业务状况，然后作出理性的投资决策。其次，商业信用的广泛使用，更加大了簿记的复杂性，同时也加强了簿记的重要性。因为良好的簿记技能不仅是商人业务繁荣必备的技术条件，更是其良好信誉的凭证。良好的簿记象征着经营的诚实守信、敏锐、勤奋和交易的公正、合法[①]，商人可以凭此赢得他人的信赖。

小 结

本章的考察表明，转型时期英国商人教育的发展和变革有社会发展外驱力的客观推动，也有商业发展和商业变革内驱力的直接作用。文艺复兴与宗教改革大大推动了教育的世俗化，首先促生了大众主义教育理念，在大众主义教育理念下，国民的文化素质有了很大提高。进入文艺复兴运动后期，人文主义者开始倡导实用主义教育理念，在实用主义教育理念下，学校教学内容更加注重实用和实践性，这直接促生了满足工商业人才教育需求的职业教育和专门针对商人的培训学校。

商业革命对从商人才的高要求是商人教育发展的直接动因。在15—18世纪英国由农本到重商的社会转型时期，商业的发展构成了时代发展的核心内容。其间，商业结构的调整，尤其是跨区域和跨海洋的长距离贸易增多，商店、交易所、客栈等新的流通方式的涌现，规约公司、股份公司等新型商业组织的诞生，以及更为复杂深奥的商业

① Bruce G. Carruthers and Wendy Nelson Espeland, “Accounting for Rationality: Double-Entry Bookkeeping and the Rhetoric of Economic Rationality”, *The American Journal of Sociology*, Vol. 97, No. 1 (Jul. 1991), pp.36–69.

经营手段的使用等，都向从事商业的人员提出了更高的要求。尤其是17世纪下半期，商业领域发生的剧烈变革，“商业革命”与随之而来的“金融革命”对从商人员的数量和素质都有了更高的要求，招收学徒的门槛也随之抬高。15、16世纪时，师徒契约规定，学徒期初期师傅要负责教授学徒的读、写、算知识。[①] 17、18世纪时则普遍要求做学徒前必须预先掌握基础的商业知识和技能。

英国晚期重商主义代表人物托马斯·孟（Thomas Mun，1571—1641），是一位大商业资本家，是英国东印度公司的董事，也是政治贸易委员会委员，他在《英国得自对外贸易的财富》一书中就曾列举从事海外贸易的商人必须具备的12种品质和能力，即：（1）要擅长商业书法、算术和簿记；（2）要熟悉贸易国的度量衡和货币；（3）要知晓货物的关税、通行税等各种税费；（4）要知道各国商品市场行情，决定在何时以何种方式进口商品；（5）要会合理利用各国之间货款或汇票的兑换率；（6）要熟悉贸易国对外贸易政策；（7）要知道货运知识和保险方面的法律、法规；（8）要熟知船只建造主材和配件的材质、价格及船上成员的工资水平；（9）要能鉴别多种商品；（10）要精通航海技巧；（11）要能说几种外语，最好是一个外国通；（12）要会拉丁语。在他看来，“商人的确是需要具备如此种类繁多的知识的，再没有任何其他的职业比它需要得更多了”[②]。很多同时代的人都有类似于托

---

① Jonathan Barry and Christopher Brooks, *The Middling Sort of People:Culture Society and Politics in English 1550–1800*, New York: St. Martin's Press, 1994, p. 69.

② ［英］托马斯·孟：《英国得自对外贸易的财富》，李琼译，华夏出版社2006年版，第4页。

马斯·孟的看法。如商人路易斯·罗伯特认为，商人“应该是一个书法家，一个优秀的算术家，一个优秀的会计员，一个优秀的地理学家，并且能够操几种外语，具有对合伙的人超强的判断力，还要绝对熟悉商品的每一个生产环节，知晓所有外国人的生活习惯、法律和税费”①。商业发展不仅对商人的知识技能的要求增加，而且对个人道德品质的要求也提高了，勤奋、公正、刻苦、诚实、守信、谨慎、处好人际关系等已是每一位成功商人所必需的素质。成功商人达德利认为，从事商业经营的人必须经过专业的培训，这项工作非业余人员所能胜任，他尤其强调了商人的内在素质，如勤奋、智慧、果断、忍耐力、识别力和勇敢的重要性。②

面对这种新的社会经济形势，商人们只有不断加强自身知识、技能和道德品质的培养和教育，才能适应发展形势的需求，才能在日趋激烈的竞争中立于不败之地。③那么，英国商人是怎样接受教育和培训以提高自身知识、技能和道德品质的呢？本论著试从商人教育的施教主体家庭、行业组织、学校和社会四个方面，也就是商人获取知识技能的四种途径，即家庭教育、学徒教育、学校教育和社会教育来考察分析。

---

① Peter Earle, *The Making of the English Middle Class: Business, Society and Family Life in Lonon, 1660–1730,* Berkeley: University of California Press, 1995, p. 34.

② R. Grassby, *The English Gentleman in Trade: the Life and Works of Sir Dudley North 1641–1691,* Oxford: Oxford University Press, 1994, p. 258.

③ 关于转型期英国商业发展对商人的品质和技能要求详见笔者的《转型期英国商业发展及对商人的挑战》，《信阳师范学院学报（哲学社会科学版）》2014 年第 3 期。

第二章

传统的商人教育方式：家庭教育的新发展及局限性

家庭是最古老也是最稳定的教育机构，是人们出生后的第一个学习场所。与现代家庭培养孩子尽早独立的意识相反，在 16、17 世纪的英格兰，不管男孩和女孩都必须服从父母的管束，即便是成年，甚至结婚之后，服从仍然是重要的品质。家庭对子女的教育不仅仅限于宗教教育，还肩负着培养国家未来公民的责任。“家庭是各种社会团体的初级学校。”[①] 家庭的重要性尤其体现在生存技能方面的教育。长期以来，职业技能的传承主要依赖“父传子”和“师传徒”的方式，在我们考察的时段即 15—18 世纪，英国还不是一个以学校教育为主体的社会，家庭在商人的早期培育，在中期从商领域的选择，以及在后期的事业成功等方面都起着决定性的作用。而家庭的早期培育在商人从商的整个生涯中较之其他时段更显重要。

在那样的时代，家庭对孩子的成长，尤其是对将来可能从事工商业的孩子的成长具有特殊的意义，因为这时的家庭不仅仅是一个生活的单位，更是一个生产经营的单位，因而也是一个传授生活、生产和生存技能的教育单位。此外，在这一时期英国民众对后代的培养观念

① Kenneth Charlton, *Education in Renaissance England*, London: Routledge and Kegan Paul, 2007, p.200.

中，职业定位较早，而且取向非常明确，比如，要进宗教界就职，就必须去读文法学校和大学；要进法学界就职，就要读文法学校和法律学院；要做政府职员，就要到职业学院提高簿记和语言技能；要从事商业经营，就必须去做商人的学徒。鉴于此，就需要父母在孩子自己能够作出职业选择之前，按照自己的意愿为孩子作出选择并安排相应的教育。因此，家庭背景和父母的价值观在孩子职业选择和教育上起着极其重要的作用。探讨转型时期英国商人的受教育状况，必然要考察商人的家庭背景和所接受的家庭教育的状况。

第一节

商人的家庭出身溯源

商人是个开放的群体，它广泛吸纳来自社会的几乎所有阶层的成员，在资料中仅发现对贫民阶层有所限制，如 1406 年有一议会条令禁止招收家庭年收入低于 20 先令的学徒。还有法令禁止招收维兰的孩子做学徒。有些行会为了维护自己的尊严和声誉，禁止招收从事过不体面职业的人，如乡村小贩，因为他们经常从事扒窃活动。[①] 除此之外，似乎再没有不准哪个阶层经商的法律条令。

为了论述商人的家庭教育，有必要首先分析商人的家庭出身。由于在转型时期绝大多数商人要经过学徒阶段进入商界，而在学徒注册时通常被要求填写父亲的职业或者身份，因此，从城市、行会或公会招纳的学徒的档案资料中可以知晓商人群体的来源。尤其是大公会、号服公会、海外贸易公司这些典型的商人组织中的档案资料最能反映情况。

伦敦是英国的工商业中心，同样也是工商从业者的教育和培训中心。在任何阶段都会有成百上千的来自全国各地的学徒会聚到这里接

① Sylvia L.Thrupp, *The Merchant Class of Medieval London 1300–1500*, Ann Arbor: The University of Michigan Press, 1962, pp.215–217.

受教育。[①] 因此，我们拿伦敦的商人学徒情况来分析也最能说明问题。伦敦的商人组织主要是一些大公会，如呢绒商、杂货商、服饰商、绸布商、鱼商和裁缝商等，或者是一些号服公会和海外贸易公司。它们的成员多从事零售、批发和海外贸易。遗憾的是，由于缺少资料，很难估计出 14、15 世纪伦敦商人群体中来自各个社会阶层的确切比例，但可以确信的是，从 14 世纪早期伦敦就已有来自全国四面八方的城市或乡村的学徒，其出身的社会阶层包括除贫民和贵族之外的所有阶层，有的是政界人士的后代，有的是土地阶层的次幼子，但绝大多数还是地方乡村和小城镇商人和工匠的后代。15 世纪末，伦敦大公会招收的学徒中有 30%—50% 来自小城镇和乡村的工商业家庭。比如，皮革商和缝纫商行会招收的 152 个外来学徒中，来自工匠和商人家庭的占 32%（48 人），来自约曼家庭的占 30%（45 人），来自农夫家庭的占 19%（29 人），来自绅士家庭的占 16%（25 人）。在这些家庭来源的占比中，已经进入或即将进入号服公会的比例依次是 17%、9%、38%、40%。[②] 据此可以窥知，15 世纪时，商人群体的补给人员中，除了来自工商界家庭的人员之外，还有约曼、农夫和绅士。进入号服公会是一种荣耀，“穿着鲜亮齐整的号服，被当时人认为是成功商人的标志之一”[③]。进入号服公会意味着成为商人中的上层人员。根据四个阶层出身的学徒进入号服

① S. Rappaport, *Worlds within Worlds: Structures of Life in Sixteenth-century London,* Cambridge: Cambridge University Press, 2002, p.314.

② Sylvia L. Thrupp, *The Merchant Class of Medieval London 1300–1500*, Ann Arbor: The University of Michigan Press, 1962, p.217. 需要说明的是，这里定义的约曼和农夫阶层的生计不只是依靠土地，他们有的居住在城镇，与工商业有着密切的联系，一些商人，甚至有的伦敦市民也被称为约曼。这里的农夫是指稍低于约曼的阶层。

③ 刘景华主编：《走向重商时代：社会转折中的西欧商人和城市》，中国社会科学出版社 2007 年版，第 263 页。

公会的比例看，此时并没有明显的阶层或出身的歧视。

随着16、17世纪商业的膨胀和海外贸易的扩展，来自乡村有产阶层的学徒数量大增。这时呈现出的一种普遍趋势是，家庭地位较高的人家的儿子总是优先选择伦敦获利丰厚而且最有威望的商人公会成员做学徒，对16世纪的一份档案资料的分析显示：绅士、约曼和农夫的儿子们进入大公会做学徒的比例依次是88%、75%和40%。[①] 这就意味着伦敦大公会中聚集了最多的绅士子弟学徒，也说明了商人阶层中来自绅士阶层的人数越来越多。这一现象在17世纪表现最为明显，在声望较高的伦敦号服公会，如杂货商、金饰商和鱼商公会里，绅士的儿子均超过了四分之一。[②]1630—1660年，11个大号服公会和次等（lesser）号服公会招收的学徒中，15%是绅士（gentlemen）的儿子，3%是缙绅（esquires）的儿子，23%来自约曼家庭。1629—1673年，皮具销售商公会招收的4387个学徒中，约3%（139个）是骑士（knights）、缙绅（esquires）和准男爵（baronets）的儿子，约13%（562个）是乡绅（gentry）的儿子。[③] 除了伦敦大公会之外，海外商人群体也是接纳绅士家庭儿子们较多的地方。纽卡斯尔商人冒险家公司1600—1720年招收的1323个学徒中，约41%（544个）是绅士的儿子，约5%（72个）是缙绅的儿子。[④]1653—1699年进入布里斯

① S. Rappaport, *Worlds within Worlds: Structures of Life in Sixteenth-century London,* Cambridge: Cambridge University Press, 2002, p. 305.

② S. R. Smith, "The London Apprentices as Seventeenth-Century Adolescents", *Past and Present,* No. 61 (Nov. 1973), p. 200.

③ R. Grassby, *The Business Community of Seventeenth-century England*, Cambridge: Cambridge University Press, 1995, p. 145.

④ R. Grassby, *The Business Community of Seventeenth-century England*, Cambridge: Cambridge University Press, 1995, p. 149, table 5. 2.

托尔商人冒险家公司的109人中，约26%是乡绅的儿子，约28%是绅士的儿子。什鲁斯伯里呢绒商公会1572—1715年招收学徒627人，约42%（261个）是绅士的儿子。[①]伴随着海外贸易的开拓，在与瑞典、德国、波罗的海地区、利凡特地区以及美洲和东印度等地区的海外贸易领域中，绅士次幼子的比例总是非常高，当然也有更多的是从事国内大宗贸易，如沿海食品贸易、矿产品和进口商品的批发贸易，也有的充当批发贸易的中间商或者代理商，等等。总之，商人群体中绅士阶层的儿子越来越多，根据格拉斯比的统计（见表2.1），从17世纪已知商人的社会来源看，大约有三分之一出自绅士家庭。[②]

表 2.1 已知商人的社会来源比例（%）[③]

商人父亲的职业或身份	死于1580—1659	死于1660—1740	生于1541—1580	生于1581—1600	生于1601—1660	生于1661—1700
商人	52.57	51.68	47.34	46.15	53.63	76.29
绅士	32.56	30.03	33.51	32.17	28.77	15.46
专业或公职人士	1.48	5.59	2.13	2.80	7.02	4.64
工匠或小商人	0.81	2.44	1.06	3.32	3.11	1.03
农场主	1.86	5.55	6.38	11.89	5.52	1.03
外国人	10.73	4.71	9.58	3.67	1.96	1.55
总计	2098(人)	2378(人)	188(人)	572(人)	869(人)	194(人)

① R. Grassby, *The Business Community of Seventeenth-century England*, Cambridge: Cambridge University Press, 1995, p.152, table 5.5.

② R. Grassby, *Kinship and Capitalism, Marriage, Family, and Business in the English Speaking World, 1580–1720*, Cambridge: Cambridge University Press, 2001, p.273.

③ R. Grassby, *Kinship and Capitalism: Marriage, Family, and Business in the English Speaking World, 1580–1720*, Cambridge: Cambridge University Press, 2001, p. 272.

与商人群体中绅士次幼子的比例日渐增多的趋势相反，16、17世纪时，约曼和农夫阶层的儿子在商人队伍中的比例则呈下降趋势，尤其是农夫的儿子极少见到了。我们可以从几个伦敦大公会学徒招收注册中窥见一斑：伦敦服饰商公会1583—1584年招收的学徒中，约曼的儿子占28%，农夫的儿子占22%，而1603—1604年则分别是41%和10%。伦敦鱼商公会1614—1616年招收的学徒中，约曼的儿子占41%，农夫的儿子则只有5%；1631—1640年，约曼的儿子占28%，没有发现农夫的儿子；1690—1693年，约曼的儿子比例下降到16%，农夫的儿子则只有3个，占6%。伦敦杂货商公会1629—1632年招收的学徒中，约曼的儿子占32%，农夫的儿子仅有1个；1631—1640和1690—1693年，约曼的儿子持续下降，比例分别是28%和21%，农夫的儿子则不见踪迹。在海外商人群体中，约曼和农夫阶层减少的趋势更加明显。且不说伦敦的海外商人群体，就以地方的纽卡斯尔商人冒险家公司为例，在1580—1585年、1600—1605年、1625—1630年、1660—1665年、1680—1685年招收的学徒中，约曼的儿子比例分别是29%、35%、35%、11%、3%。可见，其在17世纪初还有些增长，但在17世纪末则迅速减少，与此同时，农夫的儿子只在1580—1585年招收的学徒中有3个，之后再也没有看到。① 同样的现象也出现在布里斯托尔商人群体中，在1600—1630年来自约曼家庭的商人有37个（9.8%），而

① 根据 Christopher Brooks, “Apprenticeship, Social Mobility and the Middling Sort, 1550–1800”, in J. Barry and C. Brooks (eds.), *The Middling Sort of People, Culture Society and Politics in English 1550–1800,* New York: St. Martin’s Press, 1994, p. 56, table 2.1 所作出的分析。

1670—1690年减少到16个（7.1%）；同时段农夫阶层的儿子由前一阶段的24人（6.4%）减少到后一阶段的5人（2.2%）。[①]尽管来自约曼家庭的商人的数量呈相对减少的趋势，但从整体上看，在转型时期英国商人群体的外来阶层成员中，约曼仍是一个仅次于绅士阶层的主要来源。

商业化社会的发展，瓦解着旧的经济社会结构，从而稀释游离出服务商业的新的社会阶层。这支新的社会力量以牧师、律师、医生、政府职员、教师为主体，被称为专业阶层（professional）。史料证明，这些阶层家庭出身的儿子们也开始融入商人群体，出现在伦敦的一些大公会或者海外贸易公司中。17世纪，在伦敦服饰商、杂货商和鱼商公会及纽卡斯尔商人冒险家公司中都有少量来自专业阶层家庭的学徒[②]，但由于这一阶层习惯于将自己描述为绅士阶层，所以很难准确地统计出他们所占的比例。不过据格拉斯比教授统计（见表2.1），他们在17世纪商人群体中的占比还是呈上升趋势的。另外还有来自乡村的新兴阶层如农场主（farmers）、工场主家庭的儿子们。以上这些新兴阶层成为商人群体的又一个重要来源。

以上探讨了绅士、约曼、农夫、专业阶层人士以及农场主、工场主等群体，即商人群体的外来补充人员的来源。其实，在商人群体中，任何时候来自商界家庭的人员都是其主体部分。在14、15世纪，商人

① 根据 R. Grassby, *The Business Community of Seventeenth-century England*, Cambridge: Cambridge University Press, 1995, p. 151, table 5. 4. 所作出的分析。

② Ohristopher Brooks, "Apprenticeship, Social Mobility and the Middling Sort, 1550–1800", in J. Barry and C. Brooks (eds.), *The Middling Sort of People, Culture Society and Politics in English 1550–1800*, New York: St. Martin's Press, 1994, p. 56, table 2. 1.

后代继续从商的比例可能要低一些，因为这时商人上层中流向绅士和牧师等更上层职业的人数较多。但即便如此，据瑟拉普的考察，这一时期伦敦市政官的儿子跟随父亲进入商界的比例仍几乎达到了 60%。如 14 世纪 25 个伦敦市政官的儿子中，16 人（64%）成为商人，3 人进入宗教界，2 人成为绅士，5 人成为骑士。15 世纪晚期，在 17 个商人的儿子中，有 10 人（59%）进入商界；5 人成为绅士和缙绅，其中有 2 人给国王服务；1 人成为城市财务管理人；1 人成了法官。在 15 世纪后半叶 52 个商人的后代中，有 26 人（50%）继续经商，16 人成为绅士和缙绅（其中至少有 5 人仍与商业公会有联系），4 人成为骑士，其他进入宗教和法律界。相比之下，稍下层的商人的儿子们没有像伦敦市政官的儿子那样有那么多的职业选择机会，因而留在商界的比例高达 80%—90%。[①] 16 世纪时也是如此，如地方大城市布里斯托尔，1532—1542 年，每年从全国各地（主要是附近郡）接收的学徒大约有 100 人。其中农夫或约曼的儿子占学徒总数的 20%—33%，绅士的儿子占 3%，雇工（laborers）的儿子占 4%，海员和渔民的儿子所占比例也差不多是这个数，一半以上的学徒来自工商界家庭。[②] 根据格拉斯比的研究，17 世纪英国商人群体中也有超过半数的成员来自商界家庭。（见表 2.1）而且他还对已知商人的儿子们所从事的职业进行了统计（见表 2.2）：从死于 1580—1740 年的商人的儿子来看，长子

① Sylvia L. Thrupp, *The Merchant Class of Medieval London 1300–1500*, Ann Arbor: The University of Michigan Press, 1962, pp. 205–206.

② J. Saltmarsh, "Review: Apprenticeship in Bristol", *The Economic History Review*, New Series, Vol. 3, No. 2 (1950), p. 244.

中继续从商的约占 56%，次子中继续从商的约占 62%，幼子中继续从商的约占 62%；从生于 1541—1700 年的商人儿子来看，长子中的约 51%、次子中的约 62%、幼子中的约 63% 都继续留在商界。从拥有财富的角度来分析，似乎只有财富在 5 万英镑以上的大商人长子有着明显流向绅士阶层的趋势（占比约为 56%），而财富在 5 万英镑以下的商人，无论长子、次子还是幼子，经商的都在半数以上。由此，我们可以推断出，17 世纪商界家庭的儿子大部分也是从商的。

表 2.2 已知商人儿子的职业选择比例（%）[1]

	死于（年）		财富（英镑）				生于（年）			
	1580—1659	1660—1740	0—500	501—5000	5001—50000	50000以上	1541—1580	1581—1600	1601—1660	1661—1700
长子										
商人	55.61	55.77	51.52	68.33	48.45	36.84	37.93	54.25	55.11	40.00
绅士	29.82	31.05	21.21	22.50	43.22	56.14	53.45	34.91	32.12	54.00
专业人士	14.57	13.18	27.27	9.17	8.33	7.02	8.62	10.85	12.77	6.00
总计	597(人)	789(人)	33 (人)	120(人)	516(人)	57(人)	116(人)	212(人)	274(人)	50 (人)
次子										
商人	55.74	66.97	54.55	84.78	61.81	44.44	50.00	63.35	71.55	47.62
绅士	23.36	15.46	18.18	8.70	21.65	38.89	32.89	17.35	14.63	28.57
专业人士	20.90	17.58	27.27	6.52	16.54	16.67	17.11	15.31	13.82	23.81
总计	244(人)	330(人)	11 (人)	46(人)	254(人)	36(人)	76(人)	98(人)	123(人)	21 (人)
三子、四子、五子										
商人	52.26	68.85	28.57	76.00	65.66	39.53	46.03	72.31	68.07	56.25
绅士	27.74	15.57	57.14	16.00	19.19	48.84	38.10	15.39	20.17	12.50
专业人士	20.00	15.57	14.29	8.00	15.15	11.63	15.87	12.31	11.77	31.25
总计	155(人)	244(人)	7 (人)	25(人)	198(人)	43(人)	63(人)	65(人)	119(人)	16 (人)

① R. Grassby, *Kinship and Capitalism: Marriage, Family, and Business in the English Speaking World, 1580–1720,* Cambridge: Cambridge University Press, 2001, p. 357.

以上数据分析虽然有一定的局限性，比如从学徒注册资料来分析就可能会遗漏一些通过继承或通过赎买取得自由人资格而经商的人。再者，转型时期本是个社会流动、身份变动都较为频繁的时期，因此一些统计数据难免会有一些出入，但这不影响我们从总体上看商人的社会来源。通过以上分析考察可知，转型时期英国商人的主要社会来源依次是商界家庭、绅士家庭、约曼家庭和专业阶层家庭，还有少量的贵族和农夫家庭等。

第二节

家庭教育方式的新发展

商人的家庭教育是指商人在年少时所受到的来自父母或者家庭中的年长者有意识、有目的的教导和培育。15—18 世纪的商人家庭教育不能等同于现代意义上的幼儿启蒙教育或学前教育，因为在这一时期学校教育还不是很普及。孩子的初等教育多数由家庭成员尤其是母亲来承担。父母无法承担时，多数情况下是将他们送到乡村女教师那里或者本地小学中接受教育。特殊情况下也请家庭教师，如一名叫约翰·桑德森的小男孩性格内向，在学校遭到粗暴对待而退学在家里学习计算，[①] 但这种情况非常少见。随着 16—18 世纪商业学校的兴起，中等教育多在学校进行，学校教育之后学生进入商界做学徒。如果站在整个社会的高度看，学徒教育也是一种家庭教育，只不过是在别人的家庭中进行。但如果站在商人个体角度来看，虽然学徒期是在师傅的家庭里接受教育，理想的状态下师傅也应该是学徒的“父亲”，但实际上师徒关系只是一种契约关系，甚至越来越像是一种雇佣关系。因此，学徒教育还不能简单地说成是家庭教育。因此，商人的家庭教育

① R.Grassby, *The Business Community of Seventeenth-century England,* Cambridge: Cambridge University Press, 1995, pp. 189–190.

不应包括商人的学徒教育，即便是跟随自己父亲做学徒受到的教育也不应算家庭教育，而更应被看作学徒教育。

伴随着15—18世纪商业经营的复杂化和竞争的加剧，商界家庭和非商界家庭的父母们都普遍加强了对将来可能从商的孩子的培育。家庭教育方式呈现多样化状态，教育的内容也相当丰富和广泛。

一、兼用宗教信仰和世俗手段塑造孩子的道德品质

在15—18世纪英国社会转型时期，一方面，随着商业的发展，信用得到普遍使用，对社会所有人员来讲，信用都是需要保护的资产。尤其是对于商人来说，信用就好比是事业的生命和灵魂，显得格外重要。另一方面，随着物质和娱乐生活的丰富，社会对孩子的诱惑增多，加之经商必然会遇到很多风险和坎坷，在这种情况下培养孩子从商的坚定意志和超强的自制能力，使良好的行为品质和思想道德内化为孩子的性格和气质，让他们能持之以恒地维护好自己良好的信誉，成了家庭教育的重要任务。研究14、15世纪伦敦商人的瑟拉普，尤其强调家庭对商人道德品质培养的重要性，她提出，商人没有太多的拉丁语知识也能够生存，但良好道德品质的培养在其成长过程中却是必不可少的。这个教育的任务不能完全依靠牧师或者学校教师，还必须由家庭中的长辈长期地持续不断地给予强制培养。[①] 而且，转型时期家族企

① Sylvia L. Thrupp, *The Merchant Class of Medieval London 1300–1500*, Ann Arbor: The University of Michigan Press, 1962, p. 164.

业是商业最普遍的经营单位，家族事业的存续和兴旺往往就是靠着某个继承人。这意味着，一个年轻人的堕落或失足可能会毁掉整个家族。因此，商界父母对孩子个性品质的培养更为重视。商人父母的焦虑和不安往往寄托在宗教信仰上，借助宗教信仰来达到约束孩子不良行为的目的。

转型时期对孩子道德品质教育和文化知识的初级教育往往是凭借宗教书籍和宗教信仰来加以实施的。父母都注重向孩子灌输虔诚的宗教信仰，将宗教精神内化到孩子的感知方式、思维方式和行为方式中，使他们认同宗教意识并自觉用以指导自己的思想和行为，即以精神上的约束来达到行为上的约束，塑造孩子的自控美德，培养其适应社会的道德品质和能力。这可从商人的一些传记和商人父母的一些书信中看出来。如利凡特商人乔治·博丁顿（1646—1719）的母亲非常严厉，她每天很早就起床给孩子们朗读《圣经》等宗教书籍，对他们进行宗教和道德教育。[①] 达德利·诺斯的母亲在孩子们的教育上更加严格，她每天都会定时教孩子们阅读，劝导孩子们不要懒惰、撒谎和放纵自己。[②] 詹姆士·菲普斯在去非洲继续其学徒期之前，收到其母亲一封长篇累牍的书信，再三叮嘱他不要忘记洗礼时的誓言，上帝的荣耀是无处不在的。这其实是在暗示他要谨守承诺，恪守道德准则，不要违背上帝的旨意。他的父亲则更为直截了当地告诫他："我知道送

① R. Grassby, *The English Gentleman in Trade: the Life and Works of Sir Dudley North 1641–1691,* Oxford: Oxford University Press, 1994, p. 282.

② R. Grassby, *The English Gentleman in Trade: the Life and Works of Sir Dudley North 1641–1691,* Oxford: Oxford University Press, 1994, p. 219.

你到异教徒的国度，使你失去了原在欧洲时的那些朋友的帮助和对你的教导，但是我认为你的信仰是坚定的，你已不再年轻，能够辨别善恶……你有《圣经》和许多好书，我建议你经常阅读……你在非洲的事业会增加你的财富……等你再次回到自己的国度时会更加荣耀。”①这位父亲明确告知孩子要坚定自己的信仰才可以获取财富，才会使自己更加荣耀。18 世纪早期，一位富裕农场主的妻子撒拉·萨维奇在给打算将来从商的儿子菲利普的信中频繁地提及《圣经》，她还叮嘱在学校学习的儿子每天都要坚持作精神修炼（spiritual exercises）。为了使孩子早起，利用好时间，她在信中说：“精神食粮（the manna）只有在早上才能收集到，过了这个时间就会融化，很难再找到”②，以此加强孩子的时间观念。零售商威廉·斯考特的父亲在临终前，将子女们召集到一起进行训说：“人活着，要敬畏上帝，要有责任心，要服从你们的母亲，兄弟之间要团结互助。”接着他向孩子们背诵了圣彼得的一些规劝，要求孩子们一定记住，并要求把他的话记下来，交给母亲保管，由母亲经常督促孩子们坚守它们。③

利凡特贸易商人达德利父母的一封信最能体现利用宗教信仰塑造

---

① R. Grassby, *Kinship and Capitalism: Marriage, Family, and Business in the English Speaking World, 1580–1720,* Cambridge: Cambridge University Press, 2001, p. 190.

② R. Grassby, *Kinship and Capitalism: Marriage, Family, and Business in the English Speaking World, 1580–1720,* Cambridge: Cambridge University Press, 2001, p. 184; Margaret R.Hunt, *The Middling Sort: Commerce, Gender, and the Family in England, 1680–1780,* Berkeley: University of California Press, 1996, p. 55.

③ W. Stout, *Autobiography of William Stout, of Lancaster, Wholesale and Retail Grocer and Ironmonger,* London: Simpkin, Marshall, & Co., 1851, p. 7.

孩子道德品质的教育方式。这封信是达德利刚到伦敦做学徒时收到的。信的内容大致如下：感谢上帝使你的朋友能够记得你，帮你走上了经商的道路。在这里，你如果能积极奋进必然能够成功。你应该对师傅感到满意，他是如此呵护你。首先，正如我听说你师傅所教导你的，你必须认真供职于上帝，每天以祈祷和朝拜开始一天的生意。在师傅的事务允许或者至少在主日有空时，不可忘记阅读经文，从里面学习你必须具备的诚实和勤奋的美德，切记不可满足于书面的阅读，更重要的是还必须做到问心无愧。我往昔教导你，不准玩牌或掷骰子，必须尽可能克制自己玩其他游戏，如果给人形成这样一种看法，即“你是一个赌棍”，将会置你于死地。其次是同样对你有害的饮酒恶习。饮酒不仅是对上帝极度的冒犯，而且会使你神志不清，不能做生意或者至少不易被信任。避免这样或那样的恶习的主要途径就是要谨慎交友。最后我必须告诫你的是，不可懒惰。懒惰是滋生各种恶习的温床。在这方面，你应该比许多人或绝大多数人做得更好才行。我认为，就你目前的年龄，告诫你这些是必需的，但是我希望你把这封信留作纪念，保存在你身边作为向父母作出的保证，因为信的内容是我与你母亲对你共同的祈愿。我希望你能乐意接纳和遵守我们给予你的忠告。①乍一看，达德利父母的这封信处处都在要求儿子要敬拜上帝和阅读《圣经》，但实际上是在教导达德利要热爱自己的职业，要对师傅恭敬顺从，要谨慎交友，要诚实和勤奋，要维护好自己的信誉，要保持慎重

① R. Grassby, *The English Gentleman in Trade: the Life and Works of Sir Dudley North 1641–1691,* Oxford: Oxford University Press, 1994, p. 29.

和理智，等等，这些都是商人应该具备的道德品质。

新教教义似乎更加适合培养商人的道德品质。一些不信奉国教的家庭对孩子的培养更加严格，如清教徒伯恩斯家族甚至限制孩子讲脏话，不准他们去娱乐场所或酒馆。贵格会教徒家庭的教育也很严格，他们总是将孩子塑造得像个“小大人”似的，表情严肃、虔诚、恭敬顺从。[①] 当然这些家庭中不排除有一些是真正出于对上帝的虔诚来教导孩子的，但是绝大多数家庭的目的主要是借助宗教信仰的威慑使孩子能够节制自己的物欲、性欲和食欲等欲望，以使其具备立足社会、成就事业的良好道德品质，而不是苛求他们对宗教多么虔诚。

在主要利用精神约束对孩子进行道德品质培养的同时，在特殊情况下，父母还辅之以一些世俗手段。有些父母处处有意培养孩子节俭吃苦的品质，如达德利的父亲就不像其他富有的父亲，他没有在达德利学徒期间支付额外的费用让他免于做一些卑贱的差事。这有利于培养达德利自立、勤劳和节俭的品质。[②] 也有一些父母给孩子讲一些世俗的道理来告诫他们要节俭和有礼貌等。如有一位父亲写信给儿子说：“你一定要记得，你是一个学徒，是一个幼子。你被送去做学徒是为了赚钱致富，不是去做一个过分夸饰的绅士，不要图自己享乐。”同时他还嘱托孩子的代理师傅既要原谅儿子因年轻犯下的过失，又不要太放

① R. Grassby, *Kinship and Capitalism: Marriage, Family, and Business in the English Speaking World, 1580–1720,* Cambridge: Cambridge University Press, 2001, p. 181.

② R. Grassby, *The English Gentleman in Trade: the Life and Works of Sir Dudley North 1641–1691,* Oxford: Oxford University, 1994, p. 186.

纵他，要让孩子严格对待商务。① 还有更为特殊的教育方式，如一位杂货商结婚时还未成年，为了防止他沉迷娱乐活动挥霍家产，其妻子的亲属草拟了一份契约：他必须承诺不会成为“败家子”；每年娱乐费严格控制在 20 先令以内；严格遵守该契约，否则，交 500 英镑的罚金。② 妻子的亲属通过这种方式提醒这位未成年的女婿谨慎用钱，养成节俭的习惯。还有的父母对于不接受管束的孩子采取剥夺其继承权的方式。如几位立遗嘱者称如果他们的儿子“放荡不羁、不守规矩、误入歧途”，将不得继承财产。成衣商劳伦斯・阿什顿免掉了他长子的债务，但仅给他 10 先令的遗产。当威廉・阿特伍德写信告诉父亲有一两个债主在向他讨债时，他吓得写信的手抖个不停。③ 另一个例子是 18 世纪时一个来自爱丁堡的小男孩在不信奉国教学院就读期间因挥霍无度而陷入债务，遭到校方开除。他的姑姑写信向校长求情说，小男孩的叔叔是一个严守道德准则的人，如果他知道这件事将会剥夺孩子的继承权，希望校方给予孩子一个改过自新的机会。④ 可见，剥夺继承权的威胁也会对孩子产生一定的威慑力，使他们不得不考虑一些行为的后果，进而悬崖勒马或者改邪归正。

---

① R. Grassby, *Kinship and Capitalism: Marriage, Family, and Business in the English Speaking World, 1580–1720,* Cambridge: Cambridge University Press, 2001, p. 190.

② Sylvia L. Thrupp, *The Merchant Class of Medieval London 1300–1500*, Ann Arbor: The University of Michigan Press, 1962, p. 167.

③ R. Grassby, *Kinship and Capitalism: Marriage, Family, and Business in the English Speaking World, 1580–1720,* Cambridge: Cambridge University Press, 2001, pp. 195–196.

④ Margaret R. Hunt, *The Middling Sort: Commerce, Gender, and the Family in England, 1680–1780,* Berkeley: University of California Press, 1996, p. 63.

二、更加注重新商业技能的培养

在15—18世纪的社会转型时期，英国商人的基本职业技能主要通过正规的商业学校教育或做学徒习得。但随着商业竞争的加剧，商业技能尤其是整洁的书写和准确的簿记越来越成为家庭教育的重要内容。一些孩子由于家庭没有持之以恒地督促培养好这些技能而在商场上缺乏竞争力，前途黯淡。为了给孩子更高的起点，家庭也逐渐重视孩子商业技能的培养和教导。

尤其是在17、18世纪，希望儿子将来能在商界取得成功的父母都会督促孩子习得具有竞争力的商业技能。商界家庭尤其注意培养孩子的簿记习惯和理财意识。一些家庭很早就让孩子尝试着管理账目，如在利凡特商人乔治·博丁顿14岁时，他父亲就让他到账房里管理现金账；在博丁顿的儿子14岁时，他也同样让其帮助管理现金账。现金账是一种精确度要求非常高的账目，最能锻炼孩子勤奋记账的习惯和精确细致的簿记态度。还有许多商界家庭将教导孩子节俭理智的用钱习惯与孩子精确簿记技能两者结合起来培养，即让孩子记个人开销账目。如1771年，当亚当·帕丁顿还只有10岁时，他的监护人就已经通过让他做消费簿记来让他尽快熟悉账簿。据说，在18世纪有成千上万的年轻人要接受这样的教育。[①] 也有一些家庭让孩子记家庭账以培养孩子的簿记技能，一位倡导女性也应该学习簿记的女士，声称父亲曾给予

---

① Margaret R. Hunt, *The Middling Sort: Commerce, Gender, and the Family in England,* 1680–1780, Berkeley: University of California Press, 1996, p. 60.

她记家庭账的任务。她每天晚上把家庭所有成员召集到账房里，根据他们编排好的账目报销，将所有账目记入账簿中。她认为所有的家庭都应该要求他们的孩子记家庭账，这样可以培养孩子定期记账的习惯，并能够大大提高簿记的熟练度和准确度。① 也有的家庭用实践激励的方法提高孩子对簿记和商业的兴趣，即给孩子一小笔钱让他自主去投资，让他品尝一下经商的味道，以此激发孩子的簿记兴趣，并趁机向其灌输良好的簿记习惯。利凡特商人乔治・博丁顿在回顾他一生中最为激动的瞬间时这样说："1664 年 3 月 25 日，我开始拥有自己的一套账簿，尽管我只有很少的一笔钱，但这使我能够开始独立经营，我购买了一小包棉花。"② 他亲身体会到这种方法的效果后，也以同样的方式教导他的儿子们。总之，商界家庭对簿记技能的学习越来越普遍，也越来越深入。一些商人家庭把簿记学习看成是一种神圣的集体活动，近似于，实际上可能真的取代了家庭祈祷。③

随着社会的商业化，有人倡导贵族和绅士阶层也要学习一些簿记技能，如洛克说："我建议所有的绅士都要学好商业计算，不要因为它的名字取自经商的人，它也主要由这些人所采用，就认为它不属于他们应学的范围。"④ 当然，洛克强调绅士要学习商业计算的目的不是培养

① Margaret R. Hunt, *The Middling Sort: Commerce, Gender, and the Family in England, 1680–1780,* Berkeley: University of California Press, 1996, p. 59.

② Margaret R. Hunt, *The Middling Sort: Commerce, Gender, and the Family in England, 1680–1780,* Berkeley: University of California Press, 1996, p. 60.

③ Margaret R. Hunt, *The Middling Sort: Commerce, Gender, and the Family in England, 1680–1780,* Berkeley: University of California Press, 1996, p. 59.

④ [英]约翰・洛克：《教育片论》，熊春文译，上海人民出版社 2005 年版，第 270 页。

他们去经商，而是培养他们理性持家和管理好地产的能力。若践行这种倡导，可以为将来从商的次幼子们奠定一定的基础，但事实上，绅士家庭学习簿记的人还是很少的。在对于意欲从商的次幼子的商业技能的培养上面，绅士家庭也很少直接教导，只是从侧面督促孩子好好学习。如理查德·霍尔写信劝告儿子吉姆，要步步慎重，要注意提高书法和拼写水平，要保重身体。一位父亲督促在土耳其做代理商的儿子要学习意大利簿记，要注意纠正拼写，要改进书法，表达要彬彬有礼，等等。①绅士家庭的孩子在语言和法律方面的学习上略显优势。掌握相关贸易区的语言和法律知识是商人需要的一种基本技能，而法语、意大利语通常是绅士家庭必须学习的，另外，绅士家庭在法学界的较多，这些都可以使出身绅士家庭的商人受到一定的启蒙教育。比较典型的是商人兄弟达德利和蒙塔古的成长经历。他们的父亲弗朗西斯·诺斯爵士（Sir Francis North）曾在剑桥大学三一学院深造，还在林肯律师学院（Lincoln's Inn）接受过专业训练。他精通拉丁语、法语、意大利语等多种语言，并且在政治和军事上都有显著成就。他对孩子们的教育极为看重，竭尽全力地为他们提供关怀和支持，以确保他们在成长过程中得到充分的教育和个性化发展。在利凡特贸易区，达德利通过自学能熟练应用三种外语，即土耳其语、意大利语和阿拉伯语。蒙塔古也能说土耳其语，并能使用意大利语记账。达德利还善

① R. Grassby, *Kinship and Capitalism: Marriage, Family, and Business in the English Speaking World, 1580–1720*, Cambridge: Cambridge University Press, 2001, p. 190.

于运用当地的法律知识。这些都得益于父亲对他们的启蒙教育。①

以上论述说明，伴随着经商要求的提高和商业竞争的加剧，社会转型时期，家庭普遍加强了对欲从事商业的孩子的培养和教导，不仅利用宗教权威强化孩子的行为习惯和道德品质，而且还增加了商业技能方面的教育内容。这些都体现了家庭对商人教育的重视和家庭力所能及地提高意欲从商的孩子的起点所做的努力。

① R. Grassby, *The English Gentleman in Trade: the Life and Works of Sir Dudley North 1641–1691,* Oxford: Oxford University Press, 1994, p. 186, p. 262.

第三节

家庭教育方式的局限性：商界家庭教育垄断？

众所周知，家庭对一个人的成长具有至关重要的作用。那么，在一个意欲从商，并在将来成为商人的孩子的成长过程中，家庭背景和家庭的教育究竟发挥着怎样的影响呢？这种影响的不同又反映出了家庭教育途径或者家庭作为施教主体的商人教育方式有着什么样的局限性呢？笔者在布劳和邓肯“地位获得模型”理论的启发下，试着借用这一理论分析一下家庭在商人的成长和教育中的先赋作用。

美国社会学家布劳与邓肯在1967年出版了《美国的职业结构》一书，向人们展示了一套研究社会流动的独特的分析研究方法。布劳和邓肯的重点是“分析家庭背景对个体社会流动和当前社会地位的影响。他们将个人社会经济地位的实现过程看成是社会流动过程。他们设想，这一过程受到三类因素的影响：一类是先天因素，一类是获致因素，一类是地域流动因素。先天因素包括父亲的职业和父亲的教育水平。获致因素是个体后天的努力和经历所形成的特征。其中，教育水平是最为重要的一个因素。因为在现代社会，占据社会一定的职业位置需要一定的技能和知识，而技能和知识的获得依赖于教育。现代社会是一个强调后天获致因素的社会”。布劳和邓肯在《美国的职业结构》中提出的观点是，个体能够通过教育、技能、工作经验等“获致因素”获得更高的社会地位。然而，他们同时提出，这些获致因素并非独立于家庭背景之外，而是受到家庭背景的深刻影响，即“包容了家庭背景的间接作用”。① 我们把这个理论用于分析社会转型时期向商界流动的人员，分析家庭在他们早期成长中的作用，发现出身于商界家庭和出身于非商界家庭的他们受到的早期培育和教育质量是有巨大差别的，也就是说他们的先天因素有极大的不同，而且直接影响后天的获致因素。由此，我们得出结论：前现代社会与现代社会不同，那是一个不太开放的社会，商界家庭在商人的培养和教育上具有明显的垄断性特征，社会成员向商界流动不畅，商人教育方式带有明显的局限性。

本节我们拟从以下四个方面探讨商界家庭和非商界家庭在商人的培养和教育上所起到的先赋作用的差别：一是家庭对商人职业选择的态度是否积极；二是家庭的生活环境和启蒙教育对商人的成长是否有利；三是家庭对子弟从商的教育投资和安排是否得当；四是家庭可资利用的社会关系是否充足。

一、家庭对商人职业选择的态度

随着生活水平的提高，15—18 世纪的英国家庭普遍重视孩子

① 转引自许庆豫：《教育发展论：理论评介与个案分析》，福建教育出版社 2005 年版，第 150 页。

的教育。当孩子成长到一定年龄，究竟该为孩子提供什么样的教育呢？回答这个问题，首先需要父母或者监护人为孩子作出职业选择。因为，只有先选择了职业，才能根据职业需要确定孩子应该接受什么样的教育。伊丽莎白时期著名的牧师威廉·珀金斯建议：在孩子开始独立谋生之前，父母有责任帮助孩子选择适合他们的职业。在作选择时必须遵循两点：一是孩子的兴趣；二是孩子的天赋。父母千万不可让孩子选不适合自己的职业。如果一个孩子适合做学问，父母却让他去经商或者做其他体力活儿，而把最适合经商的送去做学问，这是最不应该的。他知道负责任的父母都应该接受这一建议，对孩子的教育做好安排，以使他们最终能从事适合他们的职业，在经济条件允许的情况下不要蔑视孩子的愿望和天赋。① 威廉·珀金斯的建议表明，判断孩子将来要从事什么职业、接受什么样的教育是父母的责任。他特别说明“经商”和“做学问”是两类（可能他认为）区分度非常大的职业，选择时千万不能选错。他还尤其强调了在职业选择上要照顾到孩子的意愿和天赋。但是，在实际生活中，父母在做选择时往往依靠社会惯常的价值观，根据自己的意愿安排孩子的职业，孩子的职业选择更多地打上了父母职业观念的烙印。尤其是对“商业”这个当时还存在争议的职业，更加显示了家庭在选择时的复杂态度。

我们先来分析商界家庭在孩子职业选择上的态度。商界家庭中也存在不少成员选择其他职业的现象，这在一定程度上反映了商人对自

① Rosemary O’Day, *Education and Society 1500–1800*, London & New York: Longman Group Limited, 1982, pp. 6–7.

己职业的态度。据考察，商人家庭为孩子选择其他职业的原因主要有：（一）部分商人对自己的职业缺乏自信，对死后能否得到上帝的“宽恕”困惑不安。因此他们一方面通过“慷慨解囊”“乐善好施”来缓解心理压力，另一方面一旦条件成熟便让孩子转向绅士阶层。（二）恶劣的商业环境使商人对资本缺乏安全感。14—16世纪，国家缺乏合理规范的公共财政体系，经常出现侵占商人资财的现象，海外贸易经常受到战争的干扰，国内贸易也常受到流行病的侵袭，再加上交通方面的险恶，盗贼出没，等等，这些都使商人感到自己的生命和财产难以得到保障，为求安全而让孩子转向其他职业。（三）分散家族发展风险的考虑。商人家庭中有时会出现男孩经商资质较差的情况，这使父母不敢将家族的事业交付于他而为他选择其他职业。还有当家庭中男孩较多时，父母也会为拓展家庭的社会关系而让孩子选择政界、法律界，以便为家族事业求得更多的保障。出于上述原因，商人后代中也有不少人流向政界、法律界、宗教界或者土地阶层。但他们毕竟是商人子弟群体中的少数，并且随着商业环境的改善和商业、商人地位的提高，越来越多的商人孩子选择了商界的职业。

商界的父母为孩子选择商业领域内的职业，常是出于提高家族在商界的地位和拓展家族业务关系的考虑。如一些工匠的孩子可能选择到零售商那里做学徒，一些零售商家庭的孩子可能被送到批发商或海外商人那里做学徒。一些地方商人如呢绒商，经常将儿子送到与自己同盟行业的冒险商或大城市商人那里做学徒。一些伦敦公会也经常招收与自己业务上有密切联系的区域的学徒，如利凡特公司的学徒多来自萨福克和西部诸郡。[①]总之，这些选择都明显地表达了商界父母期待孩子将来能够使家族事业更加发达的愿望。怀着这种愿望的父母也肯定会积极地鼓舞和激励孩子去热爱自己的事业，孩子也会雄心勃勃地投入自己的事业。

绅士家庭为了防止家族地产的分裂，维持家族社会地位的延续，一般让长子继承地产和头衔，次幼子们继承一部分动产，另谋职业，自食其力。因此，父母都要给次幼子们作出职业选择，为他们提供教育的费用和就业的启动资金。那么绅士父母为次幼子们选择什么样的职业呢？

由于转型时期英国上等阶层仍普遍认为，通过人文教育取得的职业比通过学徒教育取得的职业更加受人尊敬，直到 17 世纪，一些专业人士和地产所有者仍然认为做学徒是降低身份的事业，[②]再加上绅士阶层对孩子的培养、教育和拥有的社会技能与专业界的要求比较接近，因此绅士父母们优先选择的职业是牧师、律师、军职以及政府职员，其次才是商界。[③]多数情况下选择商界是出于无奈。究竟有多少绅士家庭愿意将儿子送进商界，要看他们的等级地位。贵族（peers）是从来不送他们的儿子去经商的，除非有一些例外情况，比如孩子执意要

① R. Grassby, *Kinship and Capitalism: Marriage, Family, and Business in the English Speaking World, 1580–1720,* Cambridge: Cambridge University Press, 2001, p. 277.

② R. Grassby, *The English Gentleman in Trade: the Life and Works of Sir Dudley North 1641–1691,* Oxford: Oxford University Press, 1994, pp. 19–20.

③ R. Grassby, *The Business Community of Seventeenth-century England*, Cambridge: Cambridge University Press, 1995, p. 126.

去经商。准男爵（baronets）较难忍受经营商业，他们乐意选择教职、军界、土地绅士，如北安普敦郡的一个不太富有的准男爵家族 10 代人中共 13 个次幼子，没有一个选择商界。萨福克一个准男爵的次子做了学徒，但军界一有机会便辞去学徒做了军官。乡绅（squires）对进入商界较少有顾虑，因此他们的次幼子从商的相对也最多。[①] 但总体上看，选择商界的绅士阶层次幼子还是相对较少的，到了 17 世纪末海外贸易发展起来以后才日渐增多。这一方面是由于商业商人地位的提高，商业利润丰厚的诱惑；另一方面也有绅士家庭自身的一些原因。接下来以典型的绅士商人达德利・诺斯为主要个案，分析这一时期进入商界次幼子增多的原因。

第一，家庭经济困难。17 世纪，战争的费用、高额的税收、巨额的建筑费、各种款待费，以及维护身份和地位的其他花费，再加上土地经营不善、农产品价格低廉，这些都使绅士家庭成为重要的欠债户。约克郡陷入经济困难的绅士家庭的数量由 1558—1599 年的 29% 上升至 1600—1642 年的 36%。[②] 多数绅士家庭是出于家族衰落、经济困难的因素而选择送儿子去做学徒，如约翰・奥格兰德爵士因为经济问题送儿子去做绸布商学徒。[③] 又如绅士家庭乔治・博丁顿三兄弟因其祖父

---

① L. Stone, & C.S. Jeanne *An Open Elite? England 1540–1880,* Oxford: Clarendon Press, 1984, p. 236.

② R. Grassby, *Kinship and Capitalism: Marriage, Family, and Business in the English Speaking World, 1580–1720,* Cambridge: Cambridge University Press, 2001, p. 97.

③ R. Grassby, *The Business Community of Seventeenth-century England*, Berkeley: University of California Press, 1989, p. 112.

赌博输光了家产，他们三人被迫去伦敦做学徒。[①] 达德利·诺斯从商的决定性因素也是家庭经济困难。他生于 1641 年 5 月 16 日，是诺斯家族第四男爵的第三个孩子，但 17 世纪早期家族开始败落。由于达德利的祖父活至 84 岁，父亲 1666 年才继承财产，之后，又由于地产经营不善，家庭收入减少，加上 10 个子女（6 男 4 女）都已长到成人的年龄，花费巨大，生活非常拮据。这种情况下，为了保证地产的完整性，必然是长子继承地产和头衔。其次需要考虑的是女儿的嫁妆。陪嫁 4 个女儿和资助达德利及其弟弟蒙塔古的培训费用就达 8000 英镑，剩下的能分配给次幼子的动产就寥寥无几了，并且达德利父亲死时还欠了 1500 英镑的债。因此诺斯家只能选择以最少的教育费用培养孩子们自己去开创职业生涯。达德利和弟弟蒙塔古都是在免费文法学校就读后被送往伦敦的寄宿书写学校，准备将来做商人学徒。[②]

第二，分散家庭就业风险。如果家中有几个儿子，父母喜欢采取分散孩子就业的方式。虽然不是严格地按排行来分配就业，但一般都是安排幼子去经商。达德利的二哥被送到法律界，一个比较有学者气质的弟弟被安排做一名大学教师。由于家族信奉国教，得不到克伦威尔政府的支持，因此没有可从事的公职和教职，也没有能接受达德利兄弟的军职。17 世纪 50 年代的法律界竞争非常激烈，医界也几乎没有空缺，因此只能在商界作出选择。他的弟弟罗格选择做租地农场主

① Peter Earle, *The Making of the English Middle Class: Business, Society and Family Life in Lonon, 1660–1730,* Berkeley: University of California Press, 1989, p. 89.

② R. Grassby, *The English Gentleman in Trade: the Life and Works of Sir Dudley North 1641–1691*, Oxford: Oxford University Press, 1994, pp. 17–19.

的土地代理人，达德利和另外一个弟弟蒙塔古就顺理成章地被送到城市里做商人学徒。

第三，开明的父母和孩子的经商爱好。虽然通常情况下选择什么样的职业是基于父母的主观意愿，孩子必须服从父母的选择，但也有一些家长比较开明，能够照顾到孩子的爱好。如达德利的父亲就是其中比较开明的一位，他在一本针对收入减少的绅士家族怎样安排子女职业以节省费用的小册子中，建议绅士的幼子可以选择较为高尚的职业如教职、律师、军职或医生等，同时他认为经商也是一个不错的选择。[①]因此，当达德利表现出经商的爱好（据载，达德利在孩童时期表现出惊人的喜欢交易的倾向，他雇用家里的搬运工去街道地摊上购买苹果，被发现后，又若无其事地蒙混过关。在伯利文法学校，他对不受重视的商业知识掌握得非常熟练，但对需要死记硬背才能掌握的希腊语、拉丁语和写作知识却学不好）[②]时，他的父亲审慎地安排他去做一名商人学徒。同样的例子还有维恩家族的拉尔夫爵士的次子约翰·维恩。拉尔夫爵士本来要安排约翰去做一名法官，但是约翰认为一个人应该生活在现实中，他认为自己更适合去经商，而不是去做法官。然而，父亲拉尔夫爵士并不满意儿子去做学徒，经过约翰再三央求，父亲才最终同意给他提供适合的教育，安排约翰去接受作为一名

---

① R. Grassby, *Kinship and Capitalism: Marriage, Family, and Business in the English Speaking World, 1580–1720,* Cambridge: Cambridge University Press, 2001, pp. 19–20.

② R. Grassby, *Kinship and Capitalism: Marriage, Family, and Business in the English Speaking World, 1580–1720,* Cambridge: Cambridge University Press, 2001, p. 21.

商人的教育。[①]

从以上分析中可知，像达德利和约翰这样怀着对经商的热爱而从商的绅士次幼子的确是极其幸运的个例。绝大多数绅士家庭的父母将儿子送进商界不是发自内心的意愿。这种无奈的选择自然会影响对孩子的教育安排，进而也会影响孩子从商的坚定意志和主动精神。即便是那些成功了的绅士商人，仍然表现出对绅士地位的强烈依恋，总是要安排长子再去做一名绅士。尽管达德利在经商的绅士中算是成功的，但是他仍然试图把他商业上的大笔财产投到土地上，并安排他的长子做一名乡绅。[②]

与绅士家庭择业观念比较相近的是专业阶层人士，因为他们绝大多数是来自绅士阶层的次幼子，但是他们对商人职业的看法没有绅士阶层那样带有强烈的偏见。[③] 约曼阶层的父母们在孩子选择经商的态度上是非常积极的，他们认为通过经商可以跻身城市社会的上层，是提高社会地位的一个不错的途径。

总体上看，家庭对商人职业选择的态度会对商人的教育和商人创业的主动精神产生一定的影响，其中商界家庭产生的正面影响较多，而绅士家庭则是负面影响较为明显。

---

① Frances Parthenope Verney(ed.), *Memoirs of Verney Family,* Vol. Ⅲ, London: Longmans, Green & Co., 1894, pp. 367–369.

② R. Grassby, *Kinship and Capitalism: Marriage, Family, and Business in the English Speaking World, 1580–1720,* Cambridge: Cambridge University Press, 2001, pp. 87–88.

③ R. Grassby, *The Business Community of Seventeenth-century England*, Cambridge: Cambridge University Press, 1995, p. 126.

二、家庭的生活环境和启蒙教育

教育学家经常把人类的学习分为有意学习和无意学习，有意学习是在一种经过精密计划或控制的学习情境中进行的活动，无意学习则是在个人未觉察、无法控制的情况下获得知识和经验。生活在家庭中的孩子无意中可以学习很多东西，而且这种无意中学习的东西更不容易改变，对他们的一生产生要么是有利的，要么是有害的影响。转型时期的英国仍然是一个等级分明的社会，商界家庭和非商界家庭的生存环境、生活观念都有着明显的不同，这会对未来的商人产生不同的影响。

商人教育的特殊性，决定了出生在商界家庭中的商人较之其他阶层家庭出生的商人有着得天独厚的成长环境。就商业技能讲，俗话说，“门里出身，不学也能懂三分”，出生在商界家庭的孩子从小就受到家庭经商气氛的熏陶，听到父辈们业务上的言语，看到他们的行为习惯，自然会潜移默化地学到不少关于生意上的知识。如商人莱昂内尔·克兰菲尔德出生在伦敦一个绸布商家庭，他的父亲是伦敦与安特卫普之间的出口商。在他童年的记忆中，家里弥漫着浓厚的经商气氛，院子里的货物堆积如山，桌子上摆放着商品价格单，还有他的父亲往返于大陆市场和伦敦市场的忙碌身影，都使他幼小的心灵萌生一种要使家族事业更加兴旺的念头。[①] 有些有意让儿子从事自己本行业的商

① R. H.Tawney, *Business and Politics under James I: Lionel Cranfield as Merchant and Minister*, New York: Sentry Press, 1976, p. 11.

人，很早就会引导孩子，甚至做生意时将孩子带在身边教导。许多通过继承权获得自由人身份进而踏入商界的孩子，都有类似的经历，即他们在幼年时期，就在父亲的指导下积累了丰富的商业知识和实战技巧。这些孩子即便不从事父亲的行业，而去其他商业领域做学徒，在去之前显然已经具有良好的基础。这些都显示出商界家庭生活环境的绝对优势。

与绅士阶层不同的是，商界家庭多数由母亲亲自抚养孩子，一般来讲母亲是孩子的第一启蒙老师。而从商人的婚姻来看，夫妻双方来自商人家庭的比例是很高的。商人群体的结婚率一直都位居前列，据统计，14、15 世纪只有 4% 的伦敦商人选择单身，[①] 16、17 世纪时选择单身的伦敦商人所占比例也很少超过 10%。[②] 商人在婚姻方面也比较讲究出身、职业、财富和前途方面的门当户对，都尽量避免与社会等级低的人结婚。14 世纪受伦敦市政机构监护的 63 个商人的女儿中，53 个（约 84%）嫁给了商人。在二次婚姻中，商人的遗孀再嫁给商人的比例也是非常高的。15 世纪时，37 个商人寡妇中有 34 个（约 92%）再次选择了商人做丈夫。另外，100 个商人中有 67 个娶了商人的女儿或者商人寡妇。[③] 格拉斯比也对 16—17 世纪英国商人的婚姻作了统计：初婚中，配偶来自商人家庭的占 60% 以上，并且越富裕的商人选择商

① Sylvia L. Thrupp, *The Merchant Class of Medieval London 1300–1500*, Ann Arbor: The University of Michigan Press, 1962, p. 191.

② R.Grassby, *Kinship and Capitalism: Marriage, Family, and Business in the English Speaking World, 1580–1720,* Cambridge: Cambridge University Press, 2001, p. 79, table 1.7.

③ Sylvia L. Thrupp, *The Merchant Class of Medieval London 1300–1500*, Ann Arbor: The University of Michigan Press, 1962, pp. 28–29.

人女儿的概率越大，高达75%。二次婚姻中也有同样的趋势。[①] 这说明商界家庭中母亲对商界情况有足够的了解。再加上商界家庭对女子教育一贯比较开明，女孩也像男孩一样接受初等教育，再通过家庭教师学得更多的拉丁语知识，也有很多人接受过文法学校教育。在史料中有一份是1390年一位蜡烛商人的女儿8—13岁（此时她结婚了）求学时的学费收据。大约在1490年，一位绸布商把女儿送到学校接受和儿子们同样长时间（4年）的教育。还有在更早的伦敦契约中竟有一份是1478年两个妇女之间签订的，上面的签名像印章一样漂亮，据说是一位羊毛商人遗孀的手迹。[②] 商人的女儿绝大多数是识字的，并且有许多人在学校里学过初等算术，有的甚至接受过更高等的簿记教育。[③] 多数来自商人家庭的妇女堪当丈夫的候补，在丈夫出差或者生病时能独当一面。还有一些人能照看商店，打理生意，辅助丈夫，贴补家用。有的甚至能同丈夫一起出海，充当丈夫的合伙人。有的在丈夫突然去世后能支撑起丈夫未竟的事业，独步商场。这些都充分说明商界家庭的母亲完全能承担商人的启蒙教育，能提供商人应该具备的行为习惯和个性品质方面的培养。

可想而知，生活在商人家庭里的孩子从小就目睹一些商业场景，

---

① R. Grassby, *Kinship and Capitalism: Marriage, Family, and Business in the English Speaking World, 1580–1720,* Cambridge: Cambridge University Press, 2001, p. 49, table 1. 1.

② Sylvia L. Thrupp, *The Merchant Class of Medieval London 1300–1500*, Ann Arbor: The University of Michigan Press, 1962, p. 171.

③ R. Grassby, *Kinship and Capitalism: Marriage, Family, and Business in the English Speaking World, 1580–1720,* Cambridge: Cambridge University Press, 2001, pp. 193–194.

耳闻一些经商的道理，再加上父母有意无意的言传身教，这样的家庭环境必然会使其受益终身。此外，在商人家庭中，父母勤劳节俭的品质以及理性计值的处事方式等，也会对将来从商的孩子产生积极的影响。

绅士家庭与商界家庭相比是迥然不同的另一种环境，且不说缺乏经商的氛围，即便就生活消费习惯和理念看也相去甚远。与商界家庭相对理性的理财理念和节约的消费观念不同，绅士家庭经常嘲笑商人的斤斤计较行为，他们凡事爱讲排场，爱炫耀自己的阔气。如婚丧嫁娶之事往往办得极其豪华铺张，经常像公共节日一样热闹。为了炫耀自己的身份，他们经常摆豪华的宴席，款待各方亲朋好友，穿戴昂贵华丽的服饰，住在豪华气派的府邸，出行时乘坐奢华的马车，雇用大量的侍从和仆役前呼后拥。他们不仅在消费观念上炫耀奢侈，而且在娱乐休闲活动上显示自己的高雅阔绰。他们经常出入各种酒吧舞会，呼朋唤友以显示自己受人爱戴。尤其是他们还把各种形式的赌博游戏看成是显示身份地位的消遣方式，玩牌、掷骰子、赛马、斗鸡、下棋、打猎、射箭、竞走、网球等都可以用来打赌，他们认为豪赌是更能彰显富贵的方式。他们崇尚悠闲自得的生活方式，普遍鄙视劳动，竭力避免直接经商，避免干弄脏自己双手的活计。

显然，绅士家庭奢侈休闲的绅士派头不适合培养孩子勤劳节俭的品质。这些弱点在来自绅士阶层的商人学徒身上表现得非常明显，如来自绅士家庭的学徒罗兰德・谢尔曼在阿勒颇继续其剩下的两年学徒期时，发现他筹集的 400 英镑启动资本绝大多数被用于吃上了，并且他还要去借钱。另有一个则更奢侈，挣的代理费还不够其花费的三分之一。[①] 众所周知，节俭在商业生涯的“原始积累”阶段是非常重要的，多数来自绅士阶层的商人学徒因此而失败。

另外，大批绅士家庭的儿子进入商人团体，惹得一些商人组织抱怨，这些孩子带来了绅士阶层中骄奢淫逸、傲慢不逊的风气，腐蚀了公会的道德观念和准则。如纽卡斯尔商人冒险家公司注意到，学徒原来“品德高尚的生活”被“淫荡失礼”的行为所取代，诸如玩牌、掷骰子、用小费贿赂、跳舞、玩娼妓、穿奇装异服和对师傅无礼的现象增多。对此，纽卡斯尔商人冒险家公司于 1554 年专门制定条令规范学徒的行为。[②] 可见，绅士家庭的生活环境不但于孩子的成长不利，而且还惹来害群之马之嫌。当然，对此也不能一概而论，有一些家庭经济比较困难的绅士也注意培养孩子的节约意识，如绅士出身的商人达德利·诺斯就是一个特例，他在学徒期间甚至成为成功的商人之后，在吃、穿、住、行方面都很注意节俭。[③] 但从总体上看，绅士家庭的生活环境是不利于将来从商的孩子的成长的。

与商界家庭相比，专业阶层和约曼家庭虽然没有商界家庭那么好的经商环境的熏陶，但也没有绅士家庭那样鄙视商业和歧视劳动的观

---

① R. Grassby, *Kinship and Capitalism: Marriage, Family, and Business in the English Speaking World, 1580–1720,* Cambridge: Cambridge University Press, 2001, p. 115.

② John Roberts Boyle, *Extracts from the Records of the Merchant Adventurers of Newcastle-upon-Tyne,* Durham: Andrews & Co., 1899, pp. 20–25.

③ R. Grassby, *Kinship and Capitalism: Marriage, Family, and Business in the English Speaking World, 1580–1720,* Cambridge: Cambridge University Press, 2001, pp. 179–186, p. 266.

念，并且他们的父母多数也懂得勤劳节俭对商人的重要性。如来自约曼家庭的零售商人威廉·斯考特在传记中描述，他的父母生育了 7 个子女，在他的记忆中，父母都非常勤劳辛苦，父亲精打细算，苦心经营着土地和牧场，母亲则是既要操持家务，又要抚养孩子，又要到市场上销售谷物，还要在农忙的时候和父亲、奴仆们一起干收干草、打谷子等农活儿。[①] 在这种氛围中成长的孩子必然懂得生活的艰辛，懂得省吃俭用、劳动致富的道理。总之，相对来讲，专业阶层和约曼家庭的生活环境不会像绅士家庭那样产生太多消极的影响。

三、家庭的教育投资和规划

从经济上讲，商人教育是一项高成本的投资，需要家长有足够的知识，有正确的投资理念，对从商孩子的教育作出合理的安排，因为这会对孩子将来能否成功，即这项投资能否获得收益，产生重要的影响。转型时期英国商人的教育方式非常灵活，为了满足商人学徒前的基础教育，兴起了各具特色的商业学校，当时有文法学校里开设的商科教育，有商人职业学院，还有众多私立商科学校等（详见第四章）。对于究竟要为孩子选择什么样的学校，家长有着非常强的自主性。再加上商业的迅猛发展，商业领域日益广泛复杂，要从事商业还必须选

① W. Stout, *Autobiography of William Stout, of Lancaster, Wholesale and Retail Grocer and Ironmonger*, London: Simpkin, Marshall, & Co., 1851, pp. 2–3.

择一个合适的商业领域和一位好师傅。因此，在商人教育的安排上，父母的责任重大。接受何种学校教育，在哪个领域选择师傅，需要父母有正确的投资理念和对商业的前瞻眼光。同时，父母还要准备一大笔与所接受的教育相当的费用，否则也难以达到效果。在通常情况下，父母都是根据自己的视野、智慧、观念来尽力选择合适的、有威望的或者获利丰厚的领域，以确保儿子将来有个美好的前途。但是，由于对商界知识的了解不同，商界父母和非商界父母在意欲从商孩子的教育投资和规划方面存在着一些差异。

商界家庭的父母深知商业教育对商人发展的重要性，所以较其他阶层更重视对将来从事商业孩子的培养。商人是一个对世俗教育特别感兴趣而又舍得投资的群体。为使孩子受到良好的教育，商人舍得找好学校、好师傅或延长孩子的学习时间。

商人之家相对比较殷实，不需要孩子为生计而劳作，同时也会储备一定的教育经费，提供给孩子更长、更好的教育。这在很早的一些商人遗嘱中就可以看出。如 14、15 世纪时，一些商人父母深知学一点儿拉丁语才能够理解法律文件，这是经商所必需的，他们都真诚地渴望儿子们能够在学校里学到足够的拉丁语知识。为此，很多伦敦商人家庭留给孩子 5—10 马克（mark）作为上学的专门费用，足以使孩子在城市日制学校（学生不在校内住宿的学校，即学生白天在学校上课，晚上回家居住）从七八岁读到做学徒的年龄。有些较富裕的商人希望自己的孩子接受更长的教育。如 14 世纪末有两个绸布商的儿子被送到牛津分别学习了 11 年和 13 年。后来，其中一个回到伦敦绸布商公会做学徒。[①] 一些即将去世的商人尤其牵挂孩子的教育，在立遗嘱时为确保孩子受到良好的教育，有个光明的前途，在遗嘱中费尽心思地详细列出未成年孩子的教育经费。如 17 世纪时，药商拉尔夫·雅德莉和海外商人威廉·艾贝尔都在遗嘱中明确列出孙子的教育经费和抚养费。[②] 寡妇约翰·费勒斯在遗嘱中恳请她的亲戚、朋友和邻居确保他的孤儿接受好的教育，能够成为有学识、有道德的人才。[③] 总之，充足的教育经费是商人接受良好教育的保障。

无疑，亲历商海的商人能更深切地知道怎样安排儿子的教育才能使他得到更好的发展。儿子的初等教育有的是在家里完成的，但绝大多数男孩被送到精心选择的学校。在学校的选择上，家长们更了解什么样的学校可以使将来从事商业的孩子受到技能和品质上的良好培养。如商人本杰明·巴瑟斯特（曾任东印度公司的总督）向其哥哥提出建议："我和你的观点一样，让我侄子在大学里学习一段时间只会对他有一定的好处，但是如果立刻送他到商界如东印度公司去锻炼，会使他发展得更好，我期待你们这样去做。"[④] 事实上，17、18 世纪的商界对大学教育普遍缺乏热情。这并不是说商人们都不重视文化知识的学习，

① Sylvia L. Thrupp, *The Merchant Class of Medieval London 1300–1500*, Ann Arbor: The University of Michigan Press, 1962, pp. 160–161.

② R. Grassby, *Kinship and Capitalism: Marriage, Family, and Business in the English Speaking World, 1580–1720,* Cambridge: Cambridge University Press, 2001, p. 178.

③ R. Grassby, *Kinship and Capitalism: Marriage, Family, and Business in the English Speaking World, 1580–1720,* Cambridge: Cambridge University Press, 2001, p. 197.

④ R. Grassby, *Kinship and Capitalism: Marriage, Family, and Business in the English Speaking World, 1580–1720,* Cambridge: Cambridge University Press, 2001, p. 280.

而是因为他们对那时的大学教育非常不满意。那时的大学生活充满着懒散、嗜赌和性混乱等恶习，他们担心孩子受到不良的影响而堕落。而且，那时的大学教育仍然固守着古典文科的训练，缺乏实用学科的教育。所以，商界家庭更愿意把孩子送到能对孩子严加管教的，进行数学教育和其他实用学科教育的商业学院。

大商人理查德·格勒善在安排孩子的教育上是一个非常成功的案例。尽管他早已有意让儿子继承自己的事业，但仍安排儿子到剑桥大学进行短期的文科教育，学习更多的文化知识。这样的选择在 16 世纪的商人教育中是非常少见的。尽管儿子完全可以不经过学徒制而通过继承成为绸布商，但他仍然安排儿子做了 8 年的学徒。正如儿子托马斯·格勒善后来所说："凭着我的经历和我拥有的知识，以及我父亲的地位，我完全可以不需要 8 年的学徒期而成为绸布商公会的成员，但我的父亲是一个英明的人，他知道只有通过学徒期才能积累经商经验，掌握各种商业知识和技能，否则，一切将会落空。"[①] 可见，理查德·格勒善的安排是非常明智的，儿子的字里行间洋溢着对他的感激。事实上，托马斯·格勒善的成就也证明了父亲的安排的确是非常成功的。他不仅在商业领域取得了巨大成就，被称为"商业王子"，在政界也享有盛名，曾是爱德华六世、玛丽和伊丽莎白三朝的重臣，还在商人教育方面作出了突出贡献（比如创办商人高等教育，第四章详述）。这些都与他接受的教育使他具有的更广阔的视野有很大的关系。其实，在

① M. Charles, *The Life of Sir Thomas Gresham,* London: Charles Knight, 1845, pp. 35–36.

商界不乏理查德·格勒善这样的父亲，商人的儿子中不少完全可以通过继承获得自由人身份而独立经商，这样不但可以省去漫长的学徒期，而且可以省去大笔的学徒费，但是很多商人依然安排孩子去做商人学徒，因为学徒期对一个商人来说太重要了。与其他职业的家庭不同，商人的孩子很少被随便“放养”在别人家里。那些有意经商的孩子都会被送到某个师傅家里。只有出不起学徒费的父母才会让孩子留在自己家里做学徒。商人为了使孩子接受良好的商业技能教育，有好的发展前途，都会不惜花大笔的钱将孩子送到更好的公会或更赚钱的领域去做学徒。

可见，商人家庭从主观上讲，拥有使孩子具备相关知识和视野的条件，从客观上讲也拥有充足的资金确保孩子在获利丰厚的商业领域选择合适的师傅，接受高质量的培训。相比之下，工匠家庭的孩子则多数受资金条件的限制，绝大多数是留在父亲从业的领域，跟着父亲做学徒，只有极少数能够挤入相关商业行业中的零售或批发部门。

理念是行动的先导，正确的理念是正确行动的前提。在非商界家庭中，由于绅士家庭对次幼子选择商人职业缺乏积极的态度，他们更希望孩子能够成为专业阶层人士，因此，在学校的选择上，他们习惯将孩子送到文法学校接受教育。但文法学校的特色是古典文科教育质量较高，而商业实用学科教育质量相对薄弱。绅士父母在为孩子选择职业时，有时也会观察孩子的性格、爱好及能力，判断的主要依据就是孩子在文法学校里的表现。他们往往低估经商所需要的资质和能力，认为商业是不需要太多文化知识的行业。因此，他们普遍认为经商更适合那些在文法学校学习不好的学生，如果孩子在文法学校学习成绩不好，那么最好的选择就是去做一名商人。如 17 世纪中期，苏塞克斯郡绅士约翰·弗伦奇在遗嘱中提到，如果他的次幼子们不具备做学问的资质，家人要安排他们去伦敦做学徒，这种态度在当时是非常普遍的。乔治·博丁顿在文法学校里学习成绩不佳，他的父亲就将他送到一所书写学校，之后让他去做商人学徒，学习经商。[①] 商人托马斯·雷蒙德在学校里不像他的弟弟那样善于记忆，因此他就被送去做商人学徒，而他的弟弟则被送到牛津大学读书，后来成为一位大学教师。[②] 在绅士父母的观念中，文法学校就好像一个过滤器，过滤出学习不好的孩子再送去做商人学徒，这样的安排相对于商人家庭来讲必然是被动和滞后的。在对孩子商业基础技能教育的安排上，绅士阶层还要寻求商界知情人的建议。如在约翰·维恩去做商人学徒前，父亲拉尔夫爵士就找了很多人帮助他分析约翰的性格是否适合经商，掌握的技能是否能够使其做一名商人，还需要怎样加强，应该在哪一领域选择师傅等问题。[③]

当然，约曼家庭也想让自己的孩子从事技术或修养含量高的职业，但却受到家庭条件的限制。一般来讲，越富裕人家的孩子，童年期越

---

① Peter Earle, *The Making of the English Middle Class: Business, Society and Family Life in Lonon, 1660–1730,* Berkeley: University of California Press, 1989, p. 88.

② R. Grassby, *Kinship and Capitalism: Marriage, Family, and Business in the English Speaking World, 1580–1720,* Cambridge: Cambridge University Press, 2001, p. 21.

③ Frances Parthenope Verney (ed.), *Memoirs of Verney Family,* Vol. III, London: Longmans, Green & Co., 1894, pp. 368–370.

长，受教育的时间也就越长，其也就越能为将来从事的职业奠定好的基础。相反，较贫穷人家的孩子就要过早地为生计而奔波，如约曼的孩子，童年的教育就经常被迫中断。零售商威廉·斯考特（一个约曼的儿子）回忆他的童年时这样说道，“当我们长到10岁或12岁的时候，我们经常被叫回家去做农活儿，尤其是在春夏两季，春耕时，铺草皮时，晒干草时和收获时，我们忙着照看绵羊，帮着耕地，用牛车到沼泽地运送庄稼，在收获季节拾掇干草和修剪羊毛。因此，在学拉丁语方面，我们很少有进步，因为，我们在冬天学习的内容在夏天就忘记了，我们的书写教师大部分时间是冬天到波尔顿，只有在冬天我们才可以学写东西”①。后来，他的父亲打算安排他去做一位杂货商的学徒，于是就送他去一位文书那里学了半学期书写，但是他的水平没有什么提高；他也曾到另一个教师那里学习半学期算术，由于他很喜欢计算、测量和数学，靠自己勤奋自学取得了很大进步。②之后他就去做了学徒。实际上，威廉·斯考特在约曼阶层中还算是受到良好教育的，他的父母非常重视孩子的教育，但是受家庭条件的限制也只能如此。

鉴于做商人学徒需要高昂的费用，绅士家庭在为孩子选择商业领域和师傅时还是非常审慎的，因为这相当于一大笔项目投资，需要把握恰当的商机，而他们普遍缺乏能作出合理判断的商业知识，对他们来讲，怎样选择一个好的师傅和签订合适的学徒契约都是非

① W. Stout, *Autobiography of William Stout, of Lancaster, Wholesale and Retail Grocer and Ironmonger*, London: Simpkin, Marshall, & Co., 1851, p. 5.

② W. Stout, *Autobiography of William Stout, of Lancaster, Wholesale and Retail Grocer and Ironmonger*, London: Simpkin, Marshall, & Co., 1851, p. 8.

常困难的。他们多数只能通过咨询城市里的亲戚、朋友、同乡或者商界的其他关系，还有文书和商业书写学校的教师，甚至还有的找不到可咨询的关系，愚蠢地使用占卜的方式。有些家长的乐观和无知经常使他们忽视了经商所遇到的困难和风险，他们天真地认为经商就会带来大笔大笔的财富。如达德利·福莱的父母受到达德利·诺斯在商界所取得的成就的鼓动，无视商界亲戚的劝告，不合时宜地送患有口吃病的儿子去做利凡特商人的学徒，结果1699年在阿勒颇的福莱遇到了极大的困难，他找不到合适的合伙人也弄不到可代理的生意。他挣的钱只够他一半的生活费，他向父亲宣称只靠他资金的收益不超过五年，他就会成为一个乞丐回国。① 这种不成功的选择案例还是有很多的。直到18世纪中期才出现一批专门指导家长们怎样为将来经商的孩子选择商业领域和师傅的书籍，介绍每一种职业所需要的天赋和才能、培训费用及将来能收到的报酬，给非商界的父母们一些帮助。但是这种指导作用是非常有限的，因为商业行情是瞬息万变的。同样，约曼家庭也缺乏对商界的深入了解，对他们而言，作出知情的选择也很难，他们更受到学徒费用的限制，所以他们多是选择相对较好把握的国内零售行业。

可见，要使将来从事商业的孩子能够取得成功，为家庭带来更多的收入或者更高的社会地位，父母的责任心和期望值都很重要，还要有大笔的教育费用，更为关键的是要将这些费用用得恰到好处。在这

① R. Grassby, *Kinship and Capitalism: Marriage, Family, and Business in the English Speaking World, 1580–1720,* Cambridge: Cambridge University Press, 2001, p.28, p.116.

些方面非商界的家庭显然有些欠缺，即便是随着社会阶层的不断流动、通婚，商界或城里的亲戚朋友增多了，或者有了商业书籍的指导，也很难弥补这些不足。

四、家庭可资利用的社会关系

在安排商人教育上，除了家长能够慷慨出资和具备足够的商业知识及投资理念外，家族的社会关系也很重要。在选定要从事的商业领域之后，接下来就要在这一领域选择一位正在寻找学徒的师傅。师傅的选择非常重要，因为他在很大程度上决定着学徒的将来。选择时，要综合考虑师傅的性格、品质、声誉、业务技能、业务规模和能否提供给学徒海外教育的经历，还要考虑师傅的各种社会关系能否提供给学徒美好的前程，有时还要考虑师傅的家人，尤其是师娘的脾气等。人们普遍认为性格温和、心地善良、做事认真负责、谨慎、勤奋、诚实，业务能力强，对商业投资积极，在商界关系广泛等，而且家里事务井井有条、东西摆放整洁，妻子没有强的控制欲等，这样的师傅才是好师傅。那么怎样才能找到这样的好师傅呢？

事实表明，众多师徒关系都是以事先具有的各种社会关系为纽带而建立的。除了少数跟随父亲或者同胞兄弟做学徒的以外，学徒的师傅一般是父辈的亲戚，或者父亲的商业关系及社会关系网中的人。家族亲戚关系是联系师傅和学徒之间的纽带。如托马斯·珀塞尔是来自什罗普郡的一位绅士的儿子，给一位丝绸商做学徒，这位丝绸商的学徒几乎全是他家族下一辈的男性成员，有哥哥的长子、妹妹的两个儿子和自己的两个儿子。同样，呢绒商约翰·兰德尔在1648—1669年招收的5个学徒，要么是姓兰德尔，要么是姓克莱斯顿（他妻子的姓）。还有的师徒关系是靠同乡关系建立的，如托马斯·威廉，一位沃尔福德郡约曼的儿子，1635年跟随一个文具商做学徒，19年之后，他收了另外一位来自沃尔福德郡的约曼的儿子约翰·哈里斯做学徒。还有的是商业伙伴关系，如伦敦书商卢克·梅雷迪思1692年招收牛津书商的儿子威廉·威尔莫特做学徒，这位牛津书商是他的老客户。[①] 拥有这些关系的家庭在找师傅前就对师傅的情况非常了解，因此也更容易找到好师傅。

信任是一切商业关系的基础。在微观世界中，师徒之间也要由相互信任来保证。师傅在招收学徒时也希望对学徒的家庭背景、信誉，学徒的品质等有更多的了解，因此，师傅也喜欢招收与自己沾亲带故的人，或者由第三方关系推荐，这样会更可靠些。没有关系就很难找到好的师傅。有些师傅对相对不太可靠的学徒索要高额的保证金，以补偿学徒的不良行为给自己带来的损失。无疑，家族可资利用的社会关系对孩子能否找到好师傅影响很大。

商人家庭不仅主观上重视商人教育，而且也具有安排孩子教育所需要的社会关系。商人的职业特点决定了其必须具备广泛的交际圈。

① Peter Earle, *The Making of the English Middle Class: Business, Society and Family Life in Lonon, 1660–1730,* Berkeley: University of California Press, 1989, pp. 90–91.

商人的交际能力对商人的重要性不言而喻，广泛的社会关系本身就是一种资本。商人家庭有较完善的社会关系网络。商人的朋友遍天下，除敌人和陌生人之外的所有人都是他们的朋友。商人在遗嘱中总是会列出一些朋友的名单，涉及同学关系、师徒关系、同事关系或者客户关系。因此要在商界找个好师傅还是比较容易的。

家族中在城市有商业关系的新商人在受教育上具有巨大优势。许多英国家族企业为确保家族事业的延续和安全，优先招收和自己沾亲带故的人，对他们进行内部培训，这一方面节省了很多培训费用，另一方面免得为选师傅劳神。俗话说"血浓于水"，商人师傅都会偏爱与自己血缘关系较近的学徒，对他们进行严格监管，在教授技能时较少有私心，处处给予优先照顾。总之，是否有家族关系的庇护是年轻商人能否进入伦敦大公会和能否得到迅速提拔的决定性因素。

绅士家庭在商界缺乏直接的商业交往关系，但伴随着绅士阶层与商人阶层通婚的日渐普遍，城乡流动的加强，一般家庭在商界也会有一些亲戚朋友。因此在选择师傅时，他们通常求告亲友的推荐。如由于维恩家族在叙利亚的阿勒颇有亲戚，1659 年，拉尔夫爵士就通过城里亲戚的举荐，为儿子约翰·维恩找了一位利凡特的师傅，即加布里埃尔·罗伯特，他是利凡特公司的主要人物，之所以能找到他，是因为加布里埃尔的哥哥在阿勒颇。① 此外，有的人也会求告书写学校的教师，如达德利的父亲为达德利寻找师傅就颇费周折，他先是找

① Frances Parthenope Verney(ed.), *Memoirs of Verney Family,* Vol. III, London: Longmans, Green & Co., 1894, pp. 370-371.

到了一位打算招收来自绅士家庭的学徒的利凡特商人，但是权衡这位师傅的信誉和性格，又考虑到他收费太高而放弃，后来又咨询达德利的书写学校的教师，经他建议又找了一位不太知名的商人。这位商人与达德利的师傅有业务往来，经他推荐才最终为达德利找到了一位合适的师傅。[①]

商人师傅往往对绅士家庭出身的学徒抱有偏见，担心他们可能带有不适合商人职业的习惯，这可能会给师傅带来不利影响。因此，在招收绅士家庭出身的学徒或派遣他们去海外继续商业教育时，师傅会特别关注学徒的家庭背景，将其作为评估学徒性格和未来发展潜力的关键指标。为了降低潜在风险，师傅在与学徒签订契约时，通常会要求绅士家庭出身的学徒提供高额的保证金，以此作为学徒对其良好品行承诺的保障，假如学徒违约对师傅造成了损失，这笔钱也可以作为补偿。通常情况下，这笔保证金在学徒期满后会归还给学徒，但在做学徒期间，师傅有权自由支配这笔款项。这对于师傅而言是一笔相当可观的收入。许多商人之所以愿意招收绅士家庭出身的人做学徒，主要是看中了他们所支付的高额学费和保证金。尽管如此，对于那些并非出身于商人世家却梦想让自己的孩子成为商人的家庭来说，如果无法让他们的孩子跟随一位业务网络广泛且事业蓬勃发展的商人学习，那么这些孩子就很难在商业知识和技能方面实现快速的成长和提升。因此，非商界的家庭必须准备足够的学徒培训费用（通常为 500 至

---

① R. Grassby, *Kinship and Capitalism: Marriage, Family, and Business in the English Speaking World, 1580–1720,* Cambridge: Cambridge University Press, 2001, p. 25.

1000 英镑），才能吸引一位成功商人接受他们的儿子作为学徒。

完全没有商界关系的家长不得不通过一些专门的中介来寻找师傅，这些中介通常是一些文书人员，他们经常为地方上的家长提供这类服务。如 1676 年莱斯特一个绸布商的遗孀，让伦敦的一位文书亨特先生负责为她的儿子寻觅一位有才能又谨慎的师傅，结果就找到了伦敦市民、皮革销售商伦纳德·库皮尔。17 世纪末时，也有一些人选择通过媒体来寻找师傅，如新闻广告的先驱者约翰·霍顿就曾登载了几则学徒寻觅师傅的广告。他在 1693 年 2 月写道："通过我的联络帮助许多师傅找到了合适的学徒，同时帮助许多学徒寻觅到了理想的师傅。现有三名男孩正在寻找师傅，一个出 70 英镑学费，另一个出 30 英镑学费，还有一个出 60 英镑学费。"[①] 广告的方式未免不是一种途径，但绝不是一种审慎的选择，很多家长是出于无奈。绝大多数仍然是依靠个人关系来寻找，尤其是学费高昂的商人学徒。

由以上分析可见，家庭有无可资利用的社会关系，在安排意欲从商的孩子的教育问题上，直接影响着孩子将来教育质量的好坏和前途。商界家庭由于在商界有充足的社会关系网，因而具有明显优势。

通过对不同背景的家庭在商人教育方面所起到的作用对比可知，在转型时期这个特定的社会发展阶段，商界家庭出身的商人有着明显的家庭优势，这体现了商界家庭对商人教育资源事实上的垄断性。

---

① Peter Earle, *The Making of the English Middle Class: Business, Society and Family Life in Lonon, 1660–1730,* Berkeley: University of California Press, 1989, p. 91.

小　结

通过对转型时期家庭教育方式的探讨，我们发现有两大现象：

一是，面对社会变迁和商业发展对从商人员技能和品质要求的提高，以及商业竞争的加剧，家庭对将来从商的孩子的培养和教育普遍更加重视。不仅教育手段多种多样，而且更加注重道德品质和新商业技能的培养。尤其在道德品质培养方面，有一个鲜明的时代特征是通过让孩子构筑虔诚的宗教信仰使其达到道德上的自律。这一方面体现了宗教改革后，宗教信仰与商人职业自信的双向奔赴，另一方面也体现了在这一时期父母对孩子从商道德品质培养的焦虑心态，反映了良好道德品质之于将来从商的孩子一生事业成功的重要性。①

二是，在转型时期，由于商业化发展和商人地位的提高，绅士、约曼和专业人士等阶层的子弟大量进入商界。然而，这一时期，家庭的启蒙教育、家庭对商业学校的选择、家庭对学徒期的安排和学徒费的投入等对一个成功商人起着决定性的作用。通过以上对不同背景的家庭在商人教育方面所起到作用的对比可知，商界家庭有着明显的优势，他们不仅拥有能使新商人极早受到商业熏陶浸染和品质培养的家庭环境、直接的早期培养、对商人职业价值取向的肯定和支持态度、

① 英国社会转型时期是一个极度重视将来从商的孩子道德品质培养的时代，因为节俭、谨慎、诚信等优秀品质和良好的自控能力有助于维护好信誉，进而保障资金链的稳定，对孩子金融脆弱性的感知教育是家庭教育的一项重要内容。关于这一观点的详细论述见笔者的《近代早期英国商人的家庭教育及时代新质》，《浙江师范大学学报（社会科学版）》2017 年第 4 期。

科学的教育投资和规划，而且拥有得天独厚的、在安排商人的培养和教育上起着关键作用的社会关系。而非商界家庭却无法提供给将来从商的孩子相对平等的受教育机会和条件，因此，出身不同的商人，其教育成功机会和教育效果也难以相对均等，这显示了商界家庭对商人教育资源事实上的垄断。①

总之，本章的考察表明，在社会转型时期，家庭普遍更为重视对意欲从商的孩子的培养和教育，但是不同家庭在商人的培养和教育上起到的作用有着巨大不同，由此形成了高素质、高质量的商业人才的培养对家庭出身背景过度依赖的现象。显然，这种局限性不利于商业化社会的良性发展和整个社会阶层间的流动。为了满足商业化社会和商业人口的逐渐增多对商人教育的强烈需求，商人教育模式必然要冲破家庭出身造成的教育相对不公平的局面。也就是说，伴随着社会向近代转型，也必须有更加社会化、公开化、多样化的商人教育方式，必然需要公共的、发达的商业学校教育和多样化的社会教育方式予以补充。

① 商界家庭在商人培养和教育上形成垄断性的优势，因而造成商人的培养效果和未来成就的取得对家庭出身过度依赖的局限性，对于这一现象和观点的论述详见笔者的《比较视域：家庭在近代早期英国商人培育中的作用》，《济南大学学报（社会科学版）》2016 年第 2 期。

第三章

传统的商人教育方式：学徒教育的新发展及局限性

学徒教育也是传统的商人培养和教育方式之一，它是通过规范的学徒制度来运作的。在社会转型时期，英国学徒制度得到进一步发展和完善，在商人一生的教育中起着非常重要的奠基作用，但随着商业的发展和社会的变迁，商人的学徒教育也表现出一些难以克服的时代局限性。

第一节

商人学徒制度的发展与完善

学徒制作为一种历史悠久的工商业领域人才的培养制度，在英国有着悠久的历史。根据历史文献的记述，最早关于学徒制的记载出现在 12 世纪，描述了诺里季的圣威廉跟随一位剥皮师傅学习技艺的经历，这为我们提供了英国学徒制起源的早期线索，然而，仍不足以使我们确切地界定学徒制实施的具体时间点。1271 年，伦敦制革匠基尔特的规章表明学徒制已开始形成一定的发展模式。[①] 与此同时，当时的市政规章中也包含关于鱼商招收学徒的相关规定。而目前已知最早的师徒契约是 1291 年由诺里季的一位香料商和其学徒签订的。[②] 基于这些历史文献，我们可以肯定，英国的学徒制作为一项人才培养的制度形成于 13 世纪。

最初的学徒制经常是以成熟工匠和年轻工匠之间达成的私人协议形式存在，因为行会规章中关于学徒的条款很少，城市和行会对学徒也很少监管。后来由于行会成员雇用学徒的现象越来越多，而且，由

① Seybolt Robert Francis, *Apprenticeship and Apprenticeship Education in Colonial New England and New York,* New York: Columbia University, 1917, p. 3.

② ［英］约翰·克拉潘：《简明不列颠经济史（从最早时期到一七五〇年）》，范定九等译，上海译文出版社 1980 年版，第 185 页。

于师徒双方达成的私人协议在执行时经常会引发一些矛盾或纠纷，影响会员之间的团结和睦，因此行会不得不作出一些规定来规范和整顿。这样，久而久之，不仅确保了成员在契约中的个人权利，协调了成员之间的关系，而且为行业提供了源源不断的人力资源，保障了行业的技术技能和道德传统代代传续。

鉴于招收学徒的诸多好处，行会逐渐强化了这些惯例，形成了准入制，即强迫性要求成员（除了极少数可以通过继承和赎买之外）必须通过学徒期培训才能进入该行业。随着时间的推移，招收学徒的各种惯例以法律的形式固定下来，形成一种制度，并随着行会规模的扩大和行业领域的拓展而发展。14 世纪中期时，绝大多数伦敦行会采用了学徒制。15 世纪时，绝大多数城市的绝大多数行会也采用了这种制度。[①] 在学徒制的运行过程中，一般由行会起草学徒规章，提交给市政当局予以批准，然后由行会和市政当局共同监督执行。学徒制成为行会赖以依存的行业技能培训制度和人力资源的补充渠道。

16 世纪时，英国学徒制度进一步完善，发展到历史的顶峰，其标志就是，伊丽莎白一世时期，政府于 1563 年颁布的《学徒法令》（*the Statute of Artificers or Apprentices*），其有时也被称为《工匠法》（*Statute of Artificers*）。该法令在肯定以前行会关于学徒的惯例的基础上，对学徒制度进一步规范，并扩大了学徒制的实施领域，使学徒制

① Seybolt Robert Francis, *Apprenticeship and Apprenticeship Education in Colonial New England and New York,* New York: Columbia University, 1917, p.4.

度成为全国统一的职业教育制度。[①]自此，学徒制度也由行会的一项制度发展成为国家的一项培养人才的制度。但由于16世纪末以来，学徒制所依托的执行机构——行会的经济职能衰弱，[②]学徒制的教育意义也因而衰减。直至1814年《学徒法令》被撤除，学徒制度作为一种制度才最终退出了历史舞台。

纵观英国学徒制度从12世纪兴起至19世纪被取消，绵延了约7个世纪。如此漫长的时间足以说明，在历史上它是一项非常成功的制度，它的确满足了社会的某种重要需求。而且至今仍然有许多国家不断地呼吁采用这种教育方式。研究者常把英国学徒制的经历分为三个阶段：从12世纪兴起至1563年称为“行会学徒制”（guild apprenticeship）时期；1563—1814年称为“法定学徒制”（statutory apprenticeship）时期；从1814年以后，学徒招收现象仍然存在，不过是基于由个人与行业组织之间达成的各种不同形式的学徒协议，因此称此时期为“自发学徒制”（voluntary apprenticeship）时期。[③]本书研究的主要是“法定学徒制”时期，也是学徒制度最为鼎盛的时期。

① 参见 *Statutes of the Realm*, Vol.4, 1547–1585, part 1, William S.Hein and Co. INC., 1993, pp.414–428。

② 16世纪末以来，行会经济职能的衰弱是经济史家们公认的事实。究其原因，观点有二：一是认为近代早期经济的发展，尤其是资本主义的发展和城市的扩大使行会那套服务于中世纪城镇的社会和经济职能难以适应；二是认为行会自身严格的行业垄断，不仅导致了行会本身的衰落，而且还造成了16世纪城市经济的衰落。

③ K. D. M. Snell, “The Apprenticeship System in British History: the Fragmentation of a Cultural Institution”, *History of Education,* Vol. 25, No. 4(1996), p.403.

一、学徒招收准入机制

在漫长的历史发展中，英国学徒制形成了较为完备的学徒招收机制。随着商业经营技术的提高，公会要求学徒具有基础的商业读写技能，因此招收学徒的年龄也在提高。在都铎时期的伦敦，许多公会要求招收的学徒年龄要在十八九岁。如 16 世纪早期，绸布商公会拒绝接受年龄不足 16 岁的学徒。1557 年，呢绒商规定，如果学徒年龄不足 18 岁，其学徒期不得少于 9 年。16 世纪 70 年代，裁缝商公会也拒绝招收不足 16 岁的学徒。[①] 通常当孩子长到一定年龄，父母或监护人就要为孩子选择一个行业，寻找一位师傅，然后师徒双方就学徒培训期间的相关事项达成协议，签订师徒契约。师徒契约的内容视双方不同要求而有所不同，但都包括双方的权利和责任。典型的师徒契约内容包括：学徒在服务期内必须忠诚地为师傅服务，替师傅保守秘密，维护师傅的财产和信誉，遵从师傅的一切合法要求。学徒期内，不准私通，不准订婚、结婚。不准玩牌、骰子或其他非法游戏。不准在酒馆或者剧场闲逛，白天和夜间都不准擅自离开师傅家。师傅的职责则是管教好学徒，包括对学徒进行宗教教育和道德教育，教授其行业需要的所有知识和技能，在生活上提供给学徒食宿和衣物，以及其他按照惯例所应该具有的必需品。师徒双方还要就学徒培训期限达成一致，一般是 7 年，年龄较小的学徒将适当增加年限。学徒一方要提供多少

① S. Rappaport, *Worlds within Worlds: Structures of Life in Sixteenth-century London*, New York: Cambridge University Press, 2002, p.297.

不等的学徒费给师傅，数额由双方根据市场行情、学徒家庭状况、学徒能接受到的教育质量和学徒的发展前景等协商而定。

任何师傅招收学徒都必须在公会执事处备案，否则会受到惩罚。14 世纪时，伦敦及地方行会都规定师傅和学徒双方须到行会大厅达成协议并备案，学徒期满时也要到行会大厅登记备案，中途因一方死亡而提前终止契约者除外。[①] 14 世纪中期时，由于学徒招收规模扩大，为了提高效率，绝大多数行会要求学徒在与师傅签订契约前做一些必要的准备工作，如师徒双方对一些详细条款事先要协商好，拟好草约。16 世纪时，行会通常安排固定的时间集中登记已经协商好的学徒。在指定的日子里，师傅们带着他们的学徒到行会法庭，提交师徒契约并登记备案。学徒在师傅及市长或者市政其他官员在场的场合下承认自己成为某个师傅的学徒，并宣誓在学徒培训期间信守师徒契约中的条款，遵守行会的规章，服从市政府管理。招收学徒时，师傅也要宣誓信守契约，对其招收的学徒负责。同时由行会保存师徒契约的副本以便于监督执行。此外，自 14 世纪始，所有的行会都要求缴纳入费（entry-fee）和出费（exit-fee）。入费标志着学徒期正式开始，出费标志着学徒可以作为师傅和城市自由人加入行会。入出费由市政规章明文规定，15—17 世纪一直沿用，入出费在 4 便士至 2 英镑间变动。[②]

① J. Dunlop, "Some Aspects of Early English Apprenticeship", *Transactions of the Royal Historical Society,* 3rd Ser., Vol. 5(1911), p.194.

② Seybolt Robert Francis, *Apprenticeship and Apprenticeship Education in Colonial New England and New York,* New York: Columbia University, 1917, p.8.

学徒招收的关键一步就是师徒契约的签订，其目的在于约束培训双方的行为。它是行会对学徒受教育过程进行有效管理和监督的基本依据，具有法律效力。

二、学徒监督管理机制

在学徒制形成和完善的过程中，行会逐渐掌握了师徒契约执行的监督和管理权力。行会的监管确保师徒双方权利和责任的实现，从而保障学徒的教育质量。15 世纪末，几乎每个行会都设有两名监察官（searchers），其职责除了检查行会成员做工和交易中的不良行为外，还监督学徒是否得到师傅好的照顾或者是否接受了正确的教育。行会的监管职能具体体现在以下几个方面。

监督师傅，保证学徒的权益。如果师傅在学徒的教育和生活上没有充分履行其承诺，或者虐待了学徒，将会被起诉，并受到惩罚。在公会法庭记录中，这方面的案例很常见，如一位裁缝商因为非法打他的学徒被罚了 5 先令。另一位裁缝商因为没有提供给他的学徒合适的衣服被罚了 10 先令。[①] 学徒不仅可以起诉师傅没有提供物质供应，而且更为重要的是，如果师傅没有提供给学徒很好的教导，学徒也可以向公会法庭申诉，师傅也要受到惩罚。如 1568 年，一个呢绒商受到 2

① J. Dunlop, "Some Aspects of Early English Apprenticeship", *Transactions of the Royal Historical Society,* Third Series, Vol. 5 (1911), p. 201.

英镑的罚款，就是因为公会执事检测到他没有教导其学徒掌握一项技能。甚至一些著名的公会成员也常因没有教导好学徒而接受惩罚。① 这些措施在一定程度上保障了学徒的权益。

惩治不良学徒，保障师傅的利益。如果学徒有了恶劣的行为，师傅也可以上诉至公会或公会法庭进行处理。如鱼商公会的学徒条令规定：任何不经师傅允许而擅自离开的学徒，除非他保证将来有良好行为，否则将被开除出本行业，并须缴纳 40 先令的罚款，如若不然，师傅可将其剩余的学徒期出售；学徒中行为恶劣不服从管束的，如去玩骰子、牌或任何诸如此类游戏的学徒，或经常到酒馆闲逛的学徒，或有其他不良行为的学徒都由公会执事视情节轻重而进行不同程度的惩罚。② 通过这些严格的学徒律令来保障师傅的权利。

化解矛盾，仲裁师徒纠纷。公会还负责调解师傅和学徒之间的纠纷，如 16 世纪呢绒商公会记录中有这样一些处理决定：让一位学徒服务到复活节，就不再为其师傅服务，除非他的师傅给予他较好的培养；一位师傅被要求出资送他的学徒到书写学校学习半年；一位学徒被师傅非法打成重伤，被责令转移给另外一位师傅。③

协助师傅，管理和规范学徒。由于学徒代表着行业的未来，因此，公会除了监督师徒契约的执行之外，还从公会的整体利益和行业发展

---

① S. Rappaport, *Worlds within Worlds: Structures of Life in Sixteenth-century London,* New York: Cambridge University Press, 2002, p.235.

② William Herbert, *The History of the Twelve Great Livery Companies of London,* Vol. Ⅱ, London, 1836, p.36.

③ A. H. Johnson, *The History of the Worshipful Company of the Drapers of London,* Vol. Ⅱ, Oxford: The Clarendon Press, 1915, p.28.

的前途出发，帮助师傅对学徒进行总体管理，培养学徒的道德品质和市民意识。

三、学徒考核评价机制

传统的商人学徒制有较为严格的考核体制和较为明确的评价机制。在转型时期的英国城市中，财富和政治权利在很大程度上是由市民（freeman，即自由人）团体掌握的。依据财富的多少和由此产生的社会威望、政治经济特权等，市民团体由高到低分成四个等级，依次是市政官员、号服成员、普通师傅和帮工。个人财富在城市评价体系中是最基本的依据，个人财富的获得就要看个人获取财富的能力，而这个能力的培养就要靠学徒期的培训。而且，要成为市民团体的一员，还必须首先取得自由人身份，做学徒就是获取自由人身份的最普遍的途径。有学者考察，1530—1609 年伦敦 12 大公会自由人中 85%—90% 是通过做学徒获得身份的。[①] 另外，1600—1609 年伦敦市政官员中的 84%，詹姆士一世时的伦敦呢绒商公会成员中的 76% 也都是通过学徒制获取的自由人身份。[②] 由此可见，做学徒是取得城市自由人身份，然后获取做师傅的资格，进而进入号服成员行列，当选市政

① S. Rappaport, *Worlds within Worlds: Structures of Life in Sixteenth-century London,* New York: Cambridge University Press, 2002, p. 292.

② R. Grassby, *The Business Community of Seventeenth-century England*, Cambridge: Cambridge University Press, 2001, p. 140.

官员，获取有威望的社会地位和取得各种政治经济优惠权的一个最基本的条件。

很显然，在这样的城市社会评价体系中，取得城市自由人资格，赚取财富，赢取社会地位和威望，必定是学徒们的奋斗目标和人生价值取向。城市的这个社会评价体系从内外两面激励和鞭策着学徒奋进。那么，学徒期满能否成为自由人呢？对此，公会有非常严格的考核评定体制。我们可以从布里斯托尔裁缝商公会的记录中窥见一斑：这是一个非常严肃的仪式，包括几个步骤。首先，学徒要向公会执事提交学徒契约证明学徒期满。接着由他的师傅在全体师傅和公会执事面前当众证实该学徒在整个学徒期间表现良好。接下来，学徒要接受其中四个师傅的考查以证实学徒的确在技术和品行上是合格的而且交际处事能力良好。然后，学徒的师傅、公会执事和公会的老师傅们才能将学徒推荐给市长和市府参事，并根据该城的规定，由学徒交付成为自由人的入会费。最后，新自由人须在全体公会成员面前手按《圣经》宣誓拥护行会规章、保守行业秘密、捍卫公会尊严。[①] 这一整个正规的成人仪式包括使用契约文件、手按《圣经》宣誓和交费，还包括专业技能鉴定和礼仪盛宴。这个过程的每一个环节都有大量的认识该学徒的成人参加来证明他的品行符合一个自由人的身份。学徒还要当众展示自己的行业技能，响亮地回答公会老师傅们提出的问题，而且师傅们还要综合考查其整个学徒期间的表现。只有对该行业技术已经成竹

① Anne Yarbrough, "Apprentices as Adolescents in Sixteenth Century Bristol", *Journal of Social History,* Vol. 13, No. 1(Autumn 1979), p. 75.

在胸，并且品行得到公会师傅公认的学徒，方能成为自由人，方能被接纳到城市成人的关系网中来，进而取得独立开业和成为师傅的资格。可见，学徒期的考核评定与城市社会的评价体系紧密衔接在一起，这使学徒不仅有着安全的就业保障，而且有着明确的个人发展方向。

第二节

“德业并重”：商人学徒教育的内容

在15—18世纪英国经济社会转型时期，学徒期教育仍是英国商人一生事业发展的基石。这是因为学徒式教育不仅仅培育新商人的职业知识和技能，而且还塑造其道德和品质；不仅进行职业培训，而且还培养他们怎样做一个社会的人。它是融经商与做人、道德品质与职业技能为一体的综合教育方式。有的学者统计，80%以上的商人经历了学徒期的培训。[①] 虽然学徒期间所能受到的教育和培训会因学徒所学行业特点，学徒的勤奋度，师傅的能力、责任心与期望值等而有所不同，但通过长期的教育实践，到转型时期关于学徒教育应该使新商人接受什么样的教育和培训，在商界和社会上已形成基本共识，即主要着重于“为人”和“为商”两个方面。

一、“为人”——商人道德品质的培养

学徒期一般是16—25岁，正是一个人由青少年向成年的转变时

① R. Grassby, *Kinship and Capitalism: Marriage, Family, and Business in the English Speaking World, 1580–1720,* Cambridge: Cambridge University Press, 2001, p.277.

期，也是一个人由家庭跨入社会的过渡阶段，因此，使学徒顺利地成人化和社会化是学徒期教育的重要目的之一，做人和从商的道德品质教育是教育的核心内容。商人学徒制度非常重视培养学徒适应社会的能力，塑造学徒为人的道德品质。

近代以前的商业环境相对恶劣，商人时常会遇到各种坎坷和危险，遭遇各种不测和痛苦，有时甚至面临生命危险。只有意志坚定、性格刚强、精力旺盛、激情饱满，并具有较强的自立性和自主性的商人，才可能取得事业成功。长达 7 年的学徒期便是对新商人这些优良品质的铸造期、锻炼期和考验期。从整个学徒期的过程来看，学徒制度有利于培养学徒最基本的也是商人所必需的坚韧品质。首先，学徒在青少年时期离开自己温暖的家，长途跋涉到遥远的陌生城市，这在学徒的一生中是一个非常痛苦的经历。16 世纪早期时，学徒旅行至伦敦的平均里程是 115 千米，18 世纪 10 年代时平均为 60 千米。[①] 众多学徒都是第一次来到城市，生活在大公会里，面对陌生的脸孔和歧视的眼光，他们需要快速地自立和适应城市的生活习惯，而且还要马上承担起师徒契约中规定的责任和义务，开始繁忙的劳作，有时还会受到严厉的或尖刻的责骂。在这种艰难环境下，有不少学徒因忍受不了思乡之苦和肉体精神的折磨而放弃继续为徒。其次，要忍受恶劣的生活环境。学徒期间的食宿衣着由师傅提供，但一般都比较差。如衣服非常简朴，不管什么等级身份的都必须睡在师傅家的阁楼里或者更糟糕的

① Helen M. Jewell, *Education in Early Modern England,* New York: St. Martin's Press, 1998, p. 109.

地方，吃饭时一般不与师傅一家同桌，而是与仆人们一起。虽然学徒们的工作环境有所不同，但他们的工作时间都非常长，一般是从早上7点到晚上9点，中午有2个小时的午饭时间。[①] 另外，学徒期前半期一般是做苦工，这被认为是培训学徒的必修课程，学徒要随时听从吩咐，做一些家务活儿之类的杂役。即便是做海外贸易商人的学徒也避免不了这种家仆似的劳动，17世纪70年代，一位支付了200英镑学费的商人学徒仍然被指派擦鞋，清扫仓库、卧室和铺床叠被等。[②] 据说，这样做的目的就是培养学徒吃苦耐劳、坚忍顽强的品质。最后，学徒期间要能够持之以恒地抵制各种物质诱惑和精神诱惑。一般来说，无论是古代还是现代，青年都有自制力差的共同特征，他们容易受放荡生活的影响。学徒期内，学徒必须能够克制自己的物欲、食欲、赌欲、性欲等，否则就可能会触犯管理条令，受到严厉的惩罚，严重者甚至会被逐出师门。总之，为了使年轻人能够适应更加严酷的社会，学徒教育绝对是一种挫折教育或者说磨砺教育，做学徒的过程有利于铸就商人坚韧的品质和坚定的意志。

由于英国城市本身起源于工商业者的会聚，城市、公会和学徒制是一个共生共息的整体。城市依托公会实现其对工商业和城市生活的管理，依托公会学徒制实现对城市新成员的培养和吸纳，城市偕同行会共同监督、培养和管理学徒制，保证学徒制的正常运行。因此，为

① Peter Earle, *The Making of the English Middle Class: Business, Society and Family Life in London, 1660–1730,* University of California Press, 1989, p.101.

② Peter Earle, *The Making of the English Middle Class: Business, Society and Family Life in London, 1660–1730,* University of California Press, 1989, p.97.

了城市社会的发展、延续和繁荣，城市、公会和师傅都注意培养学徒的道德意识和道德行为，向其灌输城市的价值观念，尤其重视商人公会中的学徒，因为商人公会常常是城市统治精英人才的重要来源。

在学徒道德品质培养上面，师傅的责任最为重大。首先，师傅个人要以身作则，身正为范。学徒教育实际上是一种模仿教育和榜样教育，它与今天的青年集中在学校里接受的教育不同，学徒是与师傅一辈的成年人生活在一起的，因此，成年人尤其是师傅的行为品质对学徒道德教育起着决定性作用。这正是学徒在选择师傅时都尤其注重考察师傅的品行和声誉的原因。其次，师傅要按照契约监管好学徒和培养其具有良好品质。培养的方式主要是师傅持之以恒地督促、引导和告诫。在历史档案中，我们经常可以看到师傅们给学徒的各种告诫和建议。例如，在《维恩家族回忆录》（*Memoirs of the Verney Family*）第三卷中，就有两页内容是师傅给学徒约翰·维恩的忠告；蒙塔古·诺斯也给他的学徒达德利·福莱提供了宝贵的建议；还有师傅对学徒纳撒尼尔·哈利进行的教导。有些师傅甚至将他们对学徒的告诫整理成小册子，以便于弟子随时学习。以16世纪西班牙公司的布里斯托尔商人约翰·布朗为例，他编著了一本《商人忠告》（*Marchants' Avizo*，1591）手册，专为学徒期后期，学徒脱离师傅近距离的监管，在海外做师傅代理商时使用。师傅们通过这种方式缓解对学徒不良行为的忧虑。《商人忠告》手册劝告学徒不要玩游戏，不要着奇装异服，不要喝酒，不要贪财、贪色；做事首先要符合上帝的意旨，对待师傅代办的业务要谨慎、诚实和勤奋。[①]还要注意不要使用作伪的秤或者量器；不要太贪求与大家熟识，因为那样会浪费很多时间；不要盲目相信任何人，要提防多嘴多舌的人、嗜酒的人、动不动就诉诸法律的人、有生活淫荡嫌疑的人；要谨遵许下的诺言，不要让人对信誉产生怀疑；要敬畏上帝；要使国王荣耀；要热爱父母；要尊敬长辈；对所有人都要谦恭，切忌高傲自大。[②]从手册的内容上看，它堪称一部学徒行为守则，而且条条都是要求学徒谨遵严守的金科玉律。它使我们认识到了 16 世纪的商人应该达到的道德标准，也了解了师傅们的良苦用心。商人威廉·菲斯通（William Fiston）著有《礼貌指导》（*The Schoole of Good Manners*），内容也包括了对学徒的道德忠告和行为准则，以帮助师傅规范学徒行为和塑造良好的道德品质。除了一些规范的纸质文本外，还有不少较为便宜的、便于记忆的、通俗易懂的、更为详细的学徒行为规范和生活指导的资料，比如当时流传的一些歌谣具有很好的教导意义。有比较典型的一组歌谣《好品质口诀》（*A Table of Good Nurture*），其编写的初衷就是帮助父母教导孩子的品德，帮助师傅教导学徒的品德。歌谣的第一部分教导孩子穿着要整洁，要勤奋工作，热爱学习，改正不良习惯。第二部分教导年轻人要向谨慎的人学习，避免奢侈生活，不要浪费钱财，要维护好自己的信誉，与陌生

① R. Grassby, *The English Gentleman in Trade: The Life and Works of Sir Dudley North 1641–1691*, Oxford: Oxford University Press, 1994, p. 28.

② Anne Yarbrough, "Apprentices as Adolescents in Sixteenth Century Bristol", *Journal of Social History,* Vol. 13, No. 1(Autumn 1979), pp. 73–74. Kenneth Charlton, *Education in Renaissance England*, London: Routledge and Kegan Paul, 2007, pp. 266–267.

人交往时要高度慎重，整个歌谣集尤其重视对谨慎道德品质的培养。有一位商人以前任学徒的身份给伦敦学徒写了一封信，副本就叫《伦敦学徒之鉴》（*Londons Looking-Glasse, or the Copy of a Letter, written by an English Trauayler, to the Appren-kces of London*，1621）。他在信中呼吁伦敦学徒为了商业利益关系，要改变对待外国人的态度和行为方式。在信中他赞美了勤奋、节俭、理智、勤勉的品质。[①]这些都是确保商业成功的美德，以此来勉励伦敦的学弟们。商人理查德·约翰逊（Richard Johnson）善于用榜样的力量来鞭策年轻的商人学徒，以培养其高尚的道德情操。他在《伦敦九贤人》（*The Nine Worthies of London*，1592）中列举了九位优秀学徒的事迹，赞扬了九位优秀商人学徒的勇敢、节俭和慷慨大度的行为，强调他们是学徒们学习的好榜样。[②]理查德·约翰逊还著有《看我伦敦：我是一个诚实的英国人，揭穿潜伏在四周的麻烦者的祸心》（*Look on me London: I am an Honest English-man, Ripping up the Bowels of Mischiefe, Lurking in Thy Sub-urbs and Precints*，1613），警告学徒不要做赌博之类的荒唐事，不要损害自己的信誉，不要养成不节俭的生活习惯。因为赌博就会导致借高利贷，借高利贷不能按时还就会损害自己的信誉，所以学徒的克己能力是非常重要的。有一位信仰清教的商人以诗的形式告诫学徒要听从师傅的教导，晚上要睡在师傅家里，不要到街头和郊区闹事，要远离行

① Louis B. Wright, *Middle-Class Culture in Elizabethan England*, Chapel Hill: University of North Carolina Press, 1935, p. 129, p. 130, p. 167.

② Louis B. Wright, *Middle-Class Culture in Elizabethan England*, Chapel Hill: University of North Carolina Press, 1935, pp. 166–167.

为不端的人。① 以上列举的史实说明了商人师傅们在学徒道德品质培养上的煞费苦心。道德教育的主要方式是依靠行为规范、道德说教和榜样引导。

16、17 世纪时关于年轻人的美德，尤其是学徒美德的培养也是道德家非常关心的问题。除了商人师傅之外，牧师们也从灌输学徒宗教信仰方面给予关注。对于作为基督教徒的学徒应该作出什么样的适当行为，牧师亚伯拉罕·杰克逊（Abraham Jackson）列举得最为全面，他将宗教信仰与学徒的社会等级联系起来对学徒进行道德训诫，他在小册子《虔诚的学徒》（*The Pious Prentice*）中，告诫学徒要虔敬顺从，忠于职守；劝告他们周末一有空闲时间就要阅读《圣经》和神学家的书籍，还要虔诚地做礼拜；凡事要自我克制，尤其是不要饮酒，不要做其他不节俭的罪恶事情，这是成功的必要条件。他还提出理智、纯朴和满足，持之以恒地遵守规章制度，对每一个有志学徒都是必要的。他还强调，每一位学徒都必须无条件地服从师傅，除非师傅违背了神的意志。② 总之，顺从、忠诚、勤勉、节制等是作为一名虔诚的基督徒所必需的品质，同时也是助力学徒事业成功的重要品质。

向学徒灌输城市价值观念，帮助他们适应和融入城市生活也属于道德品质培养的重要内容。在这方面，城市团体和公会肩负着重要责任。在城市价值观念中，尊重权威、服从长辈、谦卑顺从是市民道德

① Louis B. Wright, *Middle-Class Culture in Elizabethan England*, Chapel Hill: University of North Carolina Press, 1935, p. 167, p. 192.

② Louis B. Wright, *Middle-Class Culture in Elizabethan England*, Chapel Hill: University of North Carolina Press, 1935, pp. 267–268.

的重要部分。孩子经常被教导在家里要服从父亲，在学徒期要服从师傅，在社会上要服从权威，在精神上要服从上帝。学徒期内，这种服从意识得到充分强化。公会要求学徒必须忠诚地为师傅服务，要服从师傅的管教，即使师傅脾气乖戾、品格不正、举止讨厌、过于严酷，也不得反抗。[①] 这种服从的职责被编成剧本进行宣传，如在一个剧目中，仲裁官处理一个绸布商和他的学徒（他的侄子）之间的纠纷时这样判决：年轻人应该帮他的师傅买一匹马，应该把他安置在马上后，为他抓住马镫以表示尊重和服从。[②] 有些牧师为学徒编制一些道德手册，也强调学徒的服从意识，如亚伯拉罕·杰克逊在《虔诚的学徒》中告诫学徒：商人伦理中没有比造反更无耻的了，叛逆精神和寻求不正当的改变都是罪恶。每个人的职业都是上帝根据个人资质和适合度作出的安排，如果对职业不满就等于对上帝的恩赐不满。[③] 以此教导学徒要顺从师傅和热爱自己的职业，不要抱怨。

强化学徒服从意识的目的，是让学徒知道社会是由不同的等级组成的，对此必须接受，同时培养学徒对社会不同等级地位的敏感性，使他们能在不同等级地位的人面前表现出有礼貌的举止。为了加强学徒的礼貌意识，强化等级观念，公会也制定了一些规定，如绸布商

---

① Anne Yarbrough, "Apprentices as Adolescents in Sixteenth Century Bristol", *Journal of Social History,* Vol. 13, No. 1(Autumn 1979), p. 72.

② Sylvia L.Thrupp, *The Merchant Class of Medieval London 1300–1500*, Ann Arbor: The University of Michigan Press, 1962, p. 17.

③ Louis B. Wright, *Middle-Class Culture in Elizabethan England*, Chapel Hill: University of North Carolina Press, 1935, pp. 267–268.

公会要求学徒无论在什么地方遇到了他们公会的号服商人都要弯腰施礼。[①]公会还普遍对学徒的着装和发型进行限定。学徒着装要既能体现庄重的身份，又不失对上级和长辈的尊重。学徒不能穿得比奴仆差，不能有失身份，但也要穿得非常简朴，奢华了就是对上级的冒犯。如纽卡斯尔商人冒险家公司禁止学徒有以下装束：配束丝制吊袜带或腰带，穿平纹长袜和软木后跟的鞋，戴天鹅绒衬里的帽子，披斗篷，佩带匕首和留长发。[②]这些都被认为是犯忌的装扮。为了培养学徒适应城市生活，认同和接受城市的价值观念，公会和城市在庆典活动中，常常让学徒参与服务，对学徒进行熏陶浸染。如公会庆典大宴请时，学徒在桌旁服务，以学习餐桌礼仪。[③]公会举办聚会聚餐活动的目的之一，就是培养学徒的集体意识和守时习惯。[④]在城市庆典活动如市长游行日时，也让学徒身临其境，体会城市当局的威严、号服成员的荣耀、城市等级观念的严格和市民的忠诚服从意识等。城市就是通过这种有意无意的做法，向学徒灌输城市价值观念，使其将来能自然地融入城市生活，担当管理城市的重任，并将这种文化观念传承下去。

除了正面灌输和督促之外，在城市和公会或者公司的规章中还可

① Sylvia L.Thrupp, *The Merchant Class of Medieval London 1300–1500*, Ann Arbor: The University of Michigan Press, 1962, p.165.

② R. Grassby, *The Business Community of Seventeenth-century England*, Cambridge: Cambridge University Press, 1995, p.342.

③ Christopher Brooks, "Apprenticeship,Social Mobility and the Middling Sort,1550–1800", in J. Barry and C. Brooks(eds.), *The Middling Sort of People, Culture Society and Politics in English 1550–1800,* New York: St. Martin's Press,1994, p.78.

④ Peter Clark and Paul Slack(eds.), *Crisis and Order in English Towns, 1500–1700: Essays in Urban History*, London: Routledge, 2007, p.95.

以看到许多约束学徒行为的条令，对触犯条令的学徒进行严厉惩罚。如科尔切斯特客栈商人禁止任何学徒在安息日进入他们的商业机构，卡莱尔商人公会禁止学徒在夜间10点以后外出。① 由于海外贸易商人的学徒在学徒期的后期须按照事先签订的契约离开师傅到国外去生活，师傅们特别担心这一阶段学徒的行为。商人冒险家公司就制定了针对在国外做代理商的学徒的行为条令：禁止学徒储存货物或居住在任何信誉不可靠的客栈里；学徒一到市镇就必须与随同的差役一起登记住宿，然后宵禁一小时；学徒必须在住所吃饭，除非师傅要求其向土著人学习语言，其才被允许外出就餐；学徒不准主办任何晚宴，除非是为了推动师傅的业务需要；学徒不准酗酒，不准玩扑克，不准掷骰子一次投注超过4便士；也不准穿戴得像个朝臣，配有金纽扣或银纽扣；学徒不准去跳舞或者很晚还在外面散步；当别人休息的时候，不准敲门或敲窗打扰别人；不准包养娼妇和品行不端的妇女；不准将师傅的货物挥霍掉；不准拦截任何信件；不准与任何人争吵斗殴，除非是为了自卫。② 对于这些条令的执行，师傅们都会指派海外的朋友担任代理师傅对学徒行为进行监督，对触犯条令的学徒施以惩罚。

综合以上论述可见，在学徒期内，市政机构、公会组织和商人师傅，三者在学徒道德品质培养上各司其职、协同共管，通过品质锤炼、行为指导、道德灌输等正面教育，努力使学徒加强自律、铸就好的品

① J. Dunlop, "Some Aspects of Early English Apprenticeship", *Transactions of the Royal Historical Society,* Third Series, Vol. 5 (1911), p. 200.

② Anne Yarbrough, "Apprentices as Adolescents in Sixteenth Century Bristol", *Journal of Social History,* Vol. 13, No. 1(Autumn 1979), p. 73.

质。除此之外，还通过明文规章、严格律令对其不良行为加以约束，并辅以严厉的惩罚措施。总之，通过培养自律和严格他律使良好的道德品质内化为新商人应有的优良品格。

正是学徒教育培养了商人应该具备的个性品质。一些成功的商人由衷地赞叹学徒期间受到的教育，如前面提到的著名商人托马斯·格勒善。研究近代早期教育的学者海伦·M. 朱厄尔也对商人学徒教育给予了充分肯定，她提出学徒教育能使商人受到良好的教育，使他们在管理别人之前先学会了克己。①

二、“为商”——商业知识技能的培训

商人学徒期是对商业知识和技能全面学习和实践的阶段。契约所建立的师徒之间的亲密关系，使学徒不仅能够对师傅的经商行为和理念耳濡目染，效仿师傅的做法，而且还可以拥有在师傅的指导和庇护下亲自操刀的实践机会。学徒期的培训大致可以分为两个阶段：前期主要是行业基础知识、技能的学习和实践，后期则是独立的、全面的商业经营实践。

（一）前期行业基础知识、技能的学习和实践

商业方面的基础知识和技能包括商业文件的阅读、书写、计算和

① Helen M. Jewell, *Education in Early Modern England,* New York: St. Martin’s Press, 1998, p. 16.

记账等。随着商人学校教育的兴起，许多将来要从商的孩子能在学校或民间教师那里学习这些知识，但“纸上得来终觉浅”，还必须在真实的世界里学会怎么应用。学徒期前期主要针对具体的行业实际练习这些技能。

商业书写是商人记账、写信和起草契约文书时所用到的一种特殊的书写风格。商人过账时的数字精确清晰和写信时的字迹整洁易读非常重要，因此师傅都会要求学徒定期地抄写信件和账本，这样可以模仿书写，同时也能够学习书信的写法，熟悉该行业的簿记，认识一些票据。为了使学徒熟练掌握簿记技能，有的师傅让学徒管理小额现金的出纳，然后监视其每月登记日志，最后，教其记日记账和过账。约翰·班克告诫他的学徒不要说话太多，要多思考，多记日志。[①] 绅士家庭出身的学徒约翰在给家人的信中也说，他师傅教导他学会了商人簿记技能。[②] 除了师傅的直接指导外，16 世纪也出现了帮助师傅辅导学徒掌握基础技能的书籍。典型的有布里斯托尔商人约翰·布朗的《商人忠告》，作者凭着自己长期在葡萄牙经商的经历，向代理商和学徒介绍外国通货和记账知识，并提供各种各样的商业文书（如商人书信、保险单、汇票等）范例供学徒模仿学习。[③] 有些商人编著了专门教

---

① R.Grassby, *The Business Community of Seventeenth-century England*, Cambridge: Cambridge University Press, 1995, p.195, p.179.

② Frances Parthenope Verney(ed.), *Memoirs of Verney Family,* Vol. Ⅲ, London: Longmans, Green & Co., 1894, p.375.

③ Kenneth Charlton, *Education in Renaissance England*, London: Routledge and Kegan Paul, 2007, pp.266–267.

导商人学徒簿记技能的书，如一位长期在阿姆斯特丹经商的商人理查德·丹佛著有《学徒簿记学习手册》(*The Apprentices Time Entertainer Accomptantly or a Methodical Means to Obtain the Exquisite Art of Accomptantship*, 1640)，教导海外商人学徒掌握精妙的簿记技能。[①]约翰·沃依的《完美的簿记》(*The Complete Comptinghouse*, 1678)也是写给商人学徒的，他期望商人师傅能够尊重学徒，不要像对待苦工或者役童一样，应多教给他们技能。为了使师傅能够正确地教导学徒，该书以一位和蔼的师傅与一位学徒的对话的形式展开，述说这位师傅在海关所、码头、皇家交易所和账房里怎样指导他的学徒完成了第一阶段的学习。[②]

除了练习商业基础技能外，在第一阶段学徒还要学习行业的相关知识和技巧，为下一阶段的独立实践做好准备，尤其是海外商人学徒，后一阶段要离开师傅到国外去，亲自实践商业知识和技能。海外商人学徒需要提前锻炼和提高的能力包括：1. 掌握计算器具的应用技巧。如用刻痕木签计算，用算盘计算，用带有骨制和金属制筹码的算板计算。17 世纪时，商人学徒还要能够用阿拉伯数字计算和量度商品，学会使用数学用表和计算手册，这些计算器具的应用技巧都需要由师傅辅导学徒掌握。2. 学会量度商品。学习掌握本土和海外贸易区的度量衡标准和度量衡器的应用，能够识别货物量上或者大小上的差异，辨

① Kenneth Charlton, *Education in Renaissance England*, London: Routledge and Kegan Paul, 2007, p. 262.

② Perry Gauci, *The Politics of Trade: the Overseas Merchant in State and Society, 1660–1720*, Oxford: Oxford University Press, 2001, p. 172.

别缺斤少两的欺诈行为。学会较为准确的估算和心算，目测和手测商品的重量和大小。3. 学习鉴别商品。熟悉商品的原材料、生产过程环节。掌握不同商品的鉴别知识，在买卖商品时能够评定商品质量、对商品品质分等拣选、识别出次品，并给定不同价格。4. 学习合理包装和运输商品。学徒要知道怎样储存和包装货物，使其不易损坏，知道如何装卸，能够根据商品的形状和脆度选定运输路线。能够全面了解各种收费，估算整体费用，选出最佳方式。学会提防盗窃、破损和被骗。5. 学习使用金融工具。商人学徒要能够识别所在贸易区的各种标准通货，掌握借款和汇款的技巧。知道怎样书写、签署和使用信用票据，在什么时候和什么地点使用对自己有利。6. 学习丰富的航海贸易知识。海外商人学徒需要到海外去充当师傅货物的押运员和代理商，所以事先要了解海外市场的地理位置和不同航线的相关费用，旅程路线和如何判断雇佣商船和船主的声誉，港口和码头的收费以及任何相关的政治和海洋信息。他们还要知道寄售货物和接受货物的程序，海关税的申报和清除手续，以及一些法律知识，等等。这些知识和技能一般都须在学徒前期在师傅身边学习实践。

（二）后期独立的、全面的商业经营实践

在大商人的学徒契约中，学徒的海外经历是其重要的学习环节。南安普敦商人学徒契约的记录中有这样的例子：1610 年，一位师傅收了一个学徒，期限 7 年，其中 2 年须去西班牙。1633 年，一个杂货商的学徒被他的师傅送到法国学习 1 年。1649 年 1 月，戴维·珍尼与绸

布商威廉・史密斯签订了 7 年的师徒契约，安排最后 2 年学习“海外经商技能”。1651 年，绅士的儿子托马斯・尼克尔斯开始跟绸布商威廉・史密斯做 7 年学徒，最后 2 年将被安排在法国或者海外任何他父亲同意的地方实习。[①] 一些新兴的规约公司如商人冒险家公司和利凡特公司也要求其学徒在海外进行贸易实践。海外学习一般由师傅根据业务需要来作出安排，学徒选择赴师傅业务中的某一个区域去做师傅的代理商。

语言学习是学徒后期教育的一项重要内容。随着民族国家意识的增强，英语的使用更加普及，国内贸易商人要学习英语，而从事海外贸易的商人，不仅要学好英语，还要学好各种外国语。每一个贸易区域都有自己的语言，商人需要用客户的母语与海外客户交流，有时达成各种协议、记账和写信也要使用当地语言。如果不精通当地语言，每每要靠使用翻译，往往会造成误会，带来不必要的损失。因此，从事海外贸易的任何一个商人都必须能流利地说、写几种语言。从事海外贸易的商人都非常重视学习相关贸易国的语言。1629 年，一份师徒契约就要求师傅用法语教导学徒，尽管不是在法国。[②] 这可能是因为将来要在法国贸易区经营家族业务。在海外学习期间，很多师傅要支付学费聘请当地土著人教其学徒学习当地语言。有的学徒也利用书籍自学，如拉尔夫・托斯比在荷兰学习期间就通过努力查找当

① Helen M. Jewell, *Education in Early Modern England,* New York: St. Martin's Press, 1998, p. 85.

② Helen M. Jewell, *Education in Early Modern England,* New York: St. Martin's Press, 1998, p. 85.

地的一些书籍学习该国语言；[①]1563年，有一本专门帮助商人孩子或学徒积累词汇用的书，作者将商业上用的词编成诗歌的形式，便于学习者记忆。埃德蒙·库特编的《英语教师》(*The English School Master*，1563）是一本家庭自学英语大全，尤其适合国内贸易商人。[②]学徒期间，学徒一般都是先学习一种贸易区的语言，以后再随着业务的拓展不断学习。

全面的技能实践是学徒后期的主体内容。海外商人学徒都需要到海外进行商业经营锻炼，英格兰东北部的商人学徒多去波罗的海沿岸国家和荷兰，南部商人学徒到德国和荷兰，西部的则去法国和西班牙。学徒们多携带着货物去海外，然后在贸易区做师傅的代理商。如达德利在学徒期的第四年（1661年春）作为师傅的货物押运员，前往利凡特贸易区。他乘坐一艘英国商船，沿着挪威和拉普兰海岸航行了四个星期到达俄国的阿尔汉格尔。在这里他光顾了阿尔汉格尔集市（6月开市），在英国货栈里把师傅的货物协商出售并购买了销往国内的货物。9月海港上冻之前，他离开阿尔汉格尔，绕过设德兰群岛和爱尔兰海岸，到达西班牙的阿利坎特，然后又到意大利的莱戈恩，在这儿一边等待去士麦拉的船只，一边考察了佛罗伦萨、卢卡和比萨贸易区。1662年6月，达德利乘坐一艘荷兰船从莱戈恩到达利凡特的士麦拉，

① Ralph Thoresby, *The Diary of Ralph Thoresby,* Vol. 1, London, 1830, p. 17.

② Louis B. Wright, *Middle-Class Culture in Elizabethan England*, Chapel Hill: University of North Carolina Press, 1935, p. 367.

居住在英国代理商行里。[①]一路上达德利学习了很多东西，了解了英国和利凡特的贸易路线及沿途的风土人情，而且开始“独立”买卖货物，对商业经营有了更为深刻的体验。

学徒海外锻炼的效果如何，与师傅在该贸易区的业务量有很大关系。师傅业务量大，意味着作为师傅代理商的学徒锻炼机会就多。为海外学徒创造锻炼机会也是师傅的责任，一位师傅在案例证词中宣称，他不但教给学徒本行业所需的所有知识和技能，而且让他们带着大量货物到海外去进行商业实践，并且还不断地发送货物让他们做代理。[②]他以此来证明自己是一个负责任的师傅。有些师傅业务量小，直接影响了学徒的实践效果。如达德利·福莱的师傅蒙塔古对贸易缺乏胃口，造成福莱在利凡特无业务可代理，连续九个月他除了给代理师傅抄写资料和在仓库里帮忙外无所事事。他曾写信恳求父亲和师傅为他找些其他的委托商。[③]但对一个学徒代理商来讲，除了师傅之外是很难获得其他委托商信任的。学徒的实践领域也因师傅的业务需要而有所不同，如有一位师傅就安排他的学徒到海外帮他管理货栈兼学习语言和簿记，并要求他每周写一份售货账单，每月抄一份分类账给他。商人莱昂内尔·克兰菲尔德则是以赶集买卖东西开始商业实践的；另有一

① R. Grassby, *The English Gentleman in Trade: the Life and Works of Sir Dudley North 1641–1691,* Oxford: Oxford University Press, 1994, p.30.

② Peter Earle, *The Making of the English Middle Class: Business, Society and Family Life in London, 1660–1730,* Berkeley:University of California Press, 1989, p.97.

③ R. Grassby, *The English Gentleman in Trade: the Life and Works of Sir Dudley North 1641–1691,* Oxford: Oxford University Press, 1994, p.117.

位葡萄牙商人的学徒，去威尼斯做了代理商，学徒期结束后直接在那里独立经营。[①]

总之，后期的海外经历是学徒在师傅的庇护下全面学习和实践商业技能的重要阶段。它不仅能使学徒锻炼商业经营技能，而且还能够使学徒实习书写和簿记，学习贸易区的语言，熟悉金融工具的应用，掌握货物的运输技巧，学习天文航海知识，知晓异国的法律税收，等等。所有这些，都是海外商人应该具备的知识和技能。学徒们还可以因此而开阔视野、积累阅历。

相对于海外商人，零售商和批发商领域的学徒需学习的商业技能相对要少一些。其行业技能主要是把握所经营商品的价格、性能和供求行情，另外，要准确掌握度量衡器和正确使用金融工具。鉴于零售商销售的商品种类众多，所以学徒需要有更强的记忆力和对商品行情更敏感的嗅觉。学徒期后期的实习阶段一般是帮师傅销售货物，照看商店。如著名伦敦绸布商迪克·惠廷顿做学徒期间，每天站在威斯敏斯特大厅的门口、齐普赛街或者康希尔，向过往的行人兜售大衣、帽子和其他男子服饰类商品等。[②]零售商威廉·斯考特的日记中也记载，他在做学徒期间，先与师傅的其他学徒每周两天轮流照看师傅的分店，并在集市日帮助师傅备货和摆放商品，背诵商品价格，帮助师傅招徕

---

① R. Grassby, *The Business Community of Seventeenth-century England*, Cambridge: Cambridge University Press, 1995, p. 195, p. 196.

② H. R. Fox Bourne, *English Merchants*, London: Richard Bentley, 1886, p. 77.

顾客；学徒期后期就全职照看商店。[①] 总体上讲，零售商学徒主要是学习柜台销售技巧，实习阶段一般是帮师傅照看商店。批发商学徒也需要在商店里历练，后期实践多是在乡村或各销售点做师傅的代理人，进行“独立”收购或者销售货物，实习商业技能，积累经验。

综上所论，在传统的商人学徒教育方式下，倘若学徒能够怀揣勤勉之志，师傅能够秉持责任之心，其对新商人的多维度塑造，效果还是被广为认可的。首先，师傅在传授技能的同时，通过正面教导和榜样引领，培养学徒的职业道德和商业伦理。这种言传身教的方式对学徒形成正确的商业价值观和行为准则有着深远的影响，有助于培养出诚信、公正、负责任的商人。其次，学徒不仅能够学习到商业运作的基本知识技能，还能够从师傅那里获得特定行业的深层次知识和经验。再次，学徒期后期，学徒在师傅的指导下参与真实的商业活动，从而积累实践经验。这种亲身体验的学习方式非常有利于学徒更好地理解和应用所学的知识，为将来独立经营打下坚实的基础。最后，在学徒期间，学徒需要与师傅、同事以及其他商业伙伴进行频繁的交流和合作。这种环境可以有效地锻炼学徒的人际交往能力和沟通技巧，对于未来在复杂多变的商业环境中建立和维护关系至关重要。总之，整个学徒期会使学徒受到知识、技能、经验、价值观和人际关系的综合培养，学徒期满就相当于取得了“经营执照”。

---

① W. Stout, *Autobiography of William Stout, of Lancaster, Wholesale and Retail Grocer and Ironmonger*, London: Simpkin, Marshall, & Co., 1851, pp. 12–13.

第三节

商人学徒教育方式的局限性

学徒教育是一种优良的教育方式，它不仅能使新商人受到“为人”“为商”品质和技能的良好培训，还能为新商人事业的起步铺垫良好的业务关系基础。但随着商业经营规模的扩大和经营技术的复杂化，传统学徒教育的局限性也日渐凸显出来，主要体现在以下两个方面。

一、难以满足日渐增多的从商人员的教育需求

随着15—18世纪英国商业的迅猛发展，从商人数也逐渐增多，而且商业的发展对从商人员素质的要求也越来越高，这都需要加强对新商人的培养和教育。然而，传统的学徒制却难以与时俱进，不能满足这一时代需求。

众所周知，学徒制是商人组织中新成员补给的主要渠道。为了维护本行业人员的既得利益，商人组织往往采取限制学徒的招收规模、延长学徒的服务年限和提高学徒费用等措施来防止新成员带来的竞争。这一垄断趋势在15世纪已露端倪，16、17世纪表现得更为明显。为

了使学徒制度适应整个国家工商业人才的培训需求，伊丽莎白时代的《学徒法令》曾试图改变这一局势，规定学徒期限不得超过 7 年，师傅应尽可能多地招收其经营所需的学徒。[①]但由于该法令缺乏一个独立的执行机构，仍然依赖商人组织和师傅执行，因此，这种垄断趋势没有任何改变，商人组织继续限制学徒招收数量，延长学徒服务期限。如 16 世纪东地公司的规章规定：任何师傅在 7 年内招收学徒不准超过 2 个，违者罚款 5 英镑，并且该学徒期满后 6 个月内不准申请自由人身份。依靠继承获取自由人资格的学徒，年龄必须到 24 岁，否则每年要支付 2 先令的税，直到取得自由人资格。[②]商人冒险家公司也规定每个师傅每 7 年只能带一个学徒，接下来 13 年内可带 2 个学徒。[③]1577 年，呢绒商公会规定学徒服务期限不得少于 7 年，如果学徒不足 18 岁，服务期限则不得少于 9 年。[④]众多资料显示学徒服务期限为 8 年、9 年或者更长时间是非常普遍的。同时，一些师傅也呼吁商人之间要团结合作、达成一致，不要培养太多的学徒以免威胁到自己的利益。[⑤]研究 17 世纪英国商人团体的学者格拉斯比总结说，学徒期这么漫长没有任

---

① J. Dunlop, "Some Aspects of Early English Apprenticeship", *Transactions of the Royal Historical Society,* Third Series, Vol. 5 (1911), p.208.

② M. Sellees, *The Acts and Ordinances of the Eastland Company,* London: Offices of the Royal Historical Society, 1906, p.XXIV.

③ R.Grassby, *The Business Community of Seventeenth-century England*, Cambridge: Cambridge University Press, 1995, p.61.

④ A. H. Johnson, *The History of the Worshipful Company of the Drapers of London,* Vol.Ⅱ, Oxford: The Clarendon Press, 1915, p.197.

⑤ 如著名零售商威廉·斯考特在《完美的市民》一书中提出，商人需团结起来以解决共同面对的问题，其中一个问题就是不要培养太多的学徒。见 Louis B. Wright, *Middle-Class Culture in Elizabethan England*, Chapel Hill: University of North Carolina Press, 1935, p.166。

何教育方面的理由，只是为了保护老手反对新手。它反映了这样的现实：在商业方面学有所成的学徒在最后几年对师傅意义重大。①

限制学徒招收的另一个表现是做商人学徒的费用日渐攀升。学徒费是师傅在招收学徒之前，向男孩的家长索要的费用，包括男孩在学徒期间的住宿费、生活费和教导费等，如 1722 年，一个商人受教育的费用包括：每年膳宿费用为 26 英镑，书写和数学受教育费用为 3 畿尼（guinea），商人簿记受教育费用为 3 畿尼，还有教材费和交通费等。② 17 世纪时，学徒的入费和出费、衣物费、交通费、医疗费和独立开业启动费等普遍由学徒一方承担。一部分父母还要支付额外的钱以使孩子少做些奴役性的活计，多学些技能，有时还要送些小费和礼物给师傅，防止学徒的生活水平下降；并且还要支付确保学徒良好行为的保证金。如 1659 年底，绅士次子约翰跟利凡特公司的一位商人做学徒时，支付了 400 英镑学徒费和 600 英镑的保证金。后期去阿勒颇进行"独立"商业实践时，他父亲又承担了路费、衣物费、个人财物及零花钱等共 50 英镑。③ 一般而言，要做一名商人学徒，学徒方要准备好三部分资金投入预算，即学徒费、保证金和开业启动金。

学徒费是由师徒双方协商而定的，在不同的商业领域，不同的师

---

① R. Grassby, *The Business Community of Seventeenth-century England*, Cambridge: Cambridge University Press, 1995, p. 71.

② R. Grassby, *The Business Community of Seventeenth-century England*, Cambridge: Cambridge University Press, 1995, pp. 69–70.

③ Frances Parthenope Verney(ed.), *Memoirs of Verney Family,* Vol. III, London: Longmans, Green & Co., 1894, p. 281.

傅所收的学徒费也不等，一般是获利越丰厚的领域，学徒费也就越高昂。同时，学徒费也代表着教导质量的不同，如信誉、性格、品德好的师傅所收的学徒费就高；相反，一个威望、吸引力和庇护能力低的商人将会降低学徒费。在 17、18 世纪的英国，学徒费的标准因行业和地区的不同有显著差异。一般来说，在那些利润丰厚且师傅声誉卓著的行业中，学徒费也较高。在国内贸易领域中，学徒费相对较低，尤其是在伦敦及其周边地区。在稍具商业性质的行业里，学徒费为 70—100 英镑，仅有少数情况下会达到 300 英镑。而在地方城镇，店主行业的学徒费通常为 50—60 英镑，伦敦的店主行业则为 100 英镑。伦敦的海外贸易行业是所有领域中学徒费最高的，学徒费从 400 英镑至 1000 英镑不等。例如，备受绅士阶层青睐的利凡特公司，在 17 世纪前半叶的学徒费为 200—300 英镑，到 17 世纪 70 年代上涨至 300—400 英镑，在 17 世纪末更是攀升至 1000 英镑。一些地方大城市的海外贸易行业的学徒费也较高，如布里斯托尔的海外商人在 18 世纪的学徒费为 150—210 英镑，同时代的利物浦和英格兰北部地区的海外行业学徒费用从 130 英镑逐步提高到 400—500 英镑。[①] 这些关于学徒费的数据显示，商人的学徒费直接反映行业的经济潜力和盈利能力，高利润行业，如伦敦的海外贸易，因其潜在的高回报，吸引了愿意支付高额学费的家庭，从而形成了较高的学徒费。这也意味着通常在高学徒费用的行业中，学徒才会享受到优质的教育资源，更有机会接触到

① R. Grassby, *The Business Community of Seventeenth-century England*, Cambridge: Cambridge University Press, 1995, p. 68.

更广泛的商业网络和人脉资源，也会更容易取得事业成功和有更高的回报率。

17 世纪时，学徒被索要数额巨大的良好行为保证金也是非常常见的，而且数额也在增加。17 世纪末，伦敦一些商业行业中学徒良好行为的保证金数额已升到 1000 英镑以上。布里斯托尔公布出来的 6.1% 的师徒契约也表明保证金高达1000 英镑。① 这笔钱在签约时交给师傅，到学徒期结束时如果学徒没有重大过失，师傅会将其归还，但其间师傅可以使用这笔钱投资获利，很多师傅乐意接受绅士出身的学徒，打的就是这笔钱的主意。

除了学徒费和保证金之外，学徒期满或者在学徒期后期还需要一笔启动资金。原来学徒的启动资金也是由师傅负担的，而慢慢地这笔钱也转嫁到学徒家长身上。长期以来，公会规定学徒在获得自由人身份之前的任何经营甚至与师傅的合伙都要受到限制，学徒期后期学徒只能做师傅的代理人而不能有自己的投资，否则，一旦被发现就要被罚款或开除。而伴随着商业组织的变化，海外公司如利凡特公司、纽卡斯尔商人冒险家公司都允许学徒有个人的投资，但启动资金由学徒个人筹措。利凡特商人达德利的启动资金就包括从父亲那里筹得的 100 英镑、从领主（the Lord Keeper）那里筹得的 200 英镑，另外，母亲给他凑了 100 英镑，总共 400 英镑。② 可见，启动资金也是学徒

① R. Grassby, *The Business Community of Seventeenth-century England*, Cambridge: Cambridge University Press, 1995, p.69.

② R. Grassby, *The English Gentleman in Trade: the Life and Works of Sir Dudley North 1641–1691,* Oxford: Oxford University Press, 1994, p.34.

家长必须准备好的一笔不小的投资。

那么，在一些商业领域，如此高昂的培训投资为什么还是能够被接受呢？这是因为大家普遍认为这些领域能给学徒提供更好的发展平台和机遇，可以使学徒得到高质量的培训，将来能够获取更为丰厚的回报。但是，高昂的费用却明显成为普通民众进入商界的重大障碍，只有绅士子弟和成功商人的儿子才可能有幸进入，众多工匠阶层、约曼、农夫阶层子弟多因此被挡在门外。

综上所述，传统学徒制是内嵌在行会中的技能传承和人员补给渠道，因此，与生俱来地带有行会的保守性。这种保守性明显体现在限制学徒招生数量、延长学徒期限、不断抬高学徒费用，以保护既有成员利益。这虽然短期内保护了商人团体的利益，但从长远来看，却阻碍了商业人才的培养和商业的创新发展，使个体商人招收学徒的规模很难扩大，也就使得商人通过学徒途径来获得职业教育失去普遍意义，所以说，单靠学徒教育方式难以满足商业化社会对大量商业人才的需求。

二、难以培育适应时代要求的高素质商人

商业规模的扩大，大型贸易公司的涌现，商业领域的专门化如金融业、房地产业和保险业等新部门的出现，不仅需要商人具备商业交易技能，而且还需要其掌握特定的经营法则和组织秩序，具备足够的

自然科学和人文科学知识。可是，简单的学徒教育在培育这类新型商业人才方面难堪重任。一方面，传统的学徒教育属于一对一的个别教育，学徒的教育过度依赖师傅个人的知识、技能、经验和讲授质量。师傅的个人能力和经验是千差万别的，单就最基本的簿记技能来说，从现存的账簿中可以看到当时商人的记账水平高低不等，有些商人记账谨小慎微、一丝不苟，并定期结算；有的商人则是凌乱不堪，只有自己能看懂；有的甚至没有正式账簿，记在散装的纸上和信封的背面。有的商人采用了复式簿记法，有的商人仍是流水账，无法结算利润。有的采用阿拉伯数字记账，有的则继续使用罗马数字。甚至还有个别商人不会记账，由第三方代记。[①] 因此可想而知，师傅自身水平的差异自然会使学徒教育的质量高低不同。这种对师傅知识、技能和经验的依赖造成商业经营技术更新缓慢，培育出的新商人很难应对新的商业形势。而且在教导方式上，学徒教育主要是师傅以身示范，学徒现场学习，然后学徒动手操作，师傅随机指导，因而缺乏整体的培养规划。学习内容也是师傅依据业务需要随意而定，缺乏系统性和连贯性。再加上学徒期过于漫长，师傅还指派学徒做各种杂役，这会占用很多时间，导致教育效率低下。因此，这种培养方式使新商人很难在总体上把握行业科学运作的理论知识和实践知识。

另一方面，学徒教育还过度地仰赖师傅的责任心，这也导致学徒的学习质量有可能得不到保证。学徒制下，师徒关系以一纸契约相维

① R. Grassby, *The Business Community of Seventeenth-century England*, Cambridge: Cambridge University Press, 1995, pp. 61–63.

系，理论上讲，师傅就是学徒的“准父亲”，对学徒的道德品质和生存技能教育全权负责，而学徒要服从师傅的权威。但实际上，师徒之间的矛盾纠纷非常多。学徒契约档案、行会条令和法庭的案例中都反映了学徒逃离师傅家的情况。学徒还经常从一个师傅转移到另一个师傅那里，固然有时是因经济困难付不起原师傅的学费或因为师傅去世，但很多情况是因学徒与师傅不和。师徒契约规定，学徒忠诚和服从于师傅和师娘，师傅为学徒提供生活保障、培训和爱。这是一种相当理想的状态，事实上是达不到的。①师傅有很重的私心，契约的执行保障、学徒的受教育质量都要依赖商业组织的有效监督。在中世纪和文艺复兴时期，也就是行会学徒制阶段的大多数时间里，行会监督职能的发挥都是非常有效的。但随着 16 世纪以来商业经营规模的扩大和城市的扩张，行会对师徒契约的监督已日益力不从心或者说鞭长莫及。法定学徒制时期，由于《学徒法令》缺乏独立的监督和执行机构，情况也没有什么改善。M. G. 戴维斯的《英国学徒制的实施 1563—1642》一书，从两个中央法庭和若干地方法庭中搜集了约 2300 个起诉 1563 年《学徒法令》执行不力的案例。②这足以说明事实上伊丽莎白《学徒法令》没有得到有效的实施。在缺乏监督的情况下，学徒制的教育意义全依赖师傅的责任心。为了防止将来某一天学徒会成为自己的竞争对手，一些师傅在教授学徒商业技能时往往会留一手。他们经常让学徒

---

① Anne Yarbrough, “Apprentices as Adolescents in Sixteenth Century Bristol” , *Journal of Social History*, Vol. 13, No. 1 (Autumn 1979), p. 72.

② D. C. Coleman, “Reviewed work: The Enforcement of English Apprenticeship, 1563–1642” , *The Journal of Political Economy,* Vol. 65, No. 3 (Jun. 1957), p. 272.

无休止地抄写信件，做商店的跑差和干家务活儿之类的杂役，消磨他们的学习时间，也有搪塞学徒的求问，阻止学徒学到更多、更好的商业经营技能的情况。还有的师傅对学徒疏于管教，使学徒学业荒废或者误入歧途，17、18 世纪时学徒道德品质普遍下降与此不无关系。有的师傅完全不顾学徒的受教育质量，克扣学徒的学费，如一位学徒家长支付了师傅 5 英镑，让他聘一位文书教授学徒几个月的算术和簿记，而这位师傅却只付给文书 8 先令。还有的师傅甚至将学徒出租给他人以赚取学徒的劳务费。[①] 总之，勤奋和负责任的师傅越来越少，众多学徒与家长的书信及法庭或行会的记录中，抱怨师傅不提供教育和粗暴虐待学徒的案例比比皆是。

综上所述，传统的学徒教育主要通过“师带徒”一对一的个别教学模式，这意味着学徒的学习效果在很大程度上取决于师傅个人的知识水平、技能、经验以及教学能力。这不仅可能会造成学徒对知识的学习缺乏系统和全面，而且可能会导致学徒之间的知识水平和技能掌握程度的参差不齐。加上行会制度的衰落造成学徒教育的监管和考核不力，教学质量高度依赖于师傅的责任心。如果师傅不够负责任或投入不足，培养质量就很难得到保障。因此，单单依靠学徒教育方式，难以培养出适应时代需要的通商业科学、达各国文史、谙商法税率、操多种语言、晓四方风物和政治的全才商人。

---

① R. Grassby, *The Business Community of Seventeenth-century England*, Cambridge: Cambridge University Press, 1995, p. 194.

小　结

在15—18世纪这段漫长的历史进程中，学徒制教育作为历史悠久的商人教育方式，依然在商人培养中占据着核心地位。这种教育模式的重要性体现在多个层面：首先，它为意欲从商的人提供了基本的知识、技能和品质的培养平台；其次，通过师徒间的紧密互动，学徒能够在师傅的指导下获得宝贵的实践经验，这一点是其他教育方式难以企及的；最后，在学徒期间，学徒能够借助师傅构建的社会和商业网络，以及师傅的引荐和帮助快速获得信任，从而挤入各种投资圈子。众多成功商人的成长轨迹无不印证了学徒教育的价值，学徒教育成为他们一生事业的奠基石。

然而，作为一种教育方式，传统学徒教育因植根于行会制度内，所以具有先天的保守性。而且，伴随着资本主义生产方式生长，行会在工商业管理、维护城市稳定、忠诚王室、规范城市经济社会等方面的功能逐渐弱化，作为一种制度逐渐趋于解体。这使商人学徒教育方式赖以生存的制度基础瓦解，因而呈现出学徒招收上的种种局限、教学质量的监管不力、师徒关系的异化等诸多弊端。

这些弊端集中体现在：传统学徒制培养规模的扩展存在天然的瓶颈，难以满足日渐增长的商人的培养需求；缺乏有效的监管和考核机制，使得教学质量参差不齐，难以培养出高素质的“全才商人”。

此外，教学内容上往往侧重于实用技能的传承，而在商业科学知识的系统性和全面性教育上则显得力不从心。因此，在新的经济形势下，商人培养还需要其他教育方式予以补充，以形成较为完善的商人培养体系。

第四章

商人学校教育方式的兴起及对商人的培养作用

在漫长的中世纪，孩子们总是首先在家里学习有关社会、经济和文化的基本技能。为了获得更好的学习条件，社会各阶层甚至曾采用过把孩子送到别的更好的家庭去做侍童、侍从、艺徒、学徒等以更好地学习职业技能和社会文化知识。青少年的成长和教育主要由家庭这个社会单位来完成，向依赖学校教育方式转变是近代早期的事情。商人教育模式的变迁正体现了这一趋势。

随着商人家庭教育方式和学徒教育方式时代局限性的凸显及商业发展对经商人员要求的提高，商业基础知识、技能的教育逐渐向正规的学校教育方式转移。在15、16世纪时，尚有一些师徒契约规定，学徒期开始时要让学徒先接受一段时期的学校教育，时间一般不超过一年，学费和责任由师傅承担，目的是给学徒补充基本的读、写、算知识。[①]随着商业的发展，招收学徒的要求越来越高，到17、18世纪时，学徒必须预先掌握基础的商业知识技能已成为普遍的要求，师傅不再负责学徒的学校教育。这样，商人的学校教育就由学徒期间的补充教育转变为做学徒前的预备教育。而且在商业发展需求的推动下，商人学校教育的种类、规模和教育质量都获得了迅速发展，商人学校教育在商人培养中发挥着越来越重要的作用。

---

① Helen M. Jewell, *Education in Early Modern England,* New York: St. Martin's Press, 1998, p. 94; Anne Yarbrough, "Apprentices as Adolescents in Sixteenth Century Bristol", *Journal of Social History,* Vol. 13, No. 1 (Autumn 1979), p. 69.

第一节

商人学校教育兴起的历史背景

15—18 世纪是英国社会发生剧烈变革的时代，其间文艺复兴、宗教改革、政治革命和商业革命等重大事件都对教育产生了巨大冲击，使中世纪晚期的教育理念迅速动摇、崩塌，学校教育的世俗化、实用化成为大势所趋。因此，一些教育史家认为英国同样也经历了一场教育革命。[①] 商人学校教育的兴起就是这场教育革命的重要内容。

在文艺复兴运动的影响下，教育开始呈现世俗化的特征：一是学校开始由世俗人士创办；二是在管理和教学内容上开始有意摆脱教会监管和神学的影响。商人们总是对世俗教育倾注巨大热情的群体，典型的世俗化学校——七橡树文法学校，就是伦敦杂货商威廉·塞文奥克斯于 1432 年支持创办的。在遗嘱中，他格外叮嘱绝不可以聘用圣职人员作为该校的教师。[②] 七橡树文法学校成为商人办校的榜样，很多商人仿效塞文奥克斯，创办了一批类似的免费文法学校。一些人文主义

---

① 1964 年，劳伦·斯通（Lawrence Stone）在《过去与现代》杂志上发表具有开创性的文章，即《教育革命》。他在文章中首次提出 1540—1640 年英国经历了一场教育革命，这一观点得到许多教育史家的赞同。

② Arthur Francis Leach, *The Schools of Medieval England,* London: Routledge, 1915, pp. 244–246.

者也努力将人文主义教育理念付诸实践，他们通过直接创办或者改革原来学校的方式，推进英国教育的世俗化和多样化。这方面成就最突出的是约翰·科利特，他于1509年在伦敦创办圣保罗文法学校，他也避免任用圣职人员，而是任用人文主义学者威廉·利利执教，并将学校交给世俗集团绸布商公会监管。

英国宗教改革期间，天主教会和修道院在王权打击下不复存在，教会垄断教育的历史也戛然结束，由此助推了教育创办的主动权转向世俗界。而在世俗界，经过文艺复兴运动的洗礼，知识的尊贵和重要性已深为人知，加上新教倡导人人都要阅读《圣经》，通过阅读理解《圣经》与上帝对话，实现自我救赎。因此，在王权的保护下，社会上掀起了办学热潮，一些与教会脱离的新型文法学校迅速遍布全国。深知知识的重要性并且具有雄厚财力的商人群体成为办学的急先锋和主力军。从亨利八世和爱德华六世以后，城市市政官员、商人行会和商人个体都积极参与学校的创办与管理。除了绸布商公会资助并负责管理的圣保罗学校之外，还有著名的裁缝商理查德·希尔斯于1561年捐助创办的商人泰勒学校。商人泰勒学校完全仿效圣保罗学校的办学理念，学校由裁缝商公会的成员监督运作，聘请理查德·马卡斯特[①]做校长，面向全国各阶层招生，教育的宗旨是培养孩子“知书达理，虔诚

① 理查德·马卡斯特（Richard Mulcaster, 1531—1611），商人泰勒学校的第一任校长，他著有 *Positions Concerning the Training Up of Children*（《论儿童教育的原则》，1581）和 *The First Part of the Elementarie*（《基础教育导论之首篇》，1582）等教育学著作，是最早倡导英语教学的教师，也是英语词典编纂的奠基人。

和仁爱”[①]。还有裁缝商托马斯·怀特于1555年资助创办的牛津圣约翰学院（St. John's College）。此外，在呢绒商公会、皮革商公会、服饰商公会里，都有团体或个人资助教育的慷慨行为。据当时的统计，16—17世纪早期由商人捐助创办的学校有50多所。到1633年，仅伦敦一地资助教育事业的商人慈善家就有60多位，他们虽身在伦敦，但创办的学校遍布整个英国。[②]总之，宗教改革之后创办的文法学校大都以圣保罗文法学校为典范，完全由世俗人士资助创办，并由世俗集团负责监管，注重培养孩子的文化知识和道德行为。与此同时，一些传统的教会文法学校也顺应时代需求进行了世俗化改革。

整体上看，在文艺复兴和宗教改革的推动下，学校教育呈现出浓重的世俗化发展趋势。但是，由于是在人文主义大众教育观的指导下，教育取向上注重“人”的自身发展，办学宗旨是满足整个社会（尤其是贵族和绅士阶层）对文化知识的渴求，因此，正如很多学校规章所规定的，教育的目的主要是培养学生基本的文化知识和良好的道德品质，培养他们成为国家统治需要的德才兼备的官吏。在这种大众教育理念的影响下，即便是积极参与教育事业的商人，绝大多数也没有明显的为满足商人职业教育需求而办学的意识。在资料中仅有寥寥几例表现出为培养商业人才目的而资助办学的。其中一个是富商的夫人玛丽·拉姆齐，她于1577年资助创办了一所基督慈善学校，规定该学校

① Louis B. Wright, *Middle-Class Culture in Elizabethan England*, Chapel Hill: University of North Carolina Press, 1935, p. 53.

② Louis B. Wright, *Middle-Class Culture in Elizabethan England*, Chapel Hill: University of North Carolina Press, 1935, p. 51, p. 52.

讲授的必须是实用学科的内容，即商业书写和簿记等课程。另一位是非常具有现实洞察力的商人托马斯·萨顿，他于1611年创办了查特豪斯（Charterhouse）学校，规定在该校教书的教师和助教都应该注意“教授学生计算和簿记，尤其是对那些文化科学习能力较弱，而又最适宜经商的学生”[①]。绝大多数商人资助教育的动机仍然与宗教信仰纠结在一起，他们关心的是积善积德、灵魂救赎，因此，他们乐于资助贫苦学生或者神学院的师生，并非从满足商业人才的教育需求出发而创办商业学校。即便如此，从整个教育体系来看，商人参与教育事业的创办和管理毕竟大大推动了教育的世俗化进程，为实用主义教育的发展奠定了基础，也为商人学校教育的兴起营造了良好的氛围。

① Louis B. Wright, *Middle-Class Culture in Elizabethan England*, Chapel Hill: University of North Carolina Press, 1935, p. 61.

第二节

传统文法学校对商人教育的兼顾

早在15世纪时，欲从商的孩子最基本的读写能力多是在家庭或初等学校（聋哑学校、小学或者ABC学校）里培养的，书写知识更多的时候是由巡游讲学的文书人员收费来讲授。但计算能力尤其是算账能力需要大量的训练和实践才能掌握，这类内容需由正规的学校和专门的教师来讲授。因此，在15—16世纪文法学校繁盛时期，尽管文法学校的教学目标是为大学输送生源，注重文科教育，但也有一部分有远见者主张开设满足商人教育需要的书写和算术（包括计算和簿记）等方面的课程。如15世纪时，罗瑟勒姆耶稣学院（Jesus College Rotherham）的创办者就认识到，许多有才能的年轻人对牧师职位并不感兴趣，需要提供给他们商业书写和算术方面的教育以使他们更加适合做技工或经商。[①] 1627年，卡尔特修道院也提出，要向学生尤其是那些学习能力较差的学生讲授计算和算账知识，以使他们更加适合做生意，这是教师和助理教员的责任。爱德华六世时期，著名数学家罗伯特·雷考德（Robert Recorde）也提出在英国学校里开设算术课

① Helen M. Jewell, *Education in Early Modern England,* New York: St. Martin's Press, 1998, p.3.

具有重大意义。他用直观的教具向学生展示怎样用笔和计算器两种方式进行计算，使他们清楚地认识到识字和不识字同样可以学会算账。著名教师布林斯利（Brinsley）也认为给孩子们讲授罗马数字和阿拉伯数字及算账的知识非常重要。①

文法学校中也有一些因顾及生源需求而开设商业课程的。这可以从学校对教师的要求中看出来，如有的学校要求教师能够讲授算术课，1597 年创办的布莱克本文法学校（Blackburn Grammar School）甚至还要求教师能够讲授几何课。1592 年，津格尔斯威克文法学校（Giggleswick Grammar School）为了提高商业书写教师的教学水平，还专门给一名教师三个星期的时间，让他去接受文书人员的专业培训。② 1596 年，南安普敦文法学校在教师招聘中要求招一位能讲授所有课程（包括书写、算账和翻译）的教师，或者同时聘两位，一位能教拉丁口语，另一位能教阅读、书写和算账。③ 该校的课程分为两部分，一部分是文科（the arts）；另一部分是商科（the marts），后者包括商业课程。④ 这些都说明文法学校生源中的一部分将来是要从商的。也有个别学校对将来意欲从商的孩子进行专门培养，如 1597 年赫特福

① Rosemary O'Day, *Education and Society 1500–1800*, London & New York: Longman Group Limited, 1982, p. 62, p. 60, p. 61.

② Helen M. Jewell, *Education in Early Modern England,* New York: St. Martin's Press, 1998, p. 267.

③ Rosemary O'Day, *Education and Society 1500–1800*, London & New York: Longman Group Limited, 1982, pp. 61–62.

④ M. A. Dalvi, "A Historical Survey of Commercial Education in England 1543–1902", *Comparative Education Review,* Vol. 9, No. 2 (Jun. 1965), p. 174.

德郡的奥尔登汉姆学校（Aldenham School）就专门为60名学生免费开设宗教、礼仪、道德行为、拉丁语、英语、书写、翻译和算账等课程，[①]使他们为将来成为商人学徒做一定的准备。

以上考察说明，在17世纪中期以前，已有部分文法学校基于兼顾从商生源的需求在教学内容上开设了一些商业课程。但从整体上看，这样的现象只是个别的、零星的，课程的开设也是非常保守的。因为大多数文法学校受捐助者章程的约束，像商业书写、算术和外语等一般不属于教学大纲规定的课程，要开设这类课程的话，也必须由编外教师（通常是当地的文书）在课外时间通过额外收费来授课。如布里斯托尔文法学校就规定商科课程需由编外教师在周五和周六的下午为学生开设。[②]而且，受统治阶层观念的影响，部分文法学校的管理者认为书写课程在学业层级中处于较低的位置，因此，他们为了维护学校的社会声誉而限制书写课程的开设。如布莱克本文法学校的管理者就因担心过多地开设书写课程会削弱学校的声望，而于1592年规定任何文书讲授书写课的学时一年中不得超过一个月。[③]鉴于此，15、16世纪时，在文法学校就读的意欲经商的学生，自己再找家庭教师学习商业书写和簿记的现象是非常普遍的。

17世纪时，商业迅猛发展，对从商人员知识、技能的要求也随之提高，为适应商业发展的要求，商业人才的培养和教育引起了社会

---

① Rosemary O'Day, *Education and Society 1500–1800*, London & New York: Longman Group Limited, 1982, p. 61.

② Helen M. Jewell, *Education in Early Modern England,* New York: St. Martin's Press, 1998, p. 84.

③ C. S.Herbert, "The Teaching of Handwriting in Tudor and Stuart Times", *The Huntington Library Quarterly,* Vol. 6, No. 4(Aug. 1943), p. 399.

的普遍关注，一些有识之士纷纷针砭文法学校的弊端，同时也为实用主义教育的推行献计献策。著名哲学家弗朗西斯·培根对旧教育理念严厉批判，并提出经验主义学说，这成为17世纪教育改革运动的前奏曲。针对学校教育，他提出学校应该根据学生个体需求的不同来调整课程，而不是一律按照培养修辞家和语法家的模式，应该提供适合学生能力、才智和将来所从事职业的教育。在培根的影响下，17世纪中期，一些教育改革家也对脱离人们生活实际发展需求的教育内容表示出强烈不满，要求扩充有实用价值的教学内容，倡导普及商人职业教育。著名的有塞缪尔·哈特利布、约翰·杜里和威廉·配第，这三人的经历都与商界有紧密联系，[①]他们深知商人世界里对教育的需求。1646年，教育哲学家约翰·杜里建议创办两种公学：一种是文科（liberal）；另一种是技术科（technical）。[②]他还在《1650年学校改革附录》中提出：学校应该开设适合年轻人接受能力的所有相关课程，让他们在青年时期得到充分训练。学校还应任命专门人员监督课程的实施，以确保教育质量。[③]他还提议普通学校要为意欲经商的孩子专门开设法语、意大利语和西班牙语课程，将这些课程与传统文科教

---

① 哈特利布的父亲是波兰商人，母亲是英格兰商人的女儿，1628年他本人也在英格兰经商；杜里曾先后在俄国西部的英国公司和鹿特丹商人冒险家公司做公使；配第的父亲是汉普郡的呢绒商，他本人也做过商人学徒，1646年他开始经营父亲的行业。

② M. A.Dalvi, "A Historical Survey of Commercial Education in England 1543–1902", *Comparative Education Review*, Vol. 9, No. 2 (Jun. 1965), p.174.

③ Rosemary O'Day, *Education and Society 1500–1800*, London & New York: Longman Group Limited, 1982, p.63.

育分开。[1]威廉·配第则倡导创办职业技术培训学校，发行行业技术指导手册，教导年轻人尤其是学徒，使他们在与师傅签订契约之前学到足够的与其行业相关的理论知识。[2]著名校长理查德·马卡斯特、教育改革家奥布里以及思想家洛克都反对“虚伪的绅士”教育，提出通过开设有用的语言和计算课，将开设的课程与商业需要紧密联系起来。同时代的一位商人在《论贸易》（*Discourse of Trade*）一书中也预料到年轻人很难读懂他的书，因此他在书的前言中提出，由于商人需要使用的是特有的语言和书写方式，因此，学校要对年轻人加强商业知识的教育。他还强烈呼吁要创办学校，为意欲经商的绅士子弟提供商业基础知识和技能的教育。[3]这无疑反映了众多绅士次幼子的商业教育更为迫切的现状。

在实用主义教育改革的呼声中和商业发展的迫切需求下，17世纪中期以后新创办的无数文法学校多半开设了现代课程如数学、英语、历史、地理，以及意欲从商的孩子所必需的复式簿记法。[4]比如，创办于1679年的达特茅斯文法学校（Dartmouth Grammar School）就有两位教师，一位讲授拉丁语，另一位讲授英语、航海和数学。[5]

① Helen M. Jewell, *Education in Early Modern England,* New York: St. Martin's Press, 1998, p. 270.

② Louis B. Wright, *Middle-Class Culture in Elizabethan England*, Chapel Hill: University of North Carolina Press, 1935, pp. 69–70.

③ R. Grassby, *The Business Community of Seventeenth-century England*, Cambridge, New York: Cambridge University Press, 1995, pp. 190–191.

④ Christopher Chalklin, *The Rise of the English Town, 1650–1850,* Cambridge: Cambridge University Press, 2001, p. 51.

⑤ Rosemary O'Day, *Education and Society 1500–1800*, London & New York: Longman Group Limited, 1982, p. 202.

然而，尽管传统的文法学校作出了一些调整，但是积重难返，实用性改革进程非常缓慢，因而不得不在残酷的现实面前经历一场痛苦的蜕变。由于商业社会的发展，大众对实用学科的教育需求不断增加，而对古典文科的需求相对下降。在 17 世纪晚期和 18 世纪时，英格兰和威尔士都普遍出现从事古典文科学习的生源急剧减少的趋势，这可以从牛津大学的招生记录中反映出来：17 世纪 60 年代时，每年招生 460 名；17 世纪 90 年代时，每年招生 310 名；而到 18 世纪 50 年代时，每年招生还不到 200 名；在牛津大学招生史上，这个招生数量呈锐减趋势的时期被称为“大萧条”时代。① 由于文法学校是大学的生源地，因此，也说明了文法学校中从事古典文科学习的生源也在减少。生源危机迫使一些文法学校不得不在培养方向上重新定位，对开设的课程进行再调整，以迎合新的生源需求。

面对商业化社会现实的需求，文法学校必须重新定位，教育目标开始向多元化迈进。有些文法学校通过改革获得了新生，如昂德尔文法学校（Oundle Grammar School）在 1791 年面临招生困境，几乎无学生可招，但第二年却恢复了招生，因为校长给 55 个（包括 21 个寄宿生）男孩开设了古典文科以及包括地理、测量、商人簿记和绘图等实用内容的综合课程。曼彻斯特文法学校也是改革成功的典范，它在继续为一些想进入大学深造的学生开设古典文科课程的同时还开设一些商业课程。该校的招生记录显示，在 1740 年和

① Rosemary O'Day, *Education and Society 1500–1800*, London & New York: Longman Group Limited, 1982, p. 196.

1765年招收的196个寄宿生和477个走读生，绝大多数是来自工匠、店主、商人、专业者和乡村中等阶层家庭的子弟。而且，在毕业后的去向上，这些学生中只有100个进入了大学学习，绝大多数进入了工商业界。[①]尽管文法学校这种引入非古典文科课程的改革背离了学校创办者的初衷，有时遭到反对，但为求生存，文法学校必须重新定位，以满足商业社会发展的需求。但也有一些文法学校固守古典文科的教育阵地，如圣保罗文法学校，它在给学生家长的一份通知中这样写道："在圣保罗学校，我们只讲授古典文科，只讲授拉丁语和希腊语，如果你想让你的孩子学习其他课程，你必须进行家庭教育，为此我们可以给他每周半日的休假。"[②]

但是，即便是一些文法学校经过痛苦的抉择，开设了商业课程，但由于教师缺乏专业技能，效果还是难尽如人意。如皇家交易保险公司的董事约翰·贝克得知埃利森先生的儿子罗伯特在伊顿文法学校学习时，这样说："我发现埃利森先生的儿子在伊顿文法学校读书，他是不可能从那里成长为一名合格的商人的，不到伦敦住上几个月学习书写和簿记，是不可能掌握账房里的那些技能的。"[③]著名教师布林斯利也建议在文法学校学得一点算术知识，又想继续深入学习算术的学生，

① Rosemary O'Day, *Education and Society 1500–1800*, London & New York: Longman Group Limited, 1982, pp. 201–202

② Rosemary O'Day, *Education and Society 1500–1800*, London & New York: Longman Group Limited, 1982, p. 203.

③ Helen M. Jewell, *Education in Early Modern England,* New York: St. Martin's Press, 1998, p. 94, pp. 85–86.

应该到民间教师那儿或者他们创办的学校里进一步学习。[①]尽管一些文法学校也不情愿地开设了书写课程，但是文法学校里的书写教育与商业领域中书写分类账、商业书信和草拟法律文书所要求的书写是有天壤之别的。正如布林斯利所认为的："文法学校里没有几个出色的书写教师，即使有几个也是要么接受过文书人员的培训，要么是自己异常聪明。"[②]一些在文法学校就读的孩子，如果想要去做商人学徒，还必须再寻找商业学校进一步学习。据载，改革较为成功的曼彻斯特文法学校在1749—1784 年招收的本地走读生中多数在 12—14 岁要退出学校，他们中部分进入商业中学就读，为的就是去做商人学徒。[③]可见，文法学校里商科的开设难以满足商业发展对人才的培养需求，这迫使商人寻找其他教育途径。

① Helen M. Jewell, *Education in Early Modern England,* New York: St. Martin's Press, 1998, p.265.

② Helen M. Jewell, *Education in Early Modern England,* New York: St. Martin's Press, 1998, p.267.

③ [英]奥尔德里奇：《简明英国教育史》，诸惠芳等译，人民教育出版社 1987 年版，第 109 页。

第三节

商人职业学校教育的兴起

随着17、18世纪社会商业化的迅猛发展，从事商业的人员急剧增多，尤其是非商界阶层的子弟越来越多地向商业领域流动，他们对商业教育的需求更加迫切，因而，17、18世纪出现了专门满足商人职业教育的学校，主要有非古典文科中学（Non-classical Secondary School）、不信奉国教学院和大批民间教师（private masters）创办的私立学校（private schools），它们逐渐承担起了商人学校教育的重担。

一、非古典文科中学

非古典文科中学出现于17世纪早期，这些学校是非捐助学校，不受创办人规章的限制，因此，可以根据社会发展需要对课程进行灵活调整。商业书写、簿记、速记和现代语言（主要是商人使用的欧洲语言和东方语言）等商科内容及法律等都是这类学校的主干课程。[①] 这类

① 乔治·巴克（George Buck）著有 *The Universitie of England*（1615），描述了当时首都伦敦各种类型的教育设施。

学校颇似今天的职业学院。到17世纪中期时，这类学校备受商界人员的青睐而更加繁盛。

由于它们是专门满足工商业人才教育需求的，又是以营利为目的的，因此多汇集在经济繁荣的中心城市，绝大多数集中在伦敦及其周围地区。18世纪时，为了适应社会不同群体的实用教育需求，它们开设的课程更加广泛，一般提供五类课程，即商业技能类、行业技术类、航海类、军事类和文法类课程。有些学校如伦敦的塔街学院（Tower Street Academy）和伊斯灵顿学院（Islington Academy）都开全了五类课程，但也有只开设三类或三类以上课程的。以培养商业人才著名的小塔街学院（Little Tower Street Academy），最初是靠约翰·勃兰德讲授商人职业相关课程而起家的，其学生多是来自全国各地工商界的孩子，后来又增添了上层精英阶层需要的文法类课程。索霍学院（Soho Academy）的主要目的是培养艺术人才，但也开设商业技能类课程。伊斯灵顿学院是这类学校中最富有竞争力的，在这所学校就读的年轻人整体住校，受到精心呵护，可以学习语言、书写、算术、商人簿记和数学方面的课程，并可以辅修舞蹈、绘图、音乐、剑术及所有绅士和商人需要的其他技艺。该学校不仅课程开设全面，而且教学质量高，尤其是商业需要的复式簿记教育名气相当大。有些学院则专门培养一种类型的人才，如伦敦市彻西区的航海学院（Naval Academy）只教授航海相关课程。还有只教授商科的学院，其中典型的有城市商业学校（the City Commercial School）和泰恩河畔纽卡斯尔数学学院（the Newcastle upon Tyne Mathematical School）。[①] 还有众多商业书写学校（commercial writing schools）是专门培养商业实用技能的，不仅讲授基本的读、写、算，而且还有商业书写、复式簿记、几何甚至天文、测量和航海等课程。[②]

非古典文科中等学校的商业教育经常几个月就是一期，不仅实用而且讲解透彻，专业化水平非常高，招生也十分灵活，基本上可以做到随到随学。有些学校为满足超过学龄的成年人职业进修需要，还办起了“夜校班”。如在 18 世纪 80 年代，切斯特的斯波罗斯顿先生就曾在每天晚上的 7—9 点讲授书写、商人簿记、测量、三角学和航海等课程，满足那些想在商业和航海领域寻求更好发展的成年人的进修需要。[③]

二、不信奉国教学院

不信奉国教学院在英国教育发展史上具有重要地位，它弥补了近代早期英国传统文法学校教育和大学教育中对商人教育的缺失，被称

---

① Rosemary O'Day, *Education and Society 1500–1800*, London & New York: Longman Group Limited, 1982, pp. 208–209.

② R. Grassby, *The Business Community of Seventeenth-century England*, Cambridge, New York: Cambridge University Press, 1995, p. 190.

③ Rosemary O'Day, *Education and Society 1500–1800*, London & New York: Longman Group Limited, 1982, p. 210.

为传统教育向现代教育转变的一种过渡形式。

不信奉国教学院的创办背景是1662年的《统一法案》(*Act of Uniformity*)颁布，该法令规定合法学校不准接纳不信奉国教者子弟接受教育。因此，为满足不信奉国教者子弟的教育需要，不信奉国教学院悄然而生。由于不信奉国教学院贯彻的是清教教育家哈特利布的实用主义教育理念，它们提供的教育与主流学校有所不同，开设的课程更加广泛、更加实用。后来，由于教育质量高而且实用，不信奉国教学院逐渐得到公众的认可，很多信奉国教者也将自己的孩子送去接受教育。一项关于1660—1800年教育状况的调查显示，不信奉国教学院的教学效果较之任何其他教育机构遥遥领先。①

不信奉国教学院也经历了一个逐步实用化的过程：在第一阶段(1663—1690年)，它们主要是由不信奉国教的牧师个人秘密创办，规模通常非常小，办学的目的主要是为不信奉国教的男孩提供类似文法学校的教育。其课程仍以古典文科为核心，但也注重实用学科的开设和实用技能的培养。如丹尼尔·笛福就读的纽因顿格林学院(Newington Green Academy)开设拉丁语、法语、意大利语、英语和希腊语，同时还有数学、逻辑学、自然哲学、地理和天文学课程。②并且，教学过程中还注意采用实验主义的教学方法，伴随着课程的进展，辅之以丈量土地、编排年鉴、解剖动物、制作仪器及英语写作与

① I. Parker, *Dissenting Academies in England*, Cambridge: Cambridge University Press, 1914, p.46.

② Lew Girdler, "Defoe's Education at Newington Green Academy", *Studies in Philology,* Vol. 50, No. 4 (Oct. 1953), p.581.

演讲等方面的实践练习。[1]

在第二阶段（1691—1750 年），学校多是由教会、社团或者某个基金管理机构创办的，办学更加公开、更加专业，课程设置上也大大削减了古典文科，增加了实用课程，课程讲授全部使用英语。曾在莱斯特郡凯伯沃斯学院（当时闻名全国的北安普敦学院的前身）就读的学生多德里奇，在一封书信中对当时在校学习的课程表作了详尽的描述：这封书信表明，该学院学制四年，每半年是一个学期，每学期更换一组课程，其中只有几何和代数课是连开两个学期，第一学期一周三次，第二学期一周两次，占课时量最多，而且讲授非常注重应用性。另外还开设天文、地理和法语等实用课程。而古典文科练习课程只在第二学期开设，并且一周只有一次。[2] 可见这一时期不信奉国教学院已经发生了很大的转变，教育重点已由古典文科教育转向了现代商业社会需要的实用教育。

第三阶段（1750 年以来）是不信国教学院数量发展最快的时期，基本上都是实用的职业教育学院，其中有许多著名的商业学院，它们为想进入商界发展的年轻人提供了更加优质全面的实践教育。1770 年，沃灵顿学院（Warrington Academy）针对商业领域的学生，设计了一套循序渐进的课程体系。第一年，学生主要学习基础数学（包括算术、代数和几何）、法语、通用语法和修辞。第二年，课程内容扩

---

① I. Parker, *Dissenting Academies in England*, Cambridge: Cambridge University Press, 1914, p. 71.

② I. Parker, *Dissenting Academies in England*, Cambridge: Cambridge University Press, 1914, pp. 143–146.

展到数学的进阶领域，包括三角法和选修航海术，另外，还有自然哲学、天文学和法语，第三年，学生将深入探索更高级的自然哲学、化学和伦理学。随笔、翻译和标准信件的写作是实践练习课的主要内容。书写、绘图、簿记和速写等课程，如果学生想学都可以学到。课程费用都是分开支付的，学生可以根据自己的需要选课，课程表具有较强的可调选性和重新组合性。① 不信奉国教学院不仅注重学生扎实的职业知识技能教育，而且纪律严明，非常注重培养学生的道德品质。如南安普敦商业学院就只招收品德良好、能谨慎遵守各种道德准则和学校纪律的学生。1747 年，一个来自爱丁堡的小男孩在此求学，因陷入债务纠纷而遭到开除的惩罚。② 又如，位于沃灵顿的一所学院，1757—1783 年共招收了 393 名学生，其中 196 名学生的专业选择和职业去向有明确记录。在这些记录中，选择法律方向的有 22 人，选择医学方向的有 24 人，选择神学方向的有 52 人，选择商业方向的则有 98 人，选择商业方向的学生占比达到了 50%。值得注意的是，这里提到的 98 名选择商业方向的学生，实际上指的是那些将来将从事国际贸易、银行业或在大型商业公司担任领导职务的人，也就是通常所说的大商人。而那些选择成为酒商、店主等从事国内贸易的人，则是被归类为职业选择和就业方向不明确的剩余 197 名学生。因此，实际上选择商业课

① Helen M. Jewell, *Education in Early Modern England,* New York: St. Martin's Press, 1998, pp. 84–85.

② Margaret R. Hunt, *The Middling Sort: Commerce, Gender, and the Family in England, 1680–1780,* Berkeley: University of California Press, 1996, p. 63.

程并最终进入商界的人数，应该远超过 98 人。① 另外，有一份埃克塞特学院（Exeter Academy）的学生档案也同样反映了这一情况，其招收的 93 个学生的就业去向中，有 6 个律师、4 个牧师、7 个医生、24 个商人、7 个航海界人员、13 个乡绅、2 个药剂师、3 个军人。② 除了以上提到的几所商业学院外，著名的还有塔山学院、北安普敦郡学院、曼彻斯特学院、格拉斯哥学院、爱丁堡学院和伯斯学院等。这类学校在 18 世纪末数量众多，有学者统计，1770—1789 年仅德比郡就至少有 8 所。③

不信奉国教学院以其实用的现代课程、实验主义的教学方法和注重学生道德品质的培养等优点，吸引了全国各地和社会各界意欲从商的生源。据说 18 世纪末期，除个别例外，意欲经商的年轻人就读的学校都从文法学校转向不信奉国教学院，他们在这里完成预备教育之后进入商人学徒教育阶段。④ 这样，不信奉国教学院终于打破了文法学校对教育的垄断，有效地满足了近代早期英国商人学校教育的需求。

① I. Parker, *Dissenting Academies in England*, Cambridge: Cambridge University Press, 1914, p. 107.

② I. Parker, *Dissenting Academies in England*, Cambridge: Cambridge University Press, 1914, p. 160.

③ Christopher Chalklin, *The Rise of the English Town, 1650–1850,* Cambridge: Cambridge University Press, 2001, p. 51.

④ Rosemary O'Day, *Education and Society 1500–1800*, London & New York: Longman Group Limited, 1982, p. 279.

三、民间商科教师的教育活动和私立商业学校

在英国社会转型时期，除了正规学校教育逐步改革以适应商人教育之外，还出现了更为灵活、更为便捷的商人教育方式，也就是民间商科教师的商人教育活动。这种教育方式历史悠久，而且随着商业社会的需求而日渐繁盛，成为商人获取知识、技能的最有效途径。

早在15世纪时，为满足从商孩子的基本读、写、算教育的需求，就有一些牧师或者文书人员创办了小规模的私立学校。档案中有两起针对这类学校教师的诉讼：一起是一个金饰商控告教师对他的儿子打得太重；另一起则是一个呢绒商学徒控告教师命他到厨房刷盘子、洗碗，使他受到侮辱。学校生源中有的是打算去做商人学徒的男孩，有的是来补课的商人学徒。而且还有一些文书人员创办的私立学校发明了高压教育法（high-pressure methods of education），以迎合意欲从商的孩子想迅速完成商人学徒预备教育的急切心理。在现存的一本商务法语手册中还有一则为获取更多生源而进行宣传的广告。大约在1415年，一个12岁的小男孩打广告称，他在金斯维尔学校学习了三个月，学会了读、写、算和说法语，为去伦敦做学徒做好了准备。① 不过在15、16世纪时，民间商科教师还多是一些文书人员和牧师，他们对商业知识的讲授不太专业，只是教授一些非常初级的读、写、算知识。

随着商业组织对学徒要求的提升，越来越多的人看到了商业教育

① Sylvia L. Thrupp, *The Merchant Class of Medieval London 1300–1500*, Ann Arbor: The University of Michigan Press, 1962, p. 159.

的前景，民间商科教师应运而生。这些教师中，不仅有文书人员，还有初等学校教师、商人、兼职簿记员以及数学家，他们通过教授商业技能课程谋生。他们提供商业书写、计算、簿记、商务语言及其他相关知识和技能的教学。据 E. G. R. 戴乐在《数学实践家》（*The Mathematical Practioners*，1954）一书中的统计，17 世纪时，伦敦知名的算术教师有 45 位。据 A. 海尔在《英语书写教师》（*The English Writing Masters*，1931）一书中的统计，知名的书写教师有 70 位。① 这些教师多集中在大城市，授课非常自由，经常到学生家中进行专门辅导，有的办有自己的商业学校，有的受聘成为私立学校的教师，他们还在教学实践中自编实用的商科教科书并出版发行，对商人教育作出了重大贡献。如著名数学教师亚当·马丁代尔，很早就认识到学生的父母特别关心的是孩子的实际应用教育，因此他专门为绅士和商人阶层的儿子讲授数学方面的实际应用知识（如测量和算账）。在教学实践中他自己编制教科书以满足学生需要。作为一个巡游讲学的民间教师，他经常是这儿讲六个月那儿讲三个月地向年轻人讲授数学，以此来养家糊口。② 有众多商科教师创办了私立学校，资料中提到约翰·克瑟创办的学校开设了意大利复式簿记、测量和航海等课程。③ 17 世纪

① R. Grassby, *The English Gentleman in Trade: the Life and Works of Sir Dudley North 1641–1691,* Oxford: Oxford University Press, 1994, p. 17.

② Rosemary O'Day, *Education and Society 1500–1800*, London & New York: Longman Group Limited, 1982, p. 61.

③ R. Grassby, *The Business Community of Seventeenth-century England*, Cambridge, New York: Cambridge University Press, 1995, p. 192.

晚期，著名的语言教师约翰·克西也有自己的私立商业学校。B. 马金女士也创办了学校，在她的学校里书写和簿记都是必修课。T. 沃茨称，他在小塔街创办的学校是“The Accountant’s Office”，这是一所专门讲授商人簿记的专业学校。还有 W. 韦伯斯特在橘子街创办了一所商业学院。[①] 长期在阿姆斯特丹经商的商人理查德·丹佛于 1630 年回到伦敦后，在商业中心朗伯德街附近创办了一所学校。作为一位具有丰富商业实践经验的商人，他本身掌握熟练的簿记技能和商务语言，因此在他的学校里，他能够用英语和荷兰语给学生讲授计算及国内外的各种簿记方法。[②] 著名的书写教师彼得·巴斯也创办了培训书写技能的学校，他用自己编的书《书写教师》(*Writing Schoolmaster*，1590）作教材。[③]

这些私立学校的竞争优势是文法学校无法企及的。它们不仅讲解方式灵活，而且课堂内容具有较强的针对性、实用性和专业性。众多条件好的商人学徒都选择这类教育方式进行商业技能学习，如 1653 年绅士学徒约翰·维恩接受了寄宿文法学校的学习之后，想去做一位商人，父亲拉尔夫爵士把他送到伦敦约翰·克瑟创办的书写学校，这里提供约翰·克瑟先生和其他教师讲授的怎样称重和怎样测量的实用数

① Dalvi, M. A., “A Historical Survey of Commercial Education in England 1543–1902” , *Comparative Education Review*, Vol. 9, No. 2 (Jun. 1965), p. 170, p. 175.

② Kenneth Charlton, *Education in Renaissance England*, London: Routledge and Kegan Paul, 2007, p. 262.

③ 彼得·巴斯（Peter Bales，1547—1610?），英国著名的书法家，速记的发明人之一。

学课程。[①] 约翰在信中曾向家人述说，算术课上讲授的都是一条条与赚钱相联系的法则，这种讲授方法的确非常透彻；老师还发给学生一些账簿练习册，使学生通过练习来加强记忆，然后进行测验。[②] 同样在书写技能的培养方面，这些学校的教学效果也非常突出。曾有一位在文法学校学习的学生亚瑟·威尔森，他的父亲本来是想让他读完文法学校后进入大学学习，但由于父亲突然陷入财政困境，无法为他提供上大学的费用，因此他在财政部谋取了一个职位，但在他的传记中记载：由于“我不会写标准的文书，因此我父亲给我半年的时间让我跟伦敦舰队街的约翰·戴维斯先生（当时最著名的书写教师）学习书写”[③]。这个例子反映了文法学校在实用学科教育上存在着明显的缺陷，也反衬出私立学校教学的高效和实用。正是由于社会对私立学校广泛的市场需求，因此，在 18 世纪时，民间教师和私立学校成倍地增长，并且有更多的商人或者商人家族也参与其中，大大提高了商业学校教育的专业性和实践性。另外，还有一些商业组织为满足自身人力资源培训的需要，创办了附属的商业技能学校，这类学校也是一种私立商业学校。

---

① Frances Parthenope Verney (ed.), *Memoirs of Verney Family,* Vol. III, London: Longmans, Green & Co., 1894, pp. 356–358.

② R. Grassby, *The English Gentleman in Trade: the Life and Works of Sir Dudley North 1641–1691,* Oxford: Oxford University Press, 1994, p. 26.

③ Kenneth Charlton, *Education in Renaissance England*, London: Routledge and Kegan Paul, 2007, p. 268.

第四节

商人高等学校教育的创办及作用

英国高等学府里有没有对商人教育的关照呢？英国学者 H.G. 理查森认为，似乎从 13 世纪早期至 15 世纪中叶，“商业培训”（business training）在牛津大学就以某种形式存在，但到 15 世纪中期时，由于大学新学（New Learning）的引入、学院派的兴起，律师学院和大法官法庭逐渐成为法律教育的中心等因素的共同作用，商人教育在牛津大学衰落。[①] 近代早期的英国大学像文法学校一样，也成了培养牧师和绅士的地方，大学的课程注重推理而不针对实用。虽然大学也开设数学课程，律师学院讲授法律课程，但对商人来讲，这些课程的讲授内容过于学术性和理论化，晦涩难懂，缺乏激情，脱离实际应用，而且费用很高。

随着商业社会的发展，也有一些教育改革者针砭大学教育的弊端，并提出一些改革方案，如约翰·韦伯斯特（John Webster）就对学校继续讲授陈腐落后的理论表示不满，提出纯粹的理论学习等于浪费时

① H. G. Richardson, “Business Training in Medieval Oxford”, *The American Historical Review*, Vol. 46, No. 2(Jan. 1941), pp. 259–280.

间，主张教学重点应该放在对人的发展具有实用价值的学科上。[①] 剑桥大学冈维尔－凯厄斯学院的教师威廉·戴尔也提出大学应开设语言、算术和地理课程。布鲁斯特在《论贸易》(*Essays on Trade*) 的导言中提出大学的任务应该是培养更优秀的领导者，但实际上大学培训的知识面太狭隘了，他建议大学应该对年轻人进行 5 年的理论和实践培训，然后给他们 1000 英镑的启动资金去创业。[②]

但实际上改革家的愿望很难实现，大学由于背负着太沉重的传统，在改革的道路上步履蹒跚。罗斯玛丽·奥戴曾对近代早期英国大学课程的现代化进程进行了系统的考察，提出直到 17、18 世纪，英国大学里的本科课程在培养从事商业、工业和科研开发与应用的人才方面几乎没有任何改进。1660 年后，很少有商界人士再把在牛津大学和剑桥大学就读过作为招募成员的理由，也很少有父母把去牛津大学和剑桥大学求学作为他们将来进入商界的儿子的理想道路。[③] 虽然大学里也有一部分来自商人阶层的学生，但他们绝大多数是商人的次子，读大学的目的也是从事非商界的职业。学者 R.I. 詹姆士对布里斯托尔商人团体的研究，戈登·杰克逊对赫尔商人团体的研究，以及 R.G. 威尔逊对利兹商人团体的研究，都同样表明英国商业团体对高等教育不

① Louis B. Wright, *Middle-Class Culture in Elizabethan England*, Chapel Hill: University of North Carolina Press, 1935, pp. 72–76.

② R. Grassby, *The Business Community of Seventeenth-century England*, Cambridge, New York: Cambridge University Press, 1995, p. 192.

③ Rosemary O'Day, *Education and Society 1500–1800*, London & New York: Longman Group Limited, 1982, pp. 271–279.

感兴趣。商业课程成为高校教育的组成部分，商业高等学校的真正发展，只是 19 世纪的事情。①

然而，面临商业经营技能的日渐复杂和深奥，满足商界高层人才需求的商人高等教育设施的创办也是社会的一种迫切需求。一些亲历商海的商人（如托马斯·格勒善和威廉·配第）提议要创办商人高等学校，培养既具备广博哲学知识又具备实用知识的人才。商业王子托马斯·格勒善最终实现了自己的愿望，创办了著名的格勒善学院。

格勒善出生在诺福克郡的商人世家，其父亲和叔叔都曾任伦敦市长，家族在政界和商界都具有很高的威望。他曾经接受过一段时期的大学教育②，大约在 1535 年他跟自己的叔叔，一位绸布商做学徒，1543 年学徒期满后成为绸布商公会的自由人，1544 年加入号服公会。1543—1546 年，他作为商人冒险商公司的一员，很快成为“格勒善商号”（House of Gresham）荷兰分部商业经营的主管，像他的父亲一样，他一边做日常的绸布贸易即购买伦敦市场上需求的各种丝织品，一边做军火交易。1545 年，他已经成为冒险商公司的主力，负责公司 90% 以上的货物运营。像家族的其他成员一样，他也涉足金属交易。1548—1549 年，他巧妙利用欧洲大陆市场上锡价格上涨的时机，将康沃尔生产的锡运抵伦敦，然后出口大陆，为公司金库作出重大贡献。

① O. C. Schorer, “Commercial Training under State Supervision”, *The School Review,* Vol. 24, No. 1 (Jan. 1916), p. 2.

② M. Charles, *The Life of Sir Thomas Gresham,* London: Charles Knight, 1845, p. 35.

在荷兰期间，他还同时为叔叔和父亲代理商务，确保了“格勒善商号”在英荷贸易中的领先地位。1551—1552 年，他被任命为国王爱德华四世在安特卫普的代理人，成功解决了皇室的债务问题。[①] 1569 年，他筹建并经营皇家交易所，使其逐渐代替安特卫普成为世界的金融中心。在商人中，格勒善有少见的受大学教育之经历，又做过商人学徒，再加上丰富的高端经商经历，因此他对当时英国商人教育有着独到的认识，能够抓住商人教育需求的时代脉搏。

早在 1571 年，格勒善就有在剑桥大学创办一所学院的考虑，可能他最终觉得在自己府邸所在的城市伦敦创办一所独立的、富有新意的学校，更能表达他对商人教育的志趣。因此，1575 年，他在遗嘱中将自己所有的房产和一笔信托基金交给伦敦市政当局和绸布商公会，由他们负责按照自己在遗嘱中对学院的筹划，在其遗孀去世后创办格勒善学院。

整个格勒善学院的筹办、创办和运营，都体现了格勒善有意弥补大学对商人教育的不足和满足商人及市民实用需求的宗旨。首先，在课程开设上，他列出的多是大学里得不到重视但又非常实用的现代学科，有天文学、音乐学、几何学、法学（主要是民法）、修辞学、医学和神学等。其次，他选择的监护方是最能了解商界需要、最容易实现其愿望的伦敦市政当局和绸布商公会，伦敦市政当局负责神学、天文学、音乐学和几何学学科，绸布商公会负责民法、修辞学和医学学

① Francis Ames-Lewis, *Sir Thomas Gresham and Gresham College*, London: Ashgate, 1999, pp. 14–17.

科。[①] 在教学方法上，他要求教授们时刻记住讲座的听众是“商人和其他市民”，讲座不要像大学里那样照本宣科，而是要挑选学科中最有价值的，适合听众接受能力和听众感兴趣的部分。天文学教授要“讲授该领域的规律和行星体的运行学说，解释航海普通仪器的使用方法”，使听众能够学习地理航海知识并应用相关理论。几何学教授需分学期授课：第一学期讲授算术及簿记，第二学期讲授理论几何，第三学期讲授实用几何。音乐学讲座要“乐理讲解半个小时左右，剩下的半个小时要配以声音或者乐器进行演奏实践”。法学教授的讲座要直接论及契约、垄断法和航海法，要以实用性的案例如遗嘱、信托与合同等做素材。而且他还要求这些学科的讲解要用英语而不是拉丁语。[②] 授课采用讲座的形式，除周日外，讲座每天分期进行，早上 9—10 点用拉丁语讲（方便外国人听），下午 2—3 点用英语讲，音乐学教授被指定只在周五、周六下午 3—4 点用英语讲授。讲座是免费的，讲座后紧接着的是讨论。[③]

格勒善学院是一所典型的商人高等教育学校，也是一所新型的现代大学，是一所既不招生也不授学位，免费向公众授课的实用大学，它为商业人口集中的伦敦人提供了适合其理解水平的人文学科和实用学科知识。与此同时，它灵活自由的教学方式和重实用的精神吸引了众多志趣相投的科学实践者会聚在首都，不仅为更多的工商界人士和

① Helen M. Jewell, *Education in Early Modern England,* New York: St. Martin's Press, 1998, p. 31.

② Louis B. Wright, *Middle-Class Culture in Elizabethan England*, Chapel Hill: University of North Carolina Press, 1935, pp. 64–65.

③ Helen M. Jewell, *Education in Early Modern England,* New York: St. Martin's Press, 1998, p. 31.

航海家提供了基础教育，而且促进了新的实验科学的研究和发展，孕育了英国皇家学会。

小　结

在文艺复兴、宗教改革和工商业发展的推动下，社会转型时期的学校教育越来越重视商人群体的需求，各种类型的商人学校日渐繁盛，给予商人越来越多的商业基础知识、技能和品质的培养，使商人学徒的基本素质有了明显提高。但在社会转型时期，商人学校教育毕竟处在刚刚兴起的阶段，其作用虽然呈现出日渐重要的趋势，但这类教育仍只处于商人学徒教育的预备阶段，对于高层商业人才所需求的商业科学管理知识的教育还非常欠缺。从整体上看，商人学校教育相对于商业发展的需要来讲，仍然显得缺乏和滞后；相对于商人的教育需求来讲，还没有达到应有的规范性和系统性。

另外，从施教者角度看，转型时期商人学校教育主要是社会组织自发办学提供，缺乏国家的支持和重视，多数教师缺乏专业实践技能，而懂得商业技能的商人又不太愿意从事商业学校教育。从受教者角度看，学校教育方式对经营商人来讲，毕竟要受时间和地点的许多约束，而且，即便是再具有针对性和实用性的学校教育，商人们也会认为其难以摆脱纸上谈兵之嫌。一些商人瞧不起商业学校的教师，原因是他们认为商人的成功不是靠教育，而是要靠自己敏锐的悟性、精明的判断力、旺盛的精力和众多的实践技能，这是学校教育无法培养的。这也是一些商人更加注重学徒教育和在商业实践及社会生活中的摸索积累的重要原因。

第五章

商人社会教育方式的多样化

所谓商人社会教育，这里是指商人步入独立经营阶段后所得到的培养，在一定意义上是指商人学徒期满后，在社会和商业实践中所受到的教育，是指一切社会生活中对商人身心发展有益的教育，包括一切增进商人的知识、技能、智力、身心健康以及形成或改变商人思想意识的活动。

综合以上章节对商人培养的家庭教育、学徒式教育和学校式教育的分析，发现它们都具有难以克服的时代局限性。其实，对商人来讲，他们更需要的是能够使他们获得终身教育的渠道。在英国商业迅猛发展和急剧变革的时代，为适应商业形势的复杂多变和业务不断拓展的需要，及时灵活的社会教育方式就成了商人终身学习和成长的重要手段。在15—18世纪经济社会转型时期，人文主义、重商主义思想的传播，宗教信仰上的嬗变等这些思想解放的大事件对商人思想意识价值观念的整体塑造和熏陶浸染无疑是非常重要的，因为之前章节有所涉及，就不再赘述。这里拟选择较为突出的三种社会教育途径进行介绍：第一，商人在实践中的摸索和积累；第二，商业书刊的教导和指引；第三，良性的社会体制的激励和约束。

第一节

商人在实践中的摸索和积累

商业实践和社会实践历来是商人受教育的最好课堂。商业本身就是一种社会实践活动，商业经营与其说是一门科学，毋宁说是一门技能（art）。常规的商业知识与技能是商人所必需的，账记得好、管理周密、学识高能改进商业决策，但商业经营技能是否老练对商人的成功具有更大的作用。比起高深的理论知识、慎重的计划和高谈阔论的能力，商人更需要的是常识判断力、机敏性、洞察力和实践能力。商人必须是个实干家，经营活动要依靠直觉、经验、天赋、敏锐和旺盛的精力，而不是只仰赖逻辑思维和智力推断。因此，对于商人成长来讲，商业实践和社会实践非常重要，商人要在实践中不断地摸索总结，吸取教训，积累经验，扩大视野，提高决策能力。

通常来说，商人实践的第一个平台就是做代理商。年轻商人由于资金短缺、经验不足，往往与成熟商人合伙，充当其代理商，甘愿冒人身风险，忍受旅行的劳顿和旅居海外的孤独，以便积累经验、积蓄资本。格拉斯比通过对现存的一些代理商的书信和账簿的分析，认为作为代理商要能够承担以下职责：第一，发布交易备忘录，报道市场信息和相关时事。代理商是委托商获取有效商业信息的主要渠道之一。

代理商有责任对所在地区的商品价格、货币兑换率和竞争对手的货物质量发布评论。在委托人还未将货物发出之前，代理商要告诉其当地有哪些货物畅销，在国内应该购买什么货物。如1677年，利凡特贸易区的代理商达德利就寄了一些货物样品给伦敦的委托商，告诉他们要按货物样品发货。[①]第二，接收货物。代理商有责任监督卸货，接收交货，办理通过海关的各项手续；能够处理好相关的法律问题，知道怎么支付货物运费、滞船费、领事签证费或者当地的种种税收；能够将货物运至代理商行的仓库，妥善储存；还要对照海运提单对所有货物仔细核对，货物的质量、大小、重量和状况都要严格审查登记，然后在每份货物上标记好代理商和委托人的名字，以字母先后顺序排列好。第三，销售货物。在接收和储存好货物之后，代理商要考虑怎样将货物出售。代理商要能够精通所在贸易地区的语言，要能在当地开拓和培育广泛的客户关系，能够准确把握市场行情，争取以最优的价格出售货物。第四，购买货物。一旦货物出手，代理商就要考虑购买最适合运往英国销售或者在英国转口的货物，这是具有相当难度的，需要代理商能够准确预测这种商品的供求状况，要能够规避进出口贸易的差价，要能够准确鉴别商品的质量等。在现金无法到位的情况下，代理商还要会适时地、合理地运用赊购、赊销、物物交换或者汇票等信用手段。第五，包装发货。返回的货物一旦买好，代理商就要将货物包装好，仔细检查，确保运输安全，要随船寄出详细的发货清单和提

---

① R. Grassby, *The English Gentleman in Trade: the Life and Works of Sir Dudley North 1641–1691,* Oxford: Oxford University Press, 1994, p. 42.

货清单。代理商通常还要将另一副本用快船或者陆路发出，以备丢失，自己还要保留一份副本备忘。① 从代理商的职责可知，做代理商不仅可以锻炼商人的簿记，货币的鉴别，信用手段、商务语言、航海技能、法律的运用等方面的知识和技能，而且可以使商人在市场行情的预测、商业风险的规避、业务信誉的树立、客户关系的养护、商品的包转运输及质量鉴定等诸多经营技能上得到锻炼和提高。由此可见，做代理商的确是商人在实践中锻炼学习的一个绝好途径。同时，做代理商时还可以使其得到成熟商人的指点，因为委托人经常会从个人利益出发给代理商以告诫或叮嘱。如托马斯·宾纳利警告其代理商“好丝畅销，孬丝要弃之一边”②。许多代理商行的人事结构也体现了做代理商的教育意义，许多商行的成员具有一个特别的年龄结构，即都是由一个即将退职的年长商人、一个准备接替的年轻商人和一个学徒组成。这种模式在 18 世纪更为常见。③ 这就更有利于年轻商人的成长。

尽管不同的商人个体做代理商的年限是不等的，但他们一般都是在资本和经验积累到一定程度后才回到国内，之后逐渐开始独立经营，并不断扩大商品经营的种类、规模，拓展经营区域，同时也开始担任师傅，招收学徒，培养代理商；待到资本已足够雄厚时，再逐渐

---

① R. Grassby, *The English Gentleman in Trade: the Life and Works of Sir Dudley North 1641–1691,* Oxford: Oxford University Press, 1994, pp. 41–48.

② R. Grassby, *The English Gentleman in Trade: the Life and Works of Sir Dudley North 1641–1691,* Oxford: Oxford University Press, 1994, p. 48.

③ R. Grassby, *The English Gentleman in Trade: the Life and Works of Sir Dudley North 1641–1691,* Oxford: Oxford University Press, 1994, p. 40.

从商品经营中撤出资金，投资到金融、保险、海运、制造业、房地产等风险小、收入稳定、费精力少的领域，逐渐由经营前线退居到管理后台，发展成为大商人（the general merchant）。这是商人最为典型的职业生涯。比如，最具代表性的商人达德利·诺斯结束了在土耳其做代理商的生涯回到伦敦后，就努力将国际贸易向更深、更广处扩展，1680—1691 年，其主要业务呢绒贸易的范围已经由奥斯曼帝国扩展至西班牙、俄罗斯、弗兰德斯、荷兰、意大利、法国、德国和牙买加等贸易区。经营商品的种类也增多了，除呢绒外，他还经营纱、珠宝、金属制品、胭脂红颜料、鱼、油、金银锭、葡萄干等的贸易。同时，像其他大商人一样，他也逐渐将资金从商品经营领域向金融业、保险业、造船业、房地产业等领域转移。在经营方式上，他也主要通过在各地的代理商和国际往来的信件运作。他让学徒作为他的现金出纳员，另外还雇了一位簿记员、一位抄写员、一位初级律师，还有一位地产管理人，而他本人主要负责监督管理。①

从商人一生事业的发展经历可知，伴随着业务的拓展，商人必然需要在实践中不断地学习知识、技能和积累经营管理经验。商人不仅能在实践中积累商业经营经验，而且还可以在实践中让为商的各种素质都得到考验和磨砺。

一是身体素质。商人职业本身缺乏生活规律，到处奔波劳碌，再加上 15—18 世纪贸易体制尚不健全，暴力常伴随着贸易出现，商人

① R. Grassby, *The English Gentleman in Trade: the Life and Works of Sir Dudley North 1641–1691,* Oxford: Oxford University Press, 1994, pp. 96–118.

经常要充当士兵或水手，有时还可能被劫为人质；商人还经常遭遇各种恶劣天气，感染各种疾病。如在波斯的代理商两年内死了三分之二。在西印度，成年人的年平均死亡率达 3.3%。坎特伯雷大教堂的商人遗嘱中有 20%是死于海外或海上的商人立的。[①] 现存的日记和书信中也经常提到商人死于非命的消息。这些都说明健康的身体和长寿是商人成功的必要因素。

二是心理素质。商人必须能够克服种种忧虑和担心，顶得住强大的压力。精神过分紧张会导致中风，情绪沮丧会带来优柔寡断、抑郁症或者狂热的投机，造成更惨痛的损失。面对突如其来的灾难、未知结果的煎熬、海外的孤独、对亲人的思念，商人要学会自我排解或者寻求安慰。商人要有坚定的信仰，要培养自己的业余爱好，如打猎、跳舞、文学创作、翻译等可以缓解压力、消遣烦闷。商人必须藐视痛苦、分离和突然死去的可能，这样才能全神贯注于自己的事业。商人还要有输得起的气魄，不能去细想风险和损失，要坚信“失之东隅，收之桑榆”。如一位商人在信中说：“当生意最糟糕时，它必然会更好。”[②] 在实践中自我调适心态，保持乐观豁达的人生态度非常重要。

三是疏通各种关系的能力。商业是在一个面对面的世界里运作的，任何生意的具体存在和发展都是由其关系网决定的，各种关系都要靠个人去培养和拓展。年轻商人经常要花费很多时间遍访其相关业务人。

---

① R. Grassby, *The Business Community of Seventeenth-century England*, Cambridge, New York: Cambridge University Press, 1995, p.93.

② R. Grassby, *The Business Community of Seventeenth-century England*, Cambridge, New York: Cambridge University Press, 1995, p.201.

一些国内贸易商人也常在酒馆与其客户共进晚餐、饮酒作乐，谈生意兼联络感情。[①] 海外商人逢年过节时，也常以奇珍异玩取悦各方领导上司，以使他们对自己的生意给予照顾。例如，亨利·约翰逊当选为东印度公司的理事后，托马斯·皮特送给他一批呢绒作为礼物并附言"这代表我们多年纯真的友谊和交情，恳求您把最新的消息告诉我"。一位代理商在给一个客户的信中说："愿您和您的部下，圣诞快乐，新年好运。……望您发发善心把您将来的订单给我。"[②] 对于初涉商海的商人而言，谦卑顺从非常重要，要能够忍受羞辱、指责和冒犯的语言，以取得接纳和支持，赢取威望，进而获得生意。要想培养老主顾，还要适时地光顾交易所、海关所、码头、小酒馆及咖啡屋。在城市和商业组织中兼职也有助于培养业务关系。总之，怎样打造和梳理各种业务关系，要靠商人在实践中摸索、感悟和学习。

四是商业决策能力。商人要有极强的自主能力和冒险精神，是去引领而非跟从。商人还要能够洞察商机，并不失时机地作出果断决策。这种能力仅靠良好的商业基础技能是无法获得的，还必须有实践经验的积累，商业决策更多是凭经验和直觉作出的。如一些年轻商人缺乏经验，在投资时只考虑收益，而不考虑资金周转的时间，虽然获得了收益，但却耗费了大量时间，结果也很不划算。而年长的商人就会注

① Craig Muldrew, *The Economy of Obligation: the Culture Credit and Social Relations in Early Modern England,* New York: St. Martin's Press, 1998, p. 93.

② R. Grassby, *The Business Community of Seventeenth-century England*, Cambridge, New York: Cambridge University Press, 1995, p. 177.

意资产折现力和时间因素，作出相对合理的决策。[①]另外，利润总是和风险相伴的，成功的商人必须有过人的胆识。尤其是在市场迅速扩张、长距离贸易增多的年代，商人勇于开拓的冒险精神非常重要。但在敢于冒险的同时要想方设法将风险降到最低。在这方面，年轻商人明显缺乏经验，他们缺乏分散风险的技巧，缺乏保管货物的经验，缺乏对客户品行的判断力等，因此必须在实践中磨砺。而经验丰富的年长商人规避风险的能力自然更为老到。如运送货物时，将货物分散装运，注意防水、防碰、防老鼠破坏；发送信件时，以不同线路同时发送多个副本，或者将上一封信的内容作为下一封信的开头。[②]这些都是商人在实践中总结出来的风险防范措施。

总之，鉴于商人职业的特性，在社会和商业实践中摸索锻炼，总结经验，自我提高，是商人最为有效的自我教育方式，绝大多数商业经营技巧和规则要靠商人在实践中学习获得。

① R. Grassby, *The English Gentleman in Trade: the Life and Works of Sir Dudley North 1641–1691,* Oxford: Oxford University Press, 1994, p. 108.

② R. Grassby, *The English Gentleman in Trade: the Life and Works of Sir Dudley North 1641–1691,* Oxford: Oxford University Press, 1994, p. 41, p. 48.

第二节

商业书刊的教导和指引

传统的商业知识技能的传授，几乎全靠师傅或长辈的言传身教来进行，而自16世纪以来，尤其是17世纪以来，随着商业的迅猛发展，商人自我完善的需求更加强烈，再加上作为新兴产业的印刷出版业逐渐壮大，因而成就了大量商业书籍和报刊的发行和传播。自此，阅读商业书刊成为商人提高经商技能的重要途径和获知商业信息的重要渠道。

英国商人使用的书籍最初来自意大利和荷兰。中世纪晚期时，意大利和荷兰是商业最为发达的两个地区，这两地也一直是英国商人海外教育的基地。16世纪时，意大利和荷兰的许多经典商业书籍开始传入英国。有被称为算术教科书蓝本的《算盘之书》（*Liber Abaci*），这本书介绍了希腊、罗马和阿拉伯数字的基本运算，买卖问题，合伙制分红问题，兑换操作问题，数列、比例、立方和平方问题；还有被称为商业数学的《算术大全》（*Summa de Arithmetica*, 1494），这本书教导读者怎样算账，怎样做存货清单、日志、备忘录和分类账簿，怎样做复式簿记等；还有专门为行商编写的手册，内容涉及关税、汇兑、货币体制、度量衡、汇票、通行税及某些国家和地区的物产、商业前景、财政制度等知识。还有满足商人语言、地理和法律需要的词汇表、短语手册、地方志词典和法律案例集，以及道德劝诫的小册子。在航海领域主要有译自荷兰的《航海之鉴》(*Mirrour of the Sea*)，内容包括宇宙和航海的论说，日落和月出时刻表，重要星球的名单，怎样计算经度，怎样使用直角器，怎样标记航海图，欧洲西海岸的航行路线和距离，港口和码头的经度，潮汐时刻表，岸上的环境，航道周围的沙滩，等等。[①]这是一本对航海意义非凡的书。这些书籍对16世纪的英国商人给予了很大帮助。

与意大利和荷兰相比，英国在商人教育方面显然是落后的。当时的著名数学家罗伯特·雷考德就曾对英国培养商人的书籍匮乏深感遗憾，弗兰西斯·培根也曾慨叹知识堕落到“有关商业的智慧迄今还未形成书”[②]。实际上，在培根时代，一些人正在做着努力，尽管无法与荷兰相比。到17世纪中期时，更多的人认识到荷兰作为商业强国的成功是与其商业教育的发达密切相关的，因此在爱国心和利润的驱使下，商人、民间教师、簿记员、文书等开始编著商业书刊，以满足本国商人的需求，助推商业发展。

指导计算和簿记类的书籍是商业书刊的重要内容。英国最早的一本用英语写的计算书籍是约翰·赫伏特的《学习计算指导》(*An Introduction for to Lerne to Recken with the Penne or Counters*, 1537)，

---

① Kenneth Charlton, *Education in Renaissance England*, London: Routledge and Kegan Paul, 2007, pp.255–257, p.273.

② G. P. Gooch, *English Democratic Ideas in the Seventeenth Century,* Cambridge: Cambridge University Press, 1927, p.25.

该书由作者根据一本相关的荷兰语书和一本相关的法语书编撰而成，书中尤其体现了算术的实用价值，如其中的一个例题是这样的：四个商人在一段时间内合伙做生意，第一个投资 10 法郎，期限 2 年；第二个投资 20 法郎，期限 3 年；第三个投资 100 法郎，期限 1 年；第四个投资 40 法郎，期限 4 年。这次合伙他们共获利 452 法郎。之后，他们想拿回钱寻找新的合作伙伴，那么他们每人应该分红多少？[①] 从这个例子可见这本书有多么实用。

还有许多更为实用的算术书籍，其中有数学家罗伯特·雷考德的《技能基础》（*The Grounde of Artes*，1543）。这本书是给缺少教师的人自学使用的，书中列举了众多浅显的计算实例，特别适合刚入门的读者使用。为了便携，该书始终以袖珍型出版。为了使商人每一次计算都能尽快获得答案，修订再版的过程中又增添了许多参考表，包括汇兑价值表、英镑和先令的整除表、利率计算表等。还有民间教师韩弗理·贝克（Humphrey Baker）的《教授完美算术操作与实践的科学源泉》（*Wellspring of Sciences Which Teacheth the Perfect Work and Practice of Arithmetic*，1546），据称这本书是奉献给商人冒险家公司的，它以大量的计算实例而著称，是学校里的标准教科书[②]。另外，一位民间教师约翰·梅里斯（John Mells）编写了一本《整数算术简明教程》（*Shorte and Plaine Treatise of Arithmeticke in Whole Numbers*），

① Kenneth Charlton, *Education in Renaissance England*, London: Routledge and Kegan Paul, 2007, p.263.

② Kenneth Charlton, *Education in Renaissance England*, London: Routledge and Kegan Paul, 2007, p.264.

书的序言中宣称这本书旨在帮助那些谨慎的商人熟练地阅读和书写，应用笔或计算器准确敏捷地算账，记出精确完美的账簿。该书以实例论述了各种各样的初级算术演算，包括公司和合伙制中的盈亏运算及各种交易规则等[①]。戴奥尼斯·格雷（Dionis Gray）的《算术知识库》（*Storehouse of Brevitie in Woorkes of Arithmetike*，1577）同样也是提供计算指导的书籍，他宣称将其奉献给金饰商公会。为了便于商人记忆，他把基本的运算规则编成了诗歌。无独有偶，托马斯·休斯（Thomas Hughes）的《算术技能入门》（*The Art of Vulgar Arithmetic*，1600）是教钱的整除技巧的，也采用了诗歌形式。[②] 以上列举的这些书都不是谈数字的定义、分类和性质的，而是注重算术运算的实际应用，介绍怎样计算盈亏在投资各方的分配比例，怎样计算单利和复利，在货币制度长期非标准化年代怎样计算兑换率，多数还附带介绍一些基本的簿记知识。

在商业发展的推动下，也出版了众多专门介绍簿记的手册，但多数手册介绍的簿记理念缺乏实用性，专业且实用的簿记书籍只有少数几个商人的作品。其中有伦敦市民、盐商詹姆士·皮尔（James Peele）的《复式簿记法》（*The Maner and Fourme How to Keep a Perfect Reconyning after the Order of the Most Worthy and Notable Accompte of Debitour and Creditour*，1553），他宣告这本书是献给商人冒险家公司

① Kenneth Charlton, *Education in Renaissance England*, London: Routledge and Kegan Paul, 2007, pp.259–260.

② Kenneth Charlton, *Education in Renaissance England*, London: Routledge and Kegan Paul, 2007, pp.264–265.

的，书中采用两组人对话的方式介绍了意大利的复式簿记法，一组是商人和民间教师，另一组是师傅和学徒，讲解实用性强而且易懂。他还强调记账需要严谨的态度，他引用了一条古老的格言告诫商人：要在接收前记，要在支付前记，这样账簿才不会有任何遗漏。[①]伦敦商人史蒂芬·蒙太奇（Stephen Monteage）的《简易复式簿记法》（*Debtor and Creditor Made Easy*）深入浅出地介绍了意大利复式簿记技能，这本书不仅受到年轻的海外商人的欢迎，而且还受到农场主、绅士、工匠和店主，甚至一些勤俭持家的妇女的喜爱。[②]事实上，正如众多商人所认为的，簿记只能是一种可塑的艺术而不是确切的科学，采用簿记方法是适应经营的需要，而不应拘泥于理想的模式。实践中，“商人的簿记是八仙过海各显神通”[③]。长期在安特卫普，曾做过托马斯·格勒善的代理商的约翰·韦丁顿（John Weddington），就凭着丰富的实践经验著有《簿记指南》（*Brieffe Instruction and Maner How to Keepe Marchants Bokes of Accomptes after the Order of Debitor and Creditor as Well for Proper Accomptes, Partable Factor and other very Nedeful to be Knowen and Used of All Men in the Feattis of Marchandize*，1567）一书，他在书中介绍了一种不同于意大利复式簿记的记账方法。他建议不使用三类账本（流水账、备忘录或者日志，分类账，实账户），而

① Kenneth Charlton, *Education in Renaissance England*, London: Routledge and Kegan Paul, 2007, pp. 260-261.

② Perry Gauci, *The Politics of Trade: the Overseas Merchant in State and Society, 1660-1720*, Oxford: Oxford University Press, 2001, p. 172.

③ Frances Parthenope Verney(ed.), *Memoirs of Verney Family,* Vol. III, London: Longmans, Green & Co., 1894, p. 369.

是将原始账簿分成几部分，用作不同用途，这样更加方便。这是英国商业书中第一本使用阿拉伯数字介绍簿记的书。[①]

关于指导商业文件书写和契约签署方面的书籍，早期懂得意大利语的商人使用的是佩格罗蒂（Pegolotti）的《贸易实践》（*La Practica della Mercatura*）简本，直到1589年英国才有了该书的英文简易本。在簿记和算账的书籍中也夹杂这方面的一些零碎知识，但正式做这项工作的是前文提到的布里斯托尔商人约翰·布朗，他在《商人忠告》手册中提供了各种各样的商业文书的范例。但最具代表性的还是商人威廉·福德的《懒人的克星：书写范例大全》（*The Enimie of Idlenesse: Teaching the Maner and Stile How to Endite, Compose and Write All Sorts of Epistles and Letters*，1568），这本书是其献给师傅、行会执事和裁缝商公会的，书中有各种情况下使用的书写范例，通过模仿这些范例，商人会写得像文书一样又快又好，它在当时书写类书籍中最为畅销。[②]

商务语言的学习亦备受商人重视。随着近代民族国家的兴起和海外市场的不断开拓，商人更加需要通过自学来快速掌握实用的商务语言，这方面的指导书籍也应运而生。法语是商人脑海中最重要的语言。较早的法语书《语法》（*A Manière de Langage*，1463）是一本行业基础词汇和习惯用语集，对海外的商人学徒和旅行商非常实用。小册子《学法语的好书》（*Good Book for to Learne to Speake Frenshe*）除

---

① Kenneth Charlton, *Education in Renaissance England*, London: Routledge and Kegan Paul, 2007, p.261.

② Louis B. Wright, *Middle-Class Culture in Elizabethan England*, Chapel Hill: University of North Carolina Press, 1935, p.139.

了教导寒暄、交易、问路和住宿时的交际用语外，还有两封书信范文，一封是学徒给其师傅的，报告他在巴黎的生意状况；另一封是一位商人告知另一位商人货船将要到达伦敦和南安普敦，建议他们的商店应该进货。这本书应用性较强，曾在1492年和1498年两次印刷。这方面最畅销的是克劳狄·豪立邦（Claudius Hollyband）的《法语教师》（*The French Schoolemaister*，1573），它是一本商人和手艺人掌握法语的自学用书。另外，满足商人学习其他语种需要的书籍也出现在市场上，如威廉·司台埔尼（William Stepney）的《西班牙语教师》（*Spanish Schoole-master*，1591），其中几个部分是专门为了满足商人语言教育的。还有乔瓦尼·托利亚诺（Giovanni Torriano）的《意大利语家教》（*The Italian Tutor*，1640），这本书是服务于利凡特商人公司的。为满足商人和旅行者的需要，也出版发行了一批用多种语言编的词典，如1540年在威尼斯出版了一本包含英语、拉丁语、法语、西班牙语、意大利语和德语的词典，后来这本词典在法国又再版了很多次。[①] 东方贸易的拓展推动了商人对东方语言的学习。著名游记作者塞缪尔·珀切斯（Samuel Purchas）将东方贸易冒险商所需要的语言如土耳其语、汉语、日语等编成一个集子[②]，极大地方便了商人使用。

商人还必须具备天文、地理、历史及航海知识。正如利凡特公司

---

① Kenneth Charlton, *Education in Renaissance England*, London: Routledge and Kegan Paul, 2007, pp. 269–270. Louis B. Wright, *Middle-Class Culture in Elizabethan England*, Chapel Hill: University of North Carolina Press, 1935, p. 360, p. 363.

② Louis B. Wright, *Middle-Class Culture in Elizabethan England*, Chapel Hill: University of North Carolina Press, 1935, p. 365.

和东印度公司的董事，著名商人路易斯·罗伯特所强调的，外贸商人应该有“国际主义”视野。他在《商贸图谱》（*Merchant's Map of Commerce*，1638）一书中向年轻商人介绍了已知世界各国的物产和海关税费、著名城市和商业区的度量衡器和货币的标准及其相互兑换算率、处理商务的通常方法和交易的基本规则，以及伦敦国际都市中用得到的各种商业准则等。他还用大量篇幅讲述了海外贸易中信用的使用技巧。他强调，该书是服务于商人的地理书籍，是一本非常实用的商务地理书。[①] 16、17 世纪，专门帮助旅行商了解外国历史地理的书籍也较为普遍，如《世界名胜》（*The Post of the World*）介绍了欧洲主要国家和城市的市场及物产。《欧洲通讯》（*The European Mercury*）描述了基督教世界的交通、名胜、集市、市场、商人会集的场所。[②] 一些聪明勤奋的商人还翻译了多种游记（travel accounts）以开阔商人的视野，服务其商业探险。著名的有约翰·弗兰帕顿（John Frampton）译自西班牙语的《来自新大陆的喜讯》（*Joyfull News out of the Newe Founde Worlde*，1577），该书描述了美洲激动人心的新发现，于 1580 年和 1596 年两次再版。在商人和航海员的要求下，他还翻译了马可·波罗的游记和两本关于中国航海知识的西班牙书籍。另外，迈克尔·洛克（Michael Lok）翻译了《西印度历史》（*The Historie of the*

---

① Perry Gauci, *The Politics of Trade: the Overseas Merchant in State and Society, 1660–1720*, Oxford: Oxford University Press, 2001, pp. 168–169; Louis B. Wright, *Middle-Class Culture in Elizabethan England*, Chapel Hill: University of North Carolina Press, 1935, pp. 162–163.

② Louis B. Wright, *Middle-Class Culture in Elizabethan England*, Chapel Hill: University of North Carolina Press, 1935, pp. 163–164.

West Indies，1612）的一部分，鼓励英国人到新殖民地探险。[①]无论是对于行商还是坐商，基本的航海知识都是必需的，尤其是随着新的陆地、海洋和天空等方面的探险及贸易市场的不断开拓。为了使商人及时补充这些知识，地图集、宇宙勘探、航海手册、科学航行相关的著作、航行必备的精确仪器使用介绍等书籍也开始出版。在伦敦城市商人的资助下，数学和航海方面的讲座于1588年开始在伦敦和其他一些大城市举行，讲座内容包括实用的航海技术、几何、天文、地理知识等。这些讲座的内容曾被整理后印刷发行，以满足航海家和商人的需求。[②]

17世纪和18世纪初，帮助商人获取及时有效信息的报刊也开始发行。其中专业性较强、发行量最大、再版频率最高的是爱德华·哈顿（Edward Hatton）的《商人杂志》（*Merchant's Magazine*），它曾连续发布欧洲国家通货的兑换率信息。同类的还有法国胡格诺教徒流亡者亚历山大·贾斯蒂斯（Alexander Justice）创办的商业指导性报刊，其刊登的重点是交易所的股票价格信息和货币借贷信息。其他一些商业类报纸也关注诸如进出口货物种类、现时的商品价格、船舶出入时刻等详细的贸易信息。这些都是服务于海外贸易商人的，有的还被带给海外商人阅读。另外，还有《商人新闻通讯》（*Merchant's News-Letter*），其除了报道国外消息提供给商人情报外，也报道银行、东印度公司和南海公司等大型海外贸易公司的股票、债券和证券等价格信

---

① Louis B. Wright, *Middle-Class Culture in Elizabethan England*, Chapel Hill: University of North Carolina Press, 1935, pp. 354–355.

② Kenneth Charlton, *Education in Renaissance England*, London: Routledge and Kegan Paul, 2007, pp. 280–283.

息。非商业类报纸也会登载一些广告、启事或者公告，如《伦敦公报》（*London Gazette*）中就有专栏登载贸易公司的启事。[①] 这些报刊登载的商业信息成了商人作出理性决策的好帮手。

综上所述可见，16—18 世纪对商人提供教导和建议类的书刊种类已经较为齐全，而且提供的教导比较具有专业性，很多书刊是有经验的商人著述的。也有足够资料证明商人的确大量使用这些书籍。这些书刊都非常畅销，很多曾被再版或多次修订再版，如约翰·赫伏特的《学习计算指导》，16 世纪至少再版了 8 次。罗伯特·雷考德的《技能基础》，1561 年曾被约翰·迪进行扩充和再版，1582—1610 年被算术教师约翰·梅里斯再版了至少 9 次，1618—1654 年又被算术教师罗伯特·哈特再版了至少 9 次。韩弗理·贝克的《教授完美算术操作与实践的科学源泉》1546 年首版，到 1687 年时被再版或修订再版达 12 次之多。[②] 商人威廉·福德的《懒人的克星：书写范例大全》在 1568—1621 年共再版 8 次。[③] 路易斯·罗伯特的《商贸图谱》到 1700 为止再版了 4 次。商人杰拉德·梅林斯论述商业法律条令的《商人法》（*Lex Mercatoria*）在 1622—1686 年再版了 5 次。威廉·韦伯斯特的《论簿记》（*Essay on Book-keeping*）在 1719 年至 18 世纪末被再版 15 次。托

① Natasha Glaisyer, *The Culture of Commerce in England 1660–1720,* Suffolk: The Boydell Press, 2006, pp. 143–144.

② Kenneth Charlton, *Education in Renaissance England*, London: Routledge and Kegan Paul, 2007, pp. 263–264.

③ Louis B. Wright, *Middle-Class Culture in Elizabethan England*, Chapel Hill: University of North Carolina Press, 1935, p. 139.

马斯·布朗的《精确簿记法》(*The Accurate-accomptant*)在10年内再版了6次。[①] 还有更多的书被更为频繁地再版，这充分说明商人对这类书刊的使用率非常高。

一些散见的资料表明，许多商人拥有这些商业书刊，并像财富一样珍藏着这些书刊。商人去世时的动产清单上就有很多这类书单。如1668年布里斯托尔冒险家公司的一位师傅去世，留下价值达10英镑的各类商业书籍。[②] 1697年11月在圣保罗教堂举办的著名商人藏书拍卖会上，就有罗伯特的《商贸图谱》、梅林斯的《商人法》和民间教师约翰·梅里斯关于汇票和算术等方面的书籍。一些研究18世纪商人的学者发现，当时从事国际贸易的商人手中都有关于进出口贸易的书籍，一些货币方面的参考书三分之一以上的拥有者是商人。有学者研究发现，1660—1740年，布里斯托尔及其附近的商人所拥有的书籍中，50%—75%是关于商业方面的书籍。有些商人家族对这些书籍珍爱之至，不亚于传家宝。由于许多书籍的首页上有拥有者的签名和拥有时的日期，从拥有者的姓名上可以看出它们是在家族成员间传阅的，如现存的一本约翰·哈顿的《商人杂志》上就有四位同姓男士的签名，最后一位拥有的时间与第三位相隔24年之久，可见读者对书的爱护备至。有的商人还将自己喜爱的书籍作为礼物馈赠给儿子或好友，如威廉·希思科特(William Heathcote)在1698年版的弗农的《完

① Natasha Glaisyer, *The Culture of Commerce in England 1660–1720,* Suffolk: The Boydell Press, 2006, p.104.

② Patrick McGrath(ed.), *Merchants and Merchandise in Seventeeth-century Bristol,* Bristol: Bristol Record Society, 1955, p.94.

美簿记法》(*Compleat Comptinghouse*)首页上，写明这是其父于1705年9月30日送给他的。[①] 商人佩皮斯在1668年11月的日记中写道：弗兰克·特纳要去东印度，他将自己认为最有用的商业书籍，即杰拉德·梅林斯的《商人法》赠送给自己。[②]

① Natasha Glaisyer, *The Culture of Commerce in England 1660–1720,* Suffolk: The Boydell Press, 2006, pp. 134–137.

② Henry B. Wheatley(ed.), *The Diary of Samuel Pepys M. A. F. R. S.,* Vol.VIII., London: George Bell & Sons, 1896, p. 580.

第三节

良性社会体制的激励和约束

人是社会的动物，生活在大大小小的社会圈子中，改造着社会的同时也接受着社会的改造。同样，社会转型时期的英国商人也受到商业组织和市场体制的管理和约束。

一、市政机构和商业组织对商人的管理和规范

任何时代的商人都有同样的本质特性，那就是想方设法追逐利润的最大化。这是由商人的职业决定的，无可厚非。但是，有时商人会作出只考虑自身利益最大化，忽视或者无视消费者利益和社会公共利益的行为，如销售假冒伪劣商品，使用虚假的度量衡器，搞囤积居奇、哄抬物价、垄断市场的伎俩，等等，对于这些不良商业行为必须有第三方的规范和管理。

为有效地控制商人的营私舞弊行为，市政机构和商人行会规章中对商品交换行为有着种种规定。长期以来，其最突出地表现在限制商业的经营方式上，即竭力将商品交易集中在固定的地点、固定的时间，

在详尽的市场规定下进行。这样做的初衷可能是防止不公平的竞争和保持行业对市场的垄断，实际上却可以有效地监督商人的市场行为，减少商业经营中不良行为的发生。伊丽莎白和詹姆士一世时期的市场都广泛存在着这样的规定：所有交易的物品都必须使用公共的度量衡器来称量；市场日要等所有买卖交易人都到齐，并对商品进行检测、度量、收税和定价后，才鸣钟开市交易；任何人都必须支付摊位费，在指定地点摆摊；任何肉商都不得在该城镇摊位之外售肉，否则吊销执照一年；任何人都不准在安息日将商店的窗和门打开；等等。[①] 为了更有效地监督商人的行为，保证公平交易，许多市镇设有专门的市场巡视员，对市场产品质量、价格标准进行全面检查。伊丽莎白一世时，为了有效地管理市场，政府还设立了独特的官员——市场监督员。市场监督员具有一定的司法权，是陪审团的成员。其主要职责是保障市场安全，控制物价，检查度量衡，确保商品质量，打击欺行霸市等行为。[②] 对于不良行为，一旦发现，就会给予相应的惩罚。

有的资料记载了对商人假冒伪劣行径所给予的惩罚。例如，一个鱼商，因为使用了短缺的量器而被剥夺了公会成员的自由人身份。另一个鱼商在一场廉价商品活动中因为卖鱼时索要了高价而被执行颈手枷刑。还有一个鱼商用低于标准的篮子作量器（做了宽大处理），篮子及里面的东西一并没收。那些想把坏的鳎鱼卖掉的卖鱼妇，携带“腐

① Joan Thirsk(ed.), *The Agrarian History of England and Wales, Vol. 4, 1500–1640,* Cambridge: Cambridge University Press, 1967, p. 488.

② 王乃耀：《英国都铎时期经济研究》，首都师范大学出版社 1997 年版，第 180 页。

败”的黄油到市场上出售的村妇，布包（卖炭用的量器）太小的乡村煤炭供应商，用囤积的不卫生的肉或家禽垄断市场的屠宰商，将发霉的燕麦藏在好的下面或者哄抬小麦价格的谷物商，以及拿劣等金属充当金或银的小贩，经常被执行颈手枷刑，并将他们受惩罚的原因写在牌子上悬挂于其脖子下面，让他们站在公众场所示众。[①] 通过对市场的严格管理和对不法商人的监督和惩罚，使商人受到诚实经营的教育。

除了加强市场交易行为的管理之外，城市和商业组织也有一套培养商人道德品质的准则和行为规范。在整个中世纪和近代早期，城市中一直存在着两个核心的价值观念，即“博爱”和“诚实”。[②] 它们主导着城市的经济生活，并依靠商业组织加以贯彻执行。正如行会成立时它们的章程所宣称的，行会成立的目的之一就是促进成员间的关爱、团结和相互帮助。这些信条能增进成员间的团结，化解矛盾，这是形成城市良好生活环境的重要因素，是新成员不断流入的必需条件，也是同一行业的竞争对手能够亲密生活在一起的重要条件。事实上，博爱和相互帮助的维持增强了成员间的社群意识，有利于构建解决冲突的渠道和共同接受的行为标准，在“博爱”观念下组成团结的集体，能增加成员的自信心、归属感和荣誉感，同时也便于塑造成员的道德行为。

“博爱”意味着要容忍，要合群。商人公会中强调克己是商人必备的一种素质。商人要谦逊、顺从，克制自己的脾气，避免生气失礼，

① Sylvia L.Thrupp, *The Merchant Class of Medieval London 1300–1500*, Ann Arbor: The University of Michigan Press, 1962, pp. 24–25.

② J. Barry and C. Brooks(eds.), *The Middling Sort of People,Culture Society and Politics in English 1550–1800*, London: Longman, 1998, pp. 76–77.

这是有良好道德的表现。在上级面前保持安静是对上级的尊敬，在属下面前保持安静则象征着自尊。在公共场合大声喧哗和不顾颜面地大声争吵，则被认为是下等阶层人的行为，有失商人的身份，也被认为是对公会的侮辱，对此公会都将予以严惩。绸布商公会记录中载有这样一个案例：两个绸布商在公会大厅因为交易事务发生了争吵，其中一个用匕首划破了另一个的脑袋。公会执事让他们每人交 10 英镑的罚金，并保证不再发生这样丢人的事，否则罚款 200 英镑。但后来收回匕首的那个绸布商拒绝执事所做的调解，继续争吵。记载该事的职员（clerk）对他的行为下了这样的结论："十分荒唐和无耻……十分没有礼貌，令人嗤之以鼻。"同样，缝纫商行会记录簿中也载有一个类似事件，当事人也受到了严厉的惩罚。[①] 呢绒商公会也规定，对待上级要尊重，兄弟成员之间要以礼相待，若有不良行为就要受惩罚。例如，若使用了对上帝不敬的言辞则被罚款 13 先令 4 便士，若行为触犯某一执事则被罚款 3 先令 4 便士，若有不端行为（misbehavior）则被罚款 8 便士。[②]

城市的第二个核心观念是"诚实"，它意味着商人要交易公平、公正，人品正直、正义、守信。商业组织都非常重视对成员诚实品质的塑造，对不诚实的行为进行严厉惩罚。如一个皮革商伪造契据欺骗他的继子以获取其财产，结果被禁止成为该城里任何同业公会的会员，

① Sylvia L.Thrupp, *The Merchant Class of Medieval London 1300–1500*, Ann Arbor: The University of Michigan Press, 1962, p. 165.

② A. H. Johnson, *The History of the Worshipful Company of the Drapers of London,* Vol.II, Oxford: The Clarendon Press, 1915, p. 154.

不得进入任何市政机构，并将以一个欺世盗名、臭名昭著的伪君子的形象而“享誉终生”。[①] 呢绒商公会记录了一个呢绒商在出售呢绒时使用短码的尺，结果被罚 6 先令 8 便士。[②] 纽卡斯尔商人冒险家公司的元老制定了一份详细的规章，反对任何成员发假誓，一旦查出某成员有这样的行为就立刻取消其自由人资格并将其开除出公司。[③] 有的贸易公司采取让商人发誓的方式来杜绝不诚实的现象。在利凡特公司中，由于委托商经常起诉代理商以不诚实的伎俩中饱私囊，对此，利凡特公司在 1661 年新的特许状中采取以下措施：所有的代理商、船长和管事都要对所代理的货物或所运输的货物的账目的真实性进行宣誓，不进行宣誓的代理商不能予以使用。同时还任命官员在伦敦海关所对代理商的汇报进行核查。另外，还有几项措施也是通过让代理商发誓来保证其诚实行为的。[④] 这种方法有效地制止了代理商的欺骗行为。东印度公司也曾命令他们的代理商要保存好现金账本，“不准乱涂乱画和在字里行间插入书写”[⑤]，也就是要诚实记账，不准涂改。其实，任何商人公会或者贸易公司的全体成员都是一个荣辱与共的整体，公会或贸易公

---

① Sylvia L.Thrupp, *The Merchant Class of Medieval London 1300–1500*, Ann Arbor: The University of Michigan Press, 1962, p. 25.

② A. H. Johnson, *The History of the Worshipful Company of the Drapers of London,* Vol. Ⅱ, Oxford: The Clarendon Press, 1914–1922, p. 154.

③ John Roberts Boyle, *Extracts from the Records of the Merchant Adventurers of Newcastle-upon-Tyne*, Durham: Andrews & Co., 1899. p. 70.

④ Natasha Glaisyer, *The Culture of Commerce in England 1660–1720,* Suffolk: The Boydell Press, 2006, p. 93.

⑤ R. Grassby, *The Business Community of Seventeenth-century England*, Cambridge, New York: Cambridge University Press, 1995, p. 180.

司会为了集体的荣誉和利益而对成员的不良道德品质给予整肃和惩罚。如伦敦呢绒商公会条令提出，公会的每一个成员都必须具有良好的知名度，作出良好的行为。任何个人行为和名誉的失检都将被视为对整个公会声誉的诋毁和玷污，行为和名誉失检的成员必须及时更改和弥补，否则将被永远开除出公会。①

由上可见，市政机构和商业组织对商人市场行为的管理和对不良行为的惩戒，都会使商人的不良行为受到一定的约束和规范，从而使商人防微杜渐，自省自律。

二、市场竞争体制对商人品质的塑造

俗话说，“商有商道，行有行规”，信誉是商人最基本的道。在社会转型时期市场竞争日趋激烈的背景下，良好的信誉对于一个立足长远的商人来说是应当具备的最基本的条件，是其事业成功的关键因素。

在社会转型时期的英国商业社会中，良好的信誉有着特别的重要性。这是因为，在现代经济中，小额的交易我们都可以用纸币来支付，大额的交易则可以通过银行、证券公司、保险公司等信用机构来进行。而在转型时期，英国市场上流通的是有限的硬通货，而且这时公共信用体制尚不健全。随着 16 世纪中期以后消费的膨胀，买卖量的增加，

① A. H. Johnson, *The History of the Worshipful Company of the Drapers of London,* Vol. II, Oxford: The Clarendon Press, 1915, p. 197.

长距离贸易和私下交易的增多，商业流通中货币量显得严重不足，因而交易空前地依赖各种信用手段。从一定意义上讲，大大小小的商人都必然处在一个信贷网络之中。正如笛福所言："一个商人如果不给予别人信用，也得不到别人的信用，并且把所有现金揽在自己手里……因此没有人欠他债，所有资产也都在仓库里；无论他是批发商还是零售商，这样的商人都不可能产生，或者如果产生了也必然要消亡。"[①]而且，这时社会上绝大多数人的文化水平还不高，在很多情况下信用的使用是非正式的，甚至是口头上的承诺，信用体制只是建立在人与人之间的交情之上。表面上看，市场上是人与人之间的物质交换，但实际上，还是人与人之间社会信任的交换。这种信任主要靠亲朋故友或者往昔的师徒关系等情感关系来支撑，以个人声誉的形式相互传播。商人信用的获得要靠个人在商业领域内的良好声誉。

在这种情况下，为了确保财富的安全，有经验的商人都会花费很多时间和精力多方打听和判断其客户的品质和信誉。每个商人的信誉、名声也会在人与人之间相互传播。初出茅庐的年轻商人经常要出示被公认为有良好声誉的成熟商人开具的信誉证明才会得到信任，而一旦这些人信用出现问题则由信誉证明人"买单"。如威廉·斯考特就是他的学徒约翰·桑顿和他的侄子的信誉推荐人，当他们出现信用问题时，他会不遗余力地帮助他们挽回信誉，并想办法补偿其业务合作人

① Craig Muldrew, *The Economy of Obligation: the Culture of Credit and Social Relations in Early Modern England,* New York: St. Martin's Press, 1998, p. 129.

的损失。这也是维护自己声誉的分内事。[①] 在业务合作中双方越信守协议，信贷链就会越有保障，合作机会就会越多，获利的机会也就会越多。获利的能力和才华的施展或影响力都依赖声誉，声誉是一个人具有可靠性的首要条件，因为它是信任的基础。良好的声誉就是事业的基础、财富的源泉。因此，每个商人都需要精心地持之以恒地维护好个人声誉。

商人良好声誉的核心是要讲信义，要恪守承诺。商人要定期赴约，在交易场所或指定地点与业务关系户会面，如若失约就会遭人怀疑。《富裕的阁员》(*The Rich Cabinet*) 的作者称，一个海外商人“必须非常留心他说过的话和信誉，如果他今天没有兑现承诺并且没有在公共的交易场所露面，他就永远不会富裕，他将会失去大家的好评，他的声誉会受到深远的影响”[②]。商人还要谨守还钱承诺，商人约翰·佩杰在信中说：“如果一个人没有按时兑付欠款，你知道，他的信誉必然是被蒙上了一层阴云的。”[③] 在任何时候、任何情况下，商人都要严格遵守还钱承诺，不可拖延还钱时间，一旦有一次令人失望，这种名声传开后，就有可能再也没有朋友愿意借钱给他。俗话说，“好借好还，再借不难”。

① Craig Muldrew, *The Economy of Obligation*: *the Culture of Credit and Social Relations in Early Modern England,* New York: St. Martin’s Press, 1998, p. 172.

② Craig Muldrew, *The Economy of Obligation*: *the Culture of Credit and Social Relations in Early Modern England,* New York: St. Martin’s Press, 1998, pp. 185–186.

③ Craig Muldrew, *The Economy of Obligation*: *the Culture of Credit and Social Relations in Early Modern England,* New York: St. Martin’s Press, 1998, p. 192.

要想获得好的声誉，商人还要有诚实、守信、勤奋、节俭、虔诚、恭顺等基本的道德品质，这些都是判断良好声誉的重要依据，是增加商人可信赖度的基础。诚实（即英语中的 honesty，罗马语和法语中的 good 或 goodness，即善良）往往是值得信赖的基础，诚实意味着在交易中是正直和公正的，被认为是商人非常重要的品质。零售商威廉·斯考特在给呢绒商提建议的《论呢绒商》（*An Essay of Drapery*，1635）一书中，概括了 17 世纪商人应该具备的道德标准。他尤其提出做呢绒商的基本品质是“诚实”，并宣称，“要做一个优秀的呢绒商，必须首先是一个善良的人”，欺骗是极其可恨的，呢绒商在交易中的言语应该是有依据和说服力的，必须首先是真实的。[①] 丹尼尔·笛福在《完美的英国商人》中也用一整章的篇幅论述交易中诚实的重要性。他写道，如果一个人有一次不诚实，破坏了他的信誉，就会有人将他命名为“一把刀”（a knife），而一个人一旦被命名为“一把刀”，将不会有任何人再信任他。[②] 相反，如果一个人非常诚实，他就会获得更多的收益。如在德比郡铁器制造商乔治·西特韦尔与他伦敦的代理商拉尔夫·弗朗西斯来往的信中，曾这样谈道：弗朗西斯抱怨熟铁缺乏市场，价格非常低，对他们不利，建议等价格上升些再增加供货；而西特韦尔在信中叮嘱弗朗西斯说，尽管价格比较低，但要继续向温斯顿先生供货，要保持与他的良好的业务关系，因为他是一个诚实的人，

① Craig Muldrew, *The Economy of Obligation: the Culture of Credit and Social Relations in Early Modern England,* New York: St. Martin’s Press, 1998, p. 127.

② Craig Muldrew, *The Economy of Obligation: the Culture of Credit and Social Relations in Early Modern England,* New York: St. Martin’s Press, 1998, p. 128.

是一个优秀的行商。[①]一位从事纺织品和原料批发零售业务的曼彻斯特商人汉弗莱·切萨姆（Humphrey Chetham，1580—1653），也因诚实守信的好名声而大受其益。在波尔顿的集市日上，织工们总喜欢将织造的粗斜纹布卖给他，同时也会尽可能多地从他那里采购亚麻和棉花。他总是集市上的第一大交易人，他交易之后剩下的才会是另外一些商人的。[②]由此可见，诚实对一位商人信誉和事业发展的重要性。

勤奋节俭也是商人赢得好名声所必备的道德品质。零售商威廉·斯考特非常勤奋，他在自传中记载他早晨 4 点钟就起床为一天的生意做好准备。他甚至睡在商铺里以便夜里能随时被叫醒为顾客服务。甚至在冬天，他也敞开窗户睡觉以免错过任何生意。因此，在长达几乎 40 年的时间里，他都一直保有良好信誉，很多人愿意借钱给他。[③]达德利也承认勤俭节约是他成功的重要因素。他一生中都坚持过简朴的生活，从不显示绅士派头，居住力图简单，即便是新婚装饰房子，他也讲究简洁实用而不是奢华，重舒适而不赶时髦。穿衣更是注重舒适、简洁、实用、便宜，从不想在同事面前出格。[④]勤奋节俭对于正在资本原始积累阶段的年轻商人来说尤其重要，商人亨利·惠科特认为早年浪费 1 英镑就相当于损失了 20 英镑。更为严重的是浪费会败坏自

---

① Craig Muldrew, *The Economy of Obligation: the Culture of Credit and Social Relations in Early Modern England,* New York: St. Martin's Press, 1998, pp. 186–187.

② H. R. Fox Bourne, *English Merchants*, London: Richard Bentley, 1886, pp. 285–286.

③ Craig Muldrew, *The Economy of Obligation: the Culture of Credit and Social Relations in Early Modern England,* New York: St. Martin's Press, 1998, p. 171.

④ R. Grassby, *The English Gentleman in Trade: the Life and Works of Sir Dudley North 1641–1691,* Oxford: Oxford University Press, 1994, pp. 179–185.

己的声誉，甚至会断送自己的前程。如理查德·普罗德就为他早年的过度挥霍懊悔不已，他的痛苦经历使他深刻认识到对于一个年轻商人来讲，维护好信誉比什么都重要。① 很显然，有谁愿意将钱借给一个不知道谨慎用钱，将来可能无偿还能力的人呢?

信仰虔诚也是赢得良好声誉的重要因素。宗教信仰对商人的不良商业行为有一种无形的约束力。商人由于担心死后得不到上帝的宽恕而自觉收敛一些不良的商业行为，主动通过诚实劳动、公平交易来获得财富。因此，信仰越虔诚也就意味着越能够严格遵守宗教教义的教导，因而也就会给人以更加公正、诚实和守信的经商形象。的确，虔诚的商人都生怕自己的行为不够诚实而想尽办法去弥补。如金饰商埃德蒙·莎无意中骗取了理查德·莎 20 先令，感到非常苦恼，于是让他的遗嘱执行人务必找到这个人，并把钱还给他或他的家人，或者他的遗嘱执行人。还有的商人唯恐他们出售的商品质量差或者是卖了高价，让他的遗嘱执行人给每一个抱怨受损失的客户一份补偿。有几个商人的遗嘱希望将钱分发给所有与他们有过生意交往的穷人。② 另外，很多商人还热心于慷慨施舍穷人、巨资捐助教会、修筑公共工程、创办学校等公益事业。这些虔诚的行为都极大地帮助了他们提高声誉，为他们的生意带来很多好处，正如“爱财先生”(Mr. Money-Love) 所总结的，“一个商人如果成为一个虔诚的教徒，他的市场就会得到改善，

---

① R. Grassby, *The English Gentleman in Trade: the Life and Works of Sir Dudley North 1641–1691,* Oxford: Oxford University Press, 1994, pp. 266–267.

② Sylvia L.Thrupp, *The Merchant Class of Medieval London 1300–1500*, Ann Arbor: The University of Michigan Press, 1962, p. 177.

可能还会有富婆嫁给他，接着，高贵的顾客也会纷至沓来”[①]。

良好诚实的簿记也是维护好名声的关键。簿记不仅仅是商人核查某一阶段资本收益的工具，而且也是证明商人经营的合法性、即期付款的信誉、渊博的算账知识、精明的决策技能，以及公平公正的交易历史的有力证据。最早用英文写的教导簿记的书中就已提出，良好的簿记对商人极其重要，“没有簿记的帮助，商人就会有邪恶的行为”。要成为“大富豪”（great riches），不仅要记账勤奋，而且要认真、谨慎，要以账簿来显示自己的诚实守信。[②]一些明智的商人如汉弗莱·切萨姆、威廉·斯考特、达德利·诺斯等记账时都谨小慎微，一丝不苟，而且对账簿备加珍爱，将其装饰得令人赏心悦目，他们因此也取得了良好的业务形象和声誉，保证了信贷渠道的畅通、生意的正常运行，并取得了事业的极大成功。相反，那些没有账簿或者记账稀里糊涂的商人，人们在与他们进行业务往来时定会心存戒心或者尽量避免与之合作，他们也就在无形之中失去了很多生意，事业上也很难有大的成就。

总之，鉴于市场竞争体制下信用之于商人的重要性，为了获得更多的社会信任，保证信用渠道的畅通，在竞争中立于不败之地，聪明的商人都会更加自觉地塑造良好的道德品质，努力提高自己的业务素质，树立良好的业务形象，竭力构建和维护好的名声。

① R. Grassby, *The Business Community of Seventeenth-century England*, Cambridge, New York: Cambridge University Press, 1995, p. 177.

② Craig Muldrew, *The Economy of Obligation: the Culture of Credit and Social Relations in Early Modern England,* New York: St. Martin’s Press, 1998, p. 128.

小 结

综合以上探讨可见，在社会转型时期日趋激烈的商业竞争下，除了依靠学徒期实践技能的积累和实习之外，开始独立经营的商人更加注意利用各种各样的社会教育途径锻炼和提高自身的业务品质和技能。他们在广泛丰富的社会生活和商业实践中自我摸索、积累经验；利用卷帙浩繁的商业书刊自我提高知识、技能，同时接受良性社会体制的约束和管理。这些多样化的社会教育方式在经营商人的成长中起着越来越重要的作用。

第六章

商人教育模式的形成与商人阶层整体形象的改观

通过对15—18世纪英国商人如何接受教育和培训问题进行全面系统的考察与探讨，可以发现这一时期英国商人的培养和教育模式也在发生着变革，实际上形成了新型的培养模式。新型的商人培养模式是因能动地适应新的社会和商业形势的需要而形成的。同时，新的商人培养模式培养了新的高素质的商人群体，使商人的知识技能、职业素养、精神境界等得以提升，帮助他们成为推动英国经济社会转型的重要力量。

第一节

新商人培养模式的形成

通过对商人受教育的四种途径的考察，笔者认为在社会转型时期的英国，家庭、商业组织、学校和社会都普遍更加重视对商人技能品质的培养和教育，形成了多管齐下、互相补充的商人培养模式。

一、新商人培养模式下的四种教育途径

新的商人培养和教育模式主要有四种类型，它们在商人群体的培养和教育上的重要性有着较大的变化。

（一）与时俱进的家庭教育

家庭自古以来是商人受教育的主要场所，在向孩子传授生存技能方面，父母或家庭中的其他长者责无旁贷。在新的商业环境下，沉浮于商海中的商人及同时代目睹商业变革的家长们，都有意识地加强对意欲从商孩子的培养。依据史料可知，作为施教主体的家庭在培养内容上秉持“德业并举，以德为重”。在商业知识和技能上，随着商业竞

争的加剧，为了给孩子更高的起点，最基本的商业技能如整洁的商务书写和准确的簿记，以及海外经商语言的启蒙，天文、地理等文化知识都成为家庭教育越来越重视的部分。尤其是 17、18 世纪，每一位希望儿子将来能在商界取得成功的父母都会督促孩子习得可使其具有竞争力的商业技能。（一些非商界家庭对意欲从商的孩子也会竭尽全力地提前进行启蒙和培养，这主要集中在语言、计算和品质方面）在这个时期，家庭还尤其重视孩子经商的道德品质的培养，以从商所必需的节制、谨慎、勤奋和自控能力为核心，突出金融脆弱性的感知教育，使孩子树立诚实守诺、勤恳恭顺的形象。

家庭教育是商人培养的启蒙阶段，也是对商人终身发展起深远影响的阶段。从整个 15—18 世纪英国社会转型时期的纵向比较来看，家庭对商人教育、培养的作用是呈增强趋势的。呈现这种趋势，既有商业发展的新形势需要商人具备更为广阔的知识领域、更为专业的商业技能等直接的动因，也有商业经营环境的恶劣，比如，战争危机频发，市场机制不完善，法制不健全，公共金融、信用机构缺场或者滞后等外在因素引发对财富和投资的不安意识的迫使。商人家庭教育的内容看似琐碎，其实无论是道德品质教育还是经商技能教育，皆围绕一个中心，即提高孩子的谨慎意识，强化他们对金融脆弱性的感知，以维护商人及商人家族的信誉和名声，因为这是关乎事业长久和繁荣的重要前提。

从横向比较，也就是将家庭教育方式置于同一时期的其他教育方式中进行比较，可以看出，家庭教育的时代局限性是非常明显的。通过对家庭成长环境、父母对商人职业选择的坚定态度、教育投资和培养规划、家庭可资利用的社会关系等条件，在意欲从商孩子的培养和教育中起到的作用考察分析可知，出身于商界家庭的商人，较之绅士家庭、专业人士家庭和约曼家庭出身的商人，具有得天独厚的优势，甚至是决定性的优势，实际上促成了商界家庭的教育资源垄断，造成商人的培养效果和未来成就的取得对家庭出身过度依赖。

从整个社会良性发展的角度看，伴随着社会经济结构的变迁，社会阶层间流动加剧，一个以工商业为本的现代社会必然需要一个庞大的高素质的工商业群体，这个群体中必然需要众多的非商人阶层的融入，因此，要使整个商人群体获得良好的培养和教育，必然要发展更为公开、公正和社会化的教育方式。事实上，17、18 世纪以后，随着新的学校教育方式和形形色色的社会教育途径的增加，英国商人的培养和教育继续依赖于家庭教育方式的情况是呈减弱趋势的。

（二）雄姿英发的学校教育

学校教育是一种较为古老的教育方式，但长期以来学校教育都是重“学”而不重“术”，从对从商人员的教育方面看，至少在 15 世纪之前，学校教育都只能算是学徒教育期间的一种选择教育。在学徒期的前 1—2 年，师傅是有责任教学徒读、写、算等基础知识的，有的师傅选择送学徒到学校去学习，学徒学好相关知识后再回到师傅身边继续学习商业技能，当然有些师傅自己可以教，也就不用送学徒到学校了。因此，15 世纪前，学校教育就是学徒教育的一部分。

但伴随着商业形势的发展、商业和商人地位的提高，商人招收学徒的要求也在不断提高，一是年龄要求由14—15岁提升到17—18岁；二是知识能力的要求提高到必须具备初步的读、写、算能力，甚至有的还要求学徒必须经历过专门的商业学校的培训。因此，为满足商人学徒教育的需要，学校教育应运而生。惠及商人的学校教育的发展大致分两个阶段：一是，15—16世纪时，在文艺复兴人文主义思潮和宗教改革运动的推动下，学校教育世俗化如火如荼，文法学校如雨后春笋般出现，但在这一时期文法学校的定位在于为大众普及和提升文化知识，为大学培养生源，为社会培养儒雅的绅士统治精英，因此特别注重古典文科教育。仅有一些个别的有远见卓识的创办者和少数开明的校长、教师主张开设算术、簿记和商业书写课程，以方便将来从事商业的孩子。也有一些文法学校迫于生源需求而开设商业课程，但多是通过编外教师业余授课，而且是以额外收费的方式进行。从总体上看，这一时期商人学校教育的创办呈个别的、零星的存在，课程设置也很难给予孩子系统和专业的商业知识的培养，更谈不上技能的培训，难以满足商人的教育需求。二是，17—18世纪时，英国经历了“商业革命”和“金融革命”，新的商业形势对从商人员的知识和技能水平要求也随之提高，加之，一些深谙商人世界里的教育需求的有识之士提出了实用主义的教育思想，在他们的呼吁和倡导下，17世纪掀起了一场职业教育改革运动。在新形势下，新创办的文法学校绝大多数开设了数学、英语、历史、地理，以及从商的孩子所必需的复式簿记法等方面的课程，但从整体上看，文法学校的课程开设仍然是非常被动、保守的，阻碍重重，而且，多数任课教师缺乏专业技能，课程实用性差，不能很好地满足商业人才的培养需求。与此同时，社会上出现了一些新型的学校，主要有非古典文科中学、不信奉国教学院和大批民间教师创办的私立学校，有效地承担起了商人学校教育的任务。这些新型的学校（在第四章中有详细论述）具有开设课程丰富、实用性强、培养方式灵活多样的特色，有效满足了商人的教育需求。从整个 15—18 世纪英国社会转型时期来看，对于商人成长来讲，学校教育是一种新型的培养方式，而且起到的积极作用是呈增长趋势的，学校教育逐渐成为商人成长过程中不可或缺的阶段，有些办学质量好的商业学校的学员甚至可以不经过学徒教育而直接从事独立经营活动。

（三）日渐消逝的学徒教育

自古以来，工商业阶层的手艺传授就是靠“师带徒”方式进行的。英国学徒制度经历了 13—14 世纪的兴起、15—16 世纪的发展完善、17—18 世纪的衰落、19 世纪的被取消。漫长的存在历史本身就足以说明它曾经发挥着重要的社会作用。传统的学徒制形成了一套较为完备的制度。其中包括：1. 学徒招收准入机制。师徒双方经过详细了解后，签订学徒期间权责分明的学徒契约，并在公会执事处登记备案，作为公会监督执行的法律依据。2. 学徒监督管理机制。行会、公会和公司等商业组织在学徒期间依据学徒契约和行业规定对师徒执行监督管理、纠纷仲裁和违规者处罚，以确保师徒双方的人身权益和学徒教育的质量。3. 学徒考核评价机制。学徒期满要想取得自由人资格必须经历以下五个步骤：首先，学徒要向公会执事提交学徒契约证明学徒期满。其次，由师傅当众做证学徒在整个学徒期间确实表现良好。再次，由几位师傅组成考核组对学徒的技能、品行和交际能力进行考核。从次，由师傅、公会执事和老师傅们向市长推荐，并缴纳入会费。最后，新自由人在全体公会成员面前手按《圣经》宣誓遵守行业规章，保守行业秘密，从此成为自由人和可以合法经营的商人。

学徒阶段不是简单的职业知识和技能的学习和培训，还有职业道德和品质的塑造，使学徒具备成年人的道德品质，能够适应当时商业社会和城市社会的需要。如果一个意志坚强、勤奋好学的学徒遇到一位品能兼优而又责任心强的师傅，必然能得到以下培养：1. 坚忍顽强品格的砥砺。学徒能够克服背井离乡、寄人篱下的精神压力，顶住繁重的体力劳动和漫长的学业压力，完成学徒期教育，这本身就是一种坚强品格的历练过程。2. 自我管理、自我约束、自我克制能力的提高。在学徒期间，学徒的饮食起居是完全自理的。对于学徒的不良行为嗜好，除了在师徒契约中严格禁止外，行会的行规、城市的市政规章也都有明文禁止，对于违犯者都有严厉的惩罚措施。学徒的师傅和行业中的老师傅们，以及公会的执事都负有监督和告诫的责任。因此，在这样严格的他律环境下，七年的学习经历必然能够使学徒塑造很强的自律能力。3. 虔诚和谦恭素养的培育。商业组织如家庭教育一样，以敬拜上帝、内化学徒对上帝的虔诚信仰来约束学徒的行为。在为人方面，教育学徒对父母、师傅和行业老师傅、公会执事等长辈和前辈要恭敬和服从，遵从严格的等级制度和服从权威。4. 商人职业道德品质的培养。学徒期间，首先，师傅自己以身作则，身正为范；其次，将优秀学徒树立为榜样，发挥榜样带动作用；最后，通过宣读书籍以培养学徒的品德，教导学徒勤勉、节俭、理智、诚实等确保商业成功的美德。5.全面学习商业基础知识和商业技能，并得到实践锻炼。像商业文件、书信的阅读与书写，簿记知识的应用都在这一时期得到强化训练。除此之外，在学徒期后期还有最为重要的商业实践的锻炼，学徒作为师傅的代理人在海外亲自操刀经营，实行全面实战，同时还学习所在地的商务语言、法律政策、风俗人情、地理物产等。

学徒教育一直以来是商人教育中不可取代的阶段，是商人一生事业成功的奠基石。但是，面临商业的发展和变革，以及社会的商业化发展，商人学徒教育出于本行业利益而垄断趋势增强，以提高学徒费和延长学徒期来抑制新商人的加入，难以满足社会上众多意欲从商人员的教育需求，因而也限制了社会成员向商界的良性流动，造成阶层的固化。另外，学徒期的教育质量过于仰赖师傅的能力和责任心，以及商业组织的监督和管理能力，然而，17、18世纪的商业领域千变万化，多数师傅的个人能力有限，而传统的行会组织逐渐解体，对师傅的监督力也在下降，因此，商人学徒教育的质量呈下降趋势，难以满足高素质商人的培养需求。

综观15—18世纪，商人学徒教育体制虽然更加完善，在商人的教育和培养中仍然起着关键的作用，但是已呈现出明显的时代局限性，因为学徒制本身就是商人行会和公会纳新的一种途径，伴随着行会和公会的解体，商人学徒制度赖以存在的制度基础瓦解，传统的学徒制度亦是日暮残年。新的时代，在商人的培养和教育中，学徒教育方式必然要经历一场蜕变，学徒教育才能继续堪当此任。幸运的是，这一时期学校教育蓬勃发展，为学徒教育作了充分的预备教育，社会教育的丰富多样也为经营商人提供了及时有效的继续教育和补充教育。

（四）丰富多样的社会教育

对于商人来讲，商业实践和社会实践历来是最好的课堂。年轻商人的第一个学习平台就是到国外为师傅或其他年长商人做代理商。该阶段是年轻商人独自负责、积累经验和财富的开始，他们在成熟商人的告诫和指点下逐渐成长为一位具备一定资本和经验的成熟商人。成熟商人一般会回到国内，然后再不断拓展业务，担任师傅职责、培养新的代理商。经营投资也逐渐由商业领域扩展到海运、制造业、金融、保险、房地产等领域，成熟商人逐渐成为大商人。

在商业实践中，摸索锻炼，总结经验，汲取教训是最为有效的自我教育方式。除了商人个体在实践中自我教育外，政府相关管理部门和商业组织也对商人的道德品质和行为起着规范和约束作用。一方面，严格监管，惩恶扬善。市政机构和商人行会规章中都有种种关于规范交易的规定，并设有专门的监督人员，严厉惩处囤积居奇、坑蒙拐骗、弄虚作假的不良商人。另一方面，除了对市场交易行为严加管理外，市政官方和行业组织也有一套对商人道德品质和行为规范进行正面引导和灌输的价值体系。“博爱”和“诚实”是这套价值体系的核心，以此构建和谐的人际关系和社会氛围，营造公平、公正的交易气氛，构筑商人正直、正义、守信的道德品质。

除以上方式之外，伴随着出版印刷业的繁荣，以及商人们强烈的自我完善需求的推动，大量商业类书籍、报刊、手册、口袋书等得以发行和传播，丰富了商人们获取信息和及时补充知识的渠道，其中，更多的如簿记指导、算术大全、旅行指南、航海之鉴、商法常识及各种语言学习方面的小册子大大满足了商人们继续教育的需求。

在整个社会转型时期，商人社会教育的方式可谓日益丰富，其在商人培养和教育中的作用也日益显著。对于某些善学的商人，社会教育几乎成了唯一的教育途径。

二、新的商人培养模式的形成与特征

通过以上对15—18世纪英国经济社会转型时期的商人培养和教育史实的考察，我们依稀可见一种新的商人培养模式。在新的商人培养模式中，一位商人典型的成长历程是：（一）接受家庭的熏陶浸染、启蒙诱导。（二）在父母有计划的培养和支持下进行有效的学校教育培养，为学徒教育做准备。（三）经历学徒期间做人品质与经商技能的全面塑造和实习锻炼。（四）通过做代理商阶段的独立实践磨炼，并在各种社会实践和商业实践中不断地自我提高，同时借助大量的商业书刊及时学习充电。（五）拥有了一定资本和资历后，不断扩大投资和经营范围，最终成为一位成熟的商人。

新的培养模式是一个动态的发展过程，它体现了商人教育正朝着近代的方式发展。传统的商人培养方式主要是家庭中的父传子式，或者商业组织中的师带徒式，传授技能的方式也主要是先由长辈或师傅以身示范，然后由商人自己模仿实习和经验积累，长辈或师傅再随机进行口头指导。但随着近代商业经营规模的扩大，商业领域和门类的增多，商业实务的更加广泛和更加复杂，传统的、简单的“父传子式”“师带徒式”的商人培养模式已经难以在数量上，也难以在质量上满足社会对商业人才的需求。

因此，面对新的商业形势和新的以工商业为本的社会发展需求，在对家庭教育方式普遍加强和学徒教育方式更加完善的基础上，这一时期又兴起了学校教育方式和更加多样化的社会教育方式。新的教育方式的兴起弥补了传统商人教育方式的不足。这样，商人的培养和教育模式就呈现出了明显的近代化的特征，具体体现在，传统的商人培养模式是由家庭（主要是工商业家庭）和商业组织（如行会或公会）来实施的，使商人的教育具有垄断性、封闭性、保守性等特征。而新的教育方式的形成，使对商人的整体培养开始向学校和社会等教育设施转移。在新的培养模式中，学校承担了越来越多的商业基础知识和技能的教育，为商业组织输送了更加高素质的学徒。而在社会教育中，代理制的培养方式，大量指导性和建议性的商业书刊及广泛的商业实践都给经营商人提供了众多不断自我提高的途径。新的商人培养模式显示出更加开放化、广泛化、多样化和社会化的发展趋势。正是这种转变不仅更好地满足了日渐增多的从商人员的教育需求，而且大大提升了商人群体的整体素质，使英国社会拥有了一个品质良好、技能全面、富有理性和开拓进取精神的新商人阶层，并且这个阶层逐渐成为推动英国经济、政治和社会进步的重要力量。

第二节

商人阶层整体形象的改观

在近代以前的农本社会里，为了维护以农业为经济基础的统治秩序，统治阶级多奉行重农抑商政策，把商业列为“末业”，从事商业的人处在社会的底层或者边缘。在中世纪的西欧社会里，最早的商人基本上是游离于封建庄园制之外的走投无路的无业游民，他们靠地域之间的商品差价，通过贱买贵卖获利而生。他们没有知识文化，更谈不上技能，获利多少仰赖于冒险和运气。在农本的价值体系中，从事商业也被认为是不务正业、破坏稳定的社会秩序。一提到商人，人们往往联想到“贪婪”“奸伪”“狡诈”“好逸恶劳”“道德败坏”等负面词语。

然而，经过文艺复兴、宗教改革、地理大发现、重商主义等经济、思想、制度、社会的重大变革，一个商业化的社会呼之欲出。随着经济的商业化，商业成了社会经济的主导部门，整个社会的经济运动被商业和商人集团所支配，商人资本成了社会的中心，商人集团成了社会的支配者和统治者。伊丽莎白时代的一位牧师威廉·哈里逊著有《英国纪实》一书，书中将当时英国居民划分为四个等级，即贵族、商人和市民、富裕自耕农、手艺人和劳动者。中世纪时，商人通常被笼统地归为市民阶层，属于“第三等级”。而哈里逊却将商人单独列出来，使其与市民并列，位居仅次于贵族的“第二等级”。这说明，在当时人们的心目中，商人已经是一个地位较高的社会集团，不再被笼统地列入“第三等级”，已经成为一支重要的社会力量。[①]

在商业化大潮的推动下，英国商人的职业身份更为明晰，商人数量增多，财富剧增。在15、16世纪时，商人队伍里，亦工亦商、亦农亦商，还有绅士兼商的人大量存在，商人的职业结构和职业身份不太明朗。17世纪末期时，对商人职业身份界分得就较为清楚了。一些学者根据当时的税收记录推算出商人群体的大概数目。1688年，英国有海外商人1.6万人，本土商人4.8万人，各类店主和小商人18万人，共24.4万人，占全国人口（550万）的4.44%左右。可见，职业商人的数量已经有相当比例，而实际商业从业者的人数远远高于此数。职业商人群体壮大的同时，商人财富的增加也特别引人注目。根据现代经济史学者瑟拉普对1350—1494年245个伦敦商人的抽样考察和对1380—1506年伦敦66个杂货商的遗嘱记载推算，14世纪中后期到16世纪初期，伦敦商人动产在300英镑左右算得上是中等富裕水平。16世纪中叶以后，伦敦商人中动产在3000英镑以上的不乏其人。伊丽莎白时代，伦敦商人拥有的动产平均数达到7780英镑，较15世纪中等富裕程度的伦敦商人的财富增长了近20倍。鉴于伦敦的政治、经济地位，伦敦商人的财富增长趋势最具有代表性，比如，1688年，平均资产在750英镑以上的商人，伦敦有6750人，而英国其他城市总

① 刘景华主编：《走向重商时代：社会转折中的西欧商人和城市》，中国社会科学出版社2007年版，第36页。

共不过 2000 人。在与社会其他阶层的比较中，商人的财富数量也是巨大的，年度财富总收入已位居各阶层之首。[①]

在 15—18 世纪商业化大潮的推动下，商业专门化增强，发展变革迅猛，商业组织叠加更新、经营方式丰富多样，经营技巧复杂深奥。这些变化都使商人的业务特质凸显，对其业务技能和职业素养的要求越来越高。伴随着这一过程，商人队伍不断壮大，商人财富猛烈增长，显然说明了商人阶层不仅适应了这种新的商业形势，而且在这一进程中通过教育培训，通过自我完善，提高了素质，更好地发挥了自身的主观能动性。

一、商人阶层具备了经商所需的足够的知识、技能和业务素质

通过对 15—18 世纪商人个案和群体的考察，能较为清楚地看出商人知识、技能、业务素质有明显提高。17 世纪时，商业基本知识和技能的掌握已成为孩子做学徒前预备阶段的重要组成部分，大多是通过正规教育习得的。有不少学徒在进入文法学校前就能读、写和进行基本的算术运算。甚至有些家长还将孩子送到国外商业较为发达的地区，比如荷兰的鹿特丹去学习书写、语言、算术和会计科目。意欲从商人员在结束文法学习之后、前去做学徒之前，还会在专门商科学校，在

① 此处对商人数量和财富的论述，参见刘景华主编：《走向重商时代：社会转折中的西欧商人和城市》，中国社会科学出版社 2007 年版，第 39—41 页。

商科专任教师教导下学习一段时间；[①] 在完成学徒教育之后，还可以通过做代理商和借助商业组织中老带新的培养平台积累经验，历练成长，利用丰富的社会教育资源提高自己。这种新的教育培养模式大大提高了商人的整体素质。

商人的簿记水平普遍提高。商人的账本是其生意的“脊椎骨”和其后代继承所有权的证明。尽管商人雇用职员作为现金管理员的现象日益增多，但同时在法庭上起诉管账人的案例也较为普遍。因此，商人必须始终是他们自己生意的簿记员，自己必须有秘密账簿。尽管 17 世纪时绝大多数商人还是单凭经验而不是依据账簿的方法来经营，大多数商人记账也不够规范，但是簿记技能已由描述式发展到有一定规则，一些商人开始采用基本的方法来结算账目，通过盈亏账目来追踪特定交易的财务情况并努力计算出整体收益率。东印度公司每次航海都建立盈亏账目，规定年度结算。哈德逊湾公司 1694 年有盈亏账单。到 17 世纪末为止，财产的年度结算书已更加普遍，许多商人有自己的复式簿记账簿，复式簿记法已是大商人的必备技能。[②] 从整体上看，记账水平有很大提高，当然仍是参差不齐，记账的目的在于证明自己经营诚实公正，其重要性胜过计算收益和规划未来投资。

商业书写和阅读能力普遍提高。在商人中，识字率是非常高的。根据 1580—1700 年诺福克郡和萨福克郡诺里季主教区教会法庭的

① R. Grassby, *The Business Community of Seventeenth-century England*, Cambridge: Cambridge University Press, 1995, pp. 189–190.

② R. Grassby, *The Business Community of Seventeenth-century England*, Cambridge: Cambridge University Press, 1995, pp. 187–189.

5000多个证人笔录证言，教士和职业人士都是识字的，贵族和绅士也几乎都是识字的，只有2%的人不会签自己的名字。小商贩和作坊主的不识字率达44%，商人和上等店主的不识字率低至6%—12%，普通工匠和工人的不识字率达88%，约曼的不识字率为35%，更穷困、地位更低下的农民的不识字率为79%。①鉴于在商业经营尤其是海外贸易中，信息、指令和汇款都要通过书信交流，任何洽谈成交的生意也都要写成文书，签字生效，因此，事业有成的商人一般都有较强的阅读能力并掌握规范的书写。公证人和商人都喜欢运笔流利的文书手迹，意大利字体或者说罗马字体使用非常普遍。意大利字体笔迹工整，写起来又快，而且显得漂亮，容易阅读。商人托马斯·希尔评价这种字体说："意大利字体是所有语言中用得最多和最好用的字体。"大多数商人的书写非常清楚，而且速度基本是文书人员的两倍。同时代的人评价商人的书写风格：直率、不含糊、不拘礼节，冷峻、平凡、简洁，不浮夸，不超然自负。有些商人的书写受到高度赞赏。约西亚·希思科特是一个有名的不爱表现、沉默寡言的人，但他写信却非常迅捷、感情奔放、旁征博引、优雅俏丽。②除了信件、文书外，簿记的书写整体上看更为准确和美观，商业组织和师傅也都要求账本整洁清晰。

虽然商业不需要高深的数学知识，但是商人的计算能力是极具竞争力的。货物的重量和体积大小往往能够通过目测估算。17世纪时，

① David Cressy, "Educational Opportunity in Tudor and Stuart England", *History of Education Quarterly*, Vol. 16, No. 3 (Autumn 1976), p. 314.

② R. Grassby, *The Business Community of Seventeenth-century England*, Cambridge: Cambridge University Press, 1995, p. 180.

阿拉伯数字（包括 0 在内）以不可阻挡的优势取代了传统的罗马数字，并广为应用。商人使用阿拉伯数字计算和测量的准确率大大提高。商人还会使用数学用表和准备好的计算手册计算复杂的利润，计算复利和年金，计算土地的价值和租期，计算折扣和贴现。在数学成为商业培训中重要科目的背景下，从整体上看，商人的计算能力明显提高，当然，也有文献和现存的账本表明商人的算术知识水平低仍是一个问题。

商人还是语言掌握的佼佼者。17 世纪时，任何一个从事海外贸易的商人都能流利地说、写几种语言。当时，学者、科学家、法学家、药剂师和城市小职员，行会和海关都仍在广泛使用拉丁语。但是正如洛克所说，拉丁语“对绅士是必需的，对商人则无用”。但商人对拉丁语的掌握也很好，一些商人说话能够引经据典，他们能够阅读古典文学，甚至沉迷于即兴创作。商人艾萨克·劳伦斯具有简洁的文风，知晓古物，能熟练讲拉丁语、法语、意大利语，还通晓其他语言的应用知识。一些国家要求达成的交易必须用他们本国语言书写，因此能够掌握多种语言的商人就比较具有优势。一些商人可以操多种语言，商人贾梅斯·博维能说 7 种语言。商人卡尔斯·马里斯克，曾在一天中用 5 种语言写了 50 封商业信函。虽然国外每一个贸易区域都有自己的标准语言，但是商人在洽谈生意时，更多的时候还是得用客户的母语与客户交流。商人约翰尼·琼斯就建议海外商人“一定要学习说一口流利的法语”，“荷兰语也必须学习”。他本人在经商时使用英语，在激情洋溢的信件中则使用威尔士语。①

商人具有一定的法律知识。成功的商人熟悉很多有生意往来的国家、地区的法律及国际法律知识。英国有法律权限多样性的特点，就商业来说，由以下法律管制：有王室法庭、财政署法庭和民事诉讼法庭的普通法条例；有王国法令中的商业条款；有海事法庭和教会的遗嘱检验法庭的世俗民法；有海关和政府其他部门的判例法；有特许合作团体的内部章程；有大法官法庭和市长法庭的平衡法；还有特别组织的专门委员会涉及的保险法、破产法等。在海外贸易中，有普遍的商法指导原则，每一个国家还有不同的规则和条例，有时还有战争条款和中立协定等。商人要有足够的专门法律知识，能够理解契约的权利和义务、遗嘱的执行、盖章的正当程序、借据的正确格式、附有条件的契约的签署和解除，能够根据代理人信件正确评估商业行为的风险，等等。虽然出身法律专业、服务商业需要的律师逐渐增多，但是高昂的服务费和诉讼费迫使商人必须成为自己的律师或者法律顾问。许多商人堪当公证人、法律事务代笔人，经商同时也从事一些法律方面的工作。在市政法庭上，他们经常有审判官、法律执行者、仲裁者、破产委员会委员和破产的管财人等多重执法身份。②

针对庞杂商品，商人具备有针对性的鉴别知识、运输知识、防范风险知识。他们能够在买卖商品时对商品进行分等和拣选，能识别次

① R. Grassby, *The Business Community of Seventeenth-century England*, Cambridge: Cambridge University Press, 1995, p. 179, p. 181.

② R. Grassby, *The Business Community of Seventeenth-century England*, Cambridge: Cambridge University Press, 1995, p. 179, p. 184.

品，评估商品质量、商品的耐久性和价值，对商品的原材料以及商品生产的每一个过程都比较熟悉；精准掌握对英格兰及海外无数错综复杂的度量衡标准，能够发现货物的减少量、消耗量，识别欺诈行为；能够熟悉商品的储存、包装、装卸时的注意事项，能够依据商品的形状、脆度选定陆运、河运还是海运等运输方式。商人还知道如何防止小偷小摸和商品破损，如何识别骗人的包装，知晓赶大车人、水手、码头老板、驳船船员、搬运工和货栈主的业务和收费标准；知道怎样才能确保进出口航运安全便宜，知道市场的地理位置和不同航线的相关费用，知道旅程路线和雇用的商船及船主的信誉，知道港口和码头的收费情况以及任何相关的政治和海洋气象消息；熟悉当地规定，知道经纪费、进港费、抛锚费、停靠费、驳运费、起重机使用费，寄售货物和接受货物的程序，海关税申报和撤除的手续；知道怎样与不正直、不合格的小官员打交道；知道如何规避货物丢失风险，每一项货物上都要贴上发货清单和提货单，并且要一式三份，一份给发货人，一份给收货人，另一份给运输人。尽管有些商人雇用文书、秘书和律师逐渐接管了一些工作，但商人仍然需要熟悉各个环节，做到了如指掌以便于把控。

二、商人阶层展现了明显的“职业道德”和“资本主义精神”

在古今中外的价值评判理念中，商业往往和不道德缠绕在一起。在中国文化中，利令智昏、见钱眼开、唯利是图、见利忘义、无利不起早、无奸不成商等习语表达了古代中国大众对商人的成见。

在西方思想文化中，柏拉图在构建理想城邦时提出："这个城邦一定不能离大海太近，离大海太近就会使城市充满商人和小贩，培育出易变和多疑的灵魂习惯，从而使社会变得不信任和不友好，也对全人类不信任和不友好。"柏拉图认为商人易变多疑危害社会。古罗马政治思想家西塞罗也说："我们必须认为那些从批发商那里买来又直接卖给零售商而从中牟利的人也是卑贱的，因为他们如果不漫天撒谎，就不可能赚到钱。说实在的，世界上没有什么比说假话更丑恶、更可耻的了。"[①] 西塞罗认为商人是靠说谎来赚钱的，商业交易是可耻和丑恶的。中世纪人们这样描绘商人："他们蔑视法律，除非法律刚好对他们有利。他们酗酒成性，唯一使他们称赞的只是那些无所顾忌、能拉开嗓门讲下流故事、引诱他们狂笑滥饮的人。这批人用他们赚来的钱大摆庸俗的宴会，宴会上喝得酩酊大醉。"从这些描述中可知，商人即便是赚了钱，也仍被认为是蔑视法律，生活低俗、粗俗，有伤道德风化的一群人。在基督教神学家看来，"商人在上帝眼中很难成为一个使他高兴的人"。也就是说商人不受上帝喜欢，这是非常悲惨的地位。

从古今中外的论述来看，商业与不道德似乎是分不开的。然而，事实是否是这样的呢？如果商业天生就是不道德的，为什么我们人类社会还要从农业文明、工业文明走向商业文明呢？其实，对于商业经

① [古罗马]西塞罗：《西塞罗三论》，徐奕春译，商务印书馆1998年版，第159页。

营是否符合道德的讨论，既涉及商业主体的经营是否合规合法，也涉及商业商人的道德评判尺度是否合用。如果一直使用传统的农本社会价值体系下的道德标准来评价，即认为商人是逐利而生，奉行利己主义，那么即便是再成功的商人也很难得到肯定。但事实上，在15—18世纪英国商业经济社会转型中，商业给人们生活带来的便利、为民族国家带来的财富、为国家强盛作出的贡献都是非常巨大的。商业应该得到充分肯定，商人也应该获得赞赏。

因此，对商人的职业道德和形象的评判应该注意两个维度：一是是否选了合用的道德评判尺度。追溯西方近代化的整个进程，文艺复兴、宗教改革、资产阶级革命实际上都是在确定人的私欲、私利和私有的正当性，最终商业的逐利本质得到接纳和认可，商业受到民族国家的重视和鼓励，成为核心的经济部门。宗教教义中也认为商人是上帝财富的管理者，只要积累的财富是诚实劳动所得，就可以得到上帝的赞许。至此，商人阶层算是得到了一个合用的价值评判尺度，这得益于外在的经济社会制度的变迁，得益于社会主流价值观的嬗变，由此，商人阶层的职业形象和社会形象得到极大改变。二是商人阶层自身是否有在做商业合规化和自我完善的努力。传统的以农为本的道德价值体系认为商人是利己主义者，但事实是这样的吗？众所周知，商业是要通过交换来获利的，获利要在交互行为中完成，也就是要寻求与之合作者。既然商业运营要在合作中进行，那么单纯的利己主义就无法运作。在寻求利己的商业行为中必然要有利他的思维，若没有利他思维，商业就不可能进行，只有双方都有利可图才能达成交易。任何交易、交换也都是要建立在信任、信赖的基础上，选择与谁合作，是长期合作还是短期合作，都要依据对方的可信赖度而定。因此，要想生意兴隆，商人都要努力争取得到信任，做到值得信任，拥有良好的信誉。①

在英国经济社会转型时期，英国市场充满了机遇和风险。一方面，市场机制不完善，法制不健全，尤其是银行、保险公司、信用机构等公共金融机构缺场和滞后，商人的融资主要靠师徒、亲戚、朋友、同事等亲朋关系的借贷；另一方面，市场结构更为复杂，经济膨胀，买卖量增加，流通中金银等硬通货严重不足，所以交易空前地依赖债券、纸币、支票等各种信用手段，大大小小的商人都必然处在一个个信用网络之中。

鉴于信用网络的稳定之于商业的重要作用，在交易中，交易主体都非常重视对交易对象信用的考察，信用文化由此兴起并广泛传播。在没有公共信用机构和管理体制的情况下，信用高低的判断主要靠个人名声和支付能力。伴随着商业网络和经济信用网络的日渐密致和复杂，人们逐渐形成关于信用信誉的认识。信用成为可以创造物质财富的无形资本。维护良好的信誉成为商人职业道德规范的动力所在，维护好商人及商人家族的信誉和名声，是事业长久和繁荣的重要前提。因此，在缺乏完善的法律和公共金融信用体制的时代，为了维护信誉，城市、商业组织以及大量的商人个体都在竭尽全力地进行自我道德约

① 以上对于商人社会形象转变原因的分析和论述参照赵立行：《商业道德和传统道德有什么区别？》，转自公众号“复旦管院”。

束，进而形成一些大家共同认可和遵守的道德规范。近代英国信用文化的兴起和繁荣能够说明这一点。

在社会转型时期，商人阶层重视信誉信用的维护，普遍认为勤奋守时、诚实守信、节俭、节制、谨慎、有礼貌、良好的簿记技能、虔诚的宗教信仰等会给自己带来好的名声和信誉。1756 年出版的《商人指南》(*the Tradesman's Director*)，关于店主的指导守则就提出："信用或者信任，从何而来？从贸易者们的勤奋、正直和诸如此类的美德而来，这些是我们极力主张的良好品质，它使得我们被冠以良好信誉。"①

本杰明·富兰克林在《给年轻商人的建议》中这样写道：切记"时间就是金钱"，一个人凭借劳动一天可挣 10 先令，如果他因闲逛耗费了半天，即使他一分钱都没花，实际上他已经丢掉了 5 先令。切记"精明的掌钱人是他人钱包的主宰者"这句谚语。无论在任何时候和在任何情况下，一个严格遵守还钱承诺的人才能够尽可能多地筹借到朋友的闲钱。讲信用至关重要，除了勤奋和节俭之外，没有什么比在所有交易中守时和公正更能够帮助一个年轻商人筹借钱款了。因此，千万不要拖延你还钱的时间，哪怕一个小时也不行，以防一次失信使你的朋友永远不想借钱给你。切记，一个极其细小的行为都会影响你的信誉。如果你的债权人听到你早上 5 点或者晚上 8 点都在营业，那么在你借债的 6 个多月里他会生活得比较安心。但如果他在球桌旁遇

---

① Craig Muldrew, *The Economy of Obligation*: *the Culture of Credit and Social Relations in Early Modern England,* New York: St. Martin's Press, 1998, p. 329.

到你或者在小酒馆里听到了你的声音，那么第二天他可能就会要回他的钱……另外，谨记你的欠款，这样会显示你认真、诚实，因此增加你的信誉度。①

富兰克林的这些忠告很明显是在告诉青年如何做才能取得成功。成功之道就是要珍惜时间、勤奋、节俭、诚实、谨慎、守信，拼搏进取，不断积累财富。这是商人们的普遍共识，实际上也是商人们谨遵的行为规范和信条，这些品德被韦伯归纳为“资本主义精神”。

依据大量史实可见，在经历了文艺复兴、宗教改革、重商主义、政治革命，以及商业变革的洗礼后，商人群体孕育出了一种新的生活方式和职业伦理准则，拥有一种与传统阶层本质不同的成功理念。成功商人的形象大致是优秀的个人品质（勤奋、节俭、诚实、守时、守信、节制、谨慎等）培养、扎实的培训、理性计算的习惯，持续的勤勉经营，果敢谨慎的投资，不断开拓进取等。其中，商人最突出的品德就是勤勉经营和节俭消费，“把钱放在钱包里”萦绕在每一个商人的耳旁。还有，商业教育是事业成功的奠基石；诚实守信是通向成功的必由之路；财富是可以通过自己的努力获得的；金钱是可以提升自己的社会地位的；经商不是败坏声誉的丢人事业，而是值得自豪的事情；等等。这些论断都成为商人的价值共识和人生信条。

① Max Weber, *The Protestant Ethic and the Spirit of Capitalism*, London: Routledge, 1992, p. 51.

三、新商人阶层的一些个案

为了更加直观地认识新商人阶层的形象，笔者依据史实整理出一组商人的个案，通过对其出身、成长、事迹和形象的客观描述来管窥新商人阶层的形象。

案例 1：16 世纪格勒善家族的成员

格勒善家族祖籍诺福克郡，曾祖父约翰·格勒善是一个绅士，14 世纪后半期，从祖先那里继承了一份可观的遗产。祖父詹姆斯·格勒善是一个律师，主要生活在伦敦，1443 年出席王室法庭，是法官的秘书。后来詹姆斯·格勒善成为东贝卡（East Beckham）庄园的领主，搬家至霍尔特邻近诺福克北岸的一个黯淡和凄凉的地方，离海有四英里。詹姆斯·格勒善在后半生可能是一个商人，因为这里商业交流非常方便，非常适合业余经商，他有四个儿子，他们都长居伦敦。

长子威廉·格勒善是一位绸布商公会的自由人，但是他经常居住在家庭别墅里，有时也居住在国外。1533 年，他被任命为定居在安特卫普的英国商人的总督。自 1517 年起，他就与两个弟弟理查德·格勒善和约翰·格勒善合伙经营。他的次子托马斯·格勒善也是一位商人，主要与地中海城市进行贸易，但是据说在一次航海中，托马斯·格勒善受到一个幽灵的惊吓，遂在早年放弃经商而成为一名牧师。詹姆斯·格勒善的三子理查德·格勒善和四子约翰·格勒善是都铎时代的著名商人，他们在商业发展中地位突出。他们两个都在伦敦长大，都是约翰·米德尔顿的学徒，约翰·米德尔顿是一位绸布商，还是加莱的羊毛出口商。

理查德·格勒善在1507年成为绸布商公会的自由人。约翰·格勒善则是在1517年成为绸布商公会的自由人。两人的事业都有着非常良好的开端，哥哥喜欢多数时间住在伦敦，偶尔去一下安特卫普。弟弟则喜欢经常外出去离家远的地方从事贸易。

1546年，约翰·格勒善购买了大哥威廉·格勒善的家庭住宅，创办了一所免费文法学校，并捐助了大笔基金。约翰·格勒善心地善良，诚实守信，他留下大笔钱分施给伦敦教会，将100英镑留给他可怜的女仆，花费近200英镑为120个穷人买宽布做衣服。

理查德·格勒善的长子的名字也是约翰·格勒善。约翰·格勒善出生于1518年，既是一位战士也是一位商人。他在一场战斗中表现非常勇敢，被萨默塞特的护国主（Lord Protector Somerset）授予骑士称号，他于1547年加入了绸布商公会。1553年，他装备了三艘船前往莫斯科贸易探险，其中两艘船遇难，1555年，他的名字被镌刻在与莫斯科贸易的英国商人名单之首。他于1560年去世，年方44岁。

理查德·格勒善的次子就是最著名的商业王子托马斯·格勒善爵士。托马斯·格勒善出生于1519年，不幸的是在他3岁时母亲去世，但他早年生活富足尊贵，对他受到的教育，人们不得而知。然而，在那个父权制的年代，他的父亲理查德·格勒善主张对于自己孩子的教育，父亲是责无旁贷的，但是他太忙了，很少在家。理查德·格勒善要么在朗伯德街的账房里，要么在参加市政厅议事会。他虽然多数时间是在伦敦，但是经常要去安特卫普或者布鲁塞尔从事商品交易，办理借贷，购买存货，等等。尽管如此繁忙，理查德·格勒善还是精心规划了孩子应该受的教育。托马斯·格勒善在十三四岁时被送到剑桥大学的冈维尔－凯厄斯学院，在那里由凯厄斯博士（学校创办人之一）指导学习了3年。3年后，托马斯·格勒善回到了伦敦，跟随他的叔叔做学徒，1543年成为绸布商公会的自由人，为家族事业的传承奠定了良好的基础。

托马斯·格勒善长期居住在安特卫普。安特卫普在16、17世纪是世界金融中心，是几代欧洲商人巨头会聚的地方。托马斯·格勒善是一位精明的伦敦大商人，他不仅积累了巨额财富，而且还有非常高的声望。他一生忙忙碌碌，频繁地往返于安特卫普和伦敦之间。除了打理生意，他还长期担任王室财政代理人和财政大臣，帮助国王政府解决财政困难，推动币制改革，渡过货币贬值危机，维护了英国的国家信誉。托马斯·格勒善在评价自己的成就时说："这些成就的取得是以我长期远离国家、妻儿老小，抛开自己的生意两年多为代价的。我在任职期间，从安特卫普到伦敦往返了400次之多，不断向国王和议会提交报告。"①

托马斯·格勒善热爱公益事业。他花费3年时间筹划伦敦商人迫切需要的一个合适的聚会场所。最终，在1565年初，伦敦的商人和市民都同意了这项建筑方案。1565年秋季之前，7050名捐款者签下名字，共捐助4000英镑。这笔钱被用来购买土地，还有些商人答应用

① 赵秀荣：《16—17世纪英国商人与政权》，《世界历史》2001年第2期。

自己的钱支付建筑费用。这宏伟的建筑就是著名的皇家交易所（Royal Exchange），它设有宽阔的人行道，有地下房间供商人休息，有100个商铺或者店位供零售商经营使用。

托马斯·格勒善还将他从安特卫普退休之后通常住的，位于毕肖普斯盖特街的家改造成学院，也就是格勒善学院，它相当于一所商人高等教育的学府，供那些追求自我完善和提高社会地位的年轻商人增长知识、接受教育使用。

案例2：外贸商人托马斯·孟①

托马斯·孟于1571年出生在伦敦一个从事手工艺制作，兼做商贸活动的家庭。祖父曾是一名伦敦造币坊的模压工，父亲是一位绸布商。托马斯·孟幼年丧父，继父是一位富有的商人，也是东印度公司的创办人之一。他跟随继父做学徒，期满后在利凡特公司历练。后来，托马斯·孟发了财，也获得了很高的声望，成为一个从事对意大利和地中海东岸国家贸易的大商人，1615年被选进东印度公司董事会，成为英国东印度公司较有影响力的董事。后来，他成为国家贸易委员会的成员，发挥着很强的影响力。他根据自己的经商经历，认为从事外贸的商人是需要非凡的智慧和才能的，进而归纳出12种必须具备的品质和能力，以此告诫自己的儿子和后生们要重视接受教育和历练。

他在为国辛勤操劳和长期的贸易实践中积累了丰富的经验，对外贸有着深刻独到的见解。他在国会的活动中，在发表的论述中都积极

① H. R. Fox Bourne, *English Merchants: Memoirs in Illustration of the Progress of British Commerce*, Vol.I, London: Richard Bentley, 1866, pp.297–298.

维护民族国家、商人，尤其是东印度公司的利益，成为伦敦金融界和商界最负声望的名人之一。他谨言慎行，不大爱追名逐利，但他拒绝平庸，是一位敢于担当又能够担当的优秀商人。当早期重商主义者抨击说，东印度公司的经营活动中运出大量白银购买印度商品，造成了货币流失，损害了英国利益时，他写了《论英国东印度贸易：答对这项贸易的常见的各种反对意见》(1621)、《1628年东印度公司向国会下院提出的请愿与申述》(1629)、《英国得自对外贸易的财富》(1664)等著作。他用手头的一手数据和富有雄辩力的事实驳斥了所谓的造成货币流失的偏见，举例论证白银绝非一去不返，而是变成更多的白银再流回英国，他这不但保卫了东印度公司的利益，而且第一次系统深入地阐述了晚期重商主义的论点。

案例3：曼彻斯特商人汉弗莱·切萨姆

曼彻斯特商人汉弗莱·切萨姆在推动曼彻斯特成为有影响力和新的商业世界中心城市的过程中作出了最大的贡献。他在曼彻斯特有着非常尊贵的出身，但是他很少依靠祖先的荣耀，而是通过努力做一个诚实的商人来赢取信誉。他在一所文法学校接受学校教育，这所学校是他的一名男亲属在1524年创办的。毕业后，他就被安排给一位商人做学徒。

据史料记载，在17世纪早些年，他是一位批发兼零售商人，一名“曼彻斯特商人”。据一位研究曼彻斯特城的资深历史学家陈述，“他经常在集市日去波顿购买成批的织工织造的粗斜纹布，同时织工们也尽可能采购更多的亚麻和棉花。切萨姆先生总是第一买家，他交易完成之后，剩下的才会被库克先生买走。库克先生是一个极不受人尊敬的小商人，他根据令他满意的布匹的长度来给定价格”。汉弗莱·切萨姆认为诚实是最好的经营策略。在长达 30 年的时间里，他经常光顾波顿，偶尔出长差到伦敦和其他地方，其主要业务就是购买兰开夏郡的棉花，然后带回家加工成成品出售给零售呢绒商。同时他也开有一个商铺出售纬线和经线及其他一些纺织业用到的工具。他从成千种小物件中获利，这些从针到麻袋的商品都是供曼彻斯特工匠使用，或者出售到英格兰的其他地方。

切萨姆度过了漫长和繁忙的一生，从一开始他就是一个慷慨大方、乐于助人的人。他的遗嘱中记载，他一生资助过 22 个穷苦的男孩子，14 个是曼彻斯特城的，6 个是索尔福德城的，另 2 个是德罗伊尔斯登的，资助的细目在他的账簿中都记得非常清楚。我们还发现了他购买一套楼房的契约，这套楼房曾经为德比郡伯爵所属，他想买来用于创办切萨姆学院，遗憾的是这项交易在他死后 12 年即 1665 年才完成。1651 年，他出资筹办了一所曼彻斯特蓝大衣学校，后来这所学校发展成为可以同时使 100 个小男孩接受良好培训的机构。在遗嘱中，他还将维持学校剩余的钱，用于支付 40 个贫苦男孩的学徒费。与这所学校一起的，还有一个珍藏约 25000 卷书籍的图书馆，这些书籍非常珍贵，上面有很多真人手迹。切萨姆为修缮维护图书馆的建筑预留 1000 英镑，另外 1000 英镑用于购书和其他一些用品。除此之外，另有 200 英镑用于购买英国著名神学家的书籍、解读《圣经》的书籍，或者其他适合大众阅读的书籍。

关于商人切萨姆的生活习惯和私人生活的资料相当缺乏。他的遗嘱执行人之一曾说，他是一个勤奋阅读经典的读者，认为经典承载着神的福音。牧师称赞他是一个令人尊敬的人，具有十分虔诚、正直、节制、谨慎、诚信的品质。①

案例 4：外贸商人乔赛亚·柴尔德（Josiah Child，1630—1699）

男爵一世乔赛亚·柴尔德出生在伦敦一个商人世家。他的父亲理查德·柴尔德是伦敦大商人，也是贝德福德郡郡长。乔赛亚·柴尔德的兄弟约翰在印度工作，是东印度公司的代理人。乔赛亚·柴尔德经历了商人学徒教育之后，25 岁开始在朴次茅斯作为共和国政府海军的粮船押运员独立经营，积累了大笔资本，并成为东印度公司的大股东。

1659 年，乔赛亚·柴尔德作为彼得斯菲尔德市代表进入议会，以后又多次被选为其他城市的议会代表。在东印度公司中，他以优秀的口才和文笔为东印度公司争取了政治权力和贸易垄断权，获得拥护，被视为著名的股东，并于 1677 年成为董事，接下来又成为副总督和总督。

乔赛亚·柴尔德最突出的贡献是在经济学领域非常有见地的论述，尤其是《贸易简论与货币利率》（*Brief Observations concerning Trade and the Interest of Money*）和《贸易新论》（*A New Discourse of Trade*）。在这两部著作中，他阐释了自己关于自由贸易的主张，展示出对经济运行规律的深刻洞悉，由此，他被认为是 18 世纪自由贸易理论的先驱者。

① H. R. Fox Bourne, *English Merchants: Memoirs in Illustration of the Progress of British Commerce,* Vol.I, London: Richard Bentley, 1866, pp.285–295.

尽管柴尔德认为自己是自由竞争的拥护者，但他同时也认为政府对殖民地贸易的管制对英国是有利的。他认为荷兰的发展模式是可以学习的，尤其适合英国学习，他以荷兰为范例从 15 个方面提出了改善英国贸易的议案。柴尔德还认为，一个人不可能不购买外国商品，而一味地销售给外国人货物，拒绝贵金属的出口是绝对有害的。

对于乔赛亚·柴尔德，同时代的人评论说，他对商品的独特洞察堪称卓越非凡。这得益于他受到的教育，这一点他胜过那个时代的任何一个人。他将一生都奉献给东印度公司，他的知识视野和领悟能力出类拔萃，其优秀的管理能力招致公司成员的羡慕和嫉妒，他似乎总是很真诚，却仍被同行认为自负、贪婪和太狡猾。[①] 总之，柴尔德是一位兼具智慧与魅力的商人典范，尽管并非完美无瑕。

案例 5：外贸商人达德利·诺斯

达德利·诺斯是一位 17、18 世纪海外贸易商人的典范。他出身于绅士家族，幼年时表现出经商的志趣，加上是男爵次子，所以他被家庭规划将来去做一位商人。他在伯里文法学校就读，并趁适当时机在伦敦一家书写学校学习商业书法和簿记，之后跟随伦敦一位利凡特公司商人做学徒，学徒期后两年跟随代理师傅在土耳其进行商业实训，学徒期满后在土耳其做伦敦商人的代理商，再之后回伦敦独立经营。达德利经过一生的艰苦奋斗取得了巨大成功，树立了新的成功商人的形象。

---

① H. R. Fox Bourne, *English Merchants: Memoirs in Illustration of the Progress of British Commerce*, Vol.I, London: Richard Bentley, 1866, pp. 334–351.

达德利“具有经营商人所必备的知识技能和良好素养”。他“具备良好的表达能力，语言风格准确到位，简明扼要；精通三门外语；懂得一定的法律知识；掌握有关生产、分配、交换的经济知识；熟悉呢绒的制造过程；熟稔货物运输的程序；思维敏捷，能迅速切中要点；有着敏锐的市场嗅觉，他的朋友评价他能够读懂市场，能够正确地预见供求趋势”。

达德利明显具有商业理念和资本主义精神。他认为，人不应该不劳而获，应该努力劳动，懒惰是令人厌恶的。他在土耳其经商时很勤勉，即使在酷暑难耐的季节仍然勤奋工作，坚持天天开门营业，事必躬亲甚至亲自做下层雇员的杂活儿。他惜时、守时，认为浪费时间与浪费金钱一样可惜。他始终认为诚信是最好的方法，诚实守信使他节约了成本，获取了更大的利益，很多时候仅靠口头承诺便可以成交。他反对一些商人违反习惯法的行为；他憎恶偷盗，尤其对虚伪奸诈之徒有着强烈的反感情绪。他在经商中具有理性的思维方式和行为，不会理所当然地作出决策，能够深思熟虑，理性地谋划，能够估计潜在的风险和可能的利润，善于把握商机，进退自如，尽可能扩大利润减少损失。他还有理性的贫穷观，认为穷人应该靠自己的劳动维持生计，而不能指望随意的施舍和政府的资助，政府的济贫措施应该是让穷人工作，提出只有在不断增加国家财富的基础上，才能够彻底消除贫穷。

达德利在创业之初就养成了节俭习惯，认为节俭是资本主义原始积累的重要因素。他始终理性地克制欲望，不铺张浪费，不将钱财用在无用的事物上。对生活所需要的物品只求使用方便，衣着随意舒适，注重积累，将精力和物力投向创造和积累财富上。他认为合理的节制对商人而言是很重要的，可以让人保持冷静和理智。

达德利还对商业有着自己明智的见解。他发表了一些关于贸易的论述。他提出尽管买与卖是很多人的职业，很多人每天都在做，但是较少有人思考贸易的原则，而是仅满足于自己特定的生意需要，考虑采用什么方式可以直接获利。他大胆地谴责所有诸如此类的自私观点，论证所有限制贸易的措施都是愚蠢和邪恶的。他坚定地主张在一切商业交易中确立完全的自由：法律不能设定贸易价格，价格必须由市场自身形成，法律一旦试图干预这些时，就会成为贸易的阻碍，从而对贸易有害；任何偏袒某一行业或利益团体的做法都是滥用权力，会严重削减公众利益；没有哪个国家曾经通过政策而变得富强，只有和平、勤奋和自由才能带来贸易和财富，除此之外没有其他途径。达德利是早期自由贸易的倡导者，他的思想对于后来的经济学家，如亚当·斯密，产生了重要影响，推动了经济思想从重商主义向古典自由主义的转变。①

① 参见 H. R. Fox Bourne, *English Merchants: Memoirs in Illustration of the Progress of British Commerce*, Vol.I, London: Richard Bentley, 1866, pp. 318–328；此处还参照了刘景华主编的《走向重商时代：社会转折中的西欧商人和城市》第二章对商人在经商中新形象的论述。

第三节

新的商人阶层在英国经济社会转型中的作用

新的商人教育模式更好地适应了英国商业化社会的需要，提高了新商人阶层的整体素质，增强了商人阶层的总体实力，使他们在经济、政治和社会领域发挥着越来越重要的作用。

一、新的商人教育模式成就了庞大的新商人阶层

虽然很难统计 15—18 世纪商人总人数增加的确切数字，但从一些现代学者的研究中可以粗略勾勒出商人人数增长的绝对趋势。以全国商人最为集中的伦敦为例，S. L. 瑟拉普估算 16 世纪初伦敦商人有 1200 人。[①] 而格拉斯比对 17 世纪伦敦商人的估算则是：全职（full-time）的海外贸易商人有 1000 人，不经常（occasional）的海外贸易参与商人有 1000 人。再根据一个保守的估计比例——海外贸易商人与国内贸易商人之比 1 ∶ 4 计算，伦敦从事国内贸易的商人约有 8000

① Sylvia L.Thrupp, *The Merchant Class of Medieval London 1300–1500*, Ann Arbor: The University of Michigan Press, 1962, pp. 43–45.

人。[①]据此推算17世纪伦敦商人总数就有1万多人（实际上这是一个非常保守的估算，有很多商人根本无法统计到），比16世纪初期增长了近10倍。另有格里高利·金于1688年统计，整个英格兰和威尔士海外贸易商人有1.6万人，国内贸易商人有4.8万人，店主和小商人有18万人，共约24.4万人。[②]可见，商人队伍已经相当庞大。而且，商人群体中绝大多数是受过良好教育的。虽然商人的受学校教育率很难有确切的数字，但在接受学徒教育之前必须有学校教育的经历是当时的一个普遍要求。由此，基本上可以认定受学徒教育率就是受学校教育率。商人受学徒教育率是非常高的，根据格拉斯比对17世纪已知商人的研究，死于1580—1740年的2790位商人中，有学徒教育经历的约占61%；生于1541—1700年的1248位商人中，有学徒教育经历的约占83%。[③]实际上，受学徒教育率还要高于这些数字，因为一些靠继承取得自由人身份的商人的学徒教育没有进行正式的登记。而非商界的孩子要进入商界的话，学徒教育则是必由之路，这更说明了商人教育模式在壮大商人队伍过程中的重要作用。

---

① R. Grassby, *The Business Community of Seventeenth-century England*, Cambridge: Cambridge University Press, 1995, p.57.

② D. C. Coleman, *The Economy of England 1450–1750*, London: Oxford University Press, 1977, p.6.

③ 根据R.Grassby, *Kinship and Capitalism: Marriage, Family, and Business in the English Speaking World, 1580–1720,* Cambridge: Cambridge University Press, 2001, p.272, Table 7.1 作出的分析。

二、新商人阶层推动了英国社会经济形态的转型

新的商人教育模式成就了商人财富的迅猛增长。据瑟拉普研究，15 世纪，伦敦商人死时动产在 300 镑左右的就算中等富裕水平。而到伊丽莎白时代，伦敦商人动产的平均数为 7780 镑。到 17 世纪末时，根据学者朗格对伦敦具有参议员身份的 140 个商人的财产状况调查，其中 95% 的人动产超过 1 万英镑，有的巨富动产甚至高达 40 万英镑。① 而且据学者考察，商人的受教育率是与财富的多少成正比的，动产在 0—500 英镑的商人的受学徒教育率约 61%；501—5000 英镑的约 68%；5001—5 万英镑的约 74%；5 万英镑以上的是 76%。② 这组数字足以说明商人的良好教育之于事业发展和成功的重要性，也足以说明新的商人教育模式的有效性。

新的商人教育模式给商人群体直接带来了财富的增长，另外，在经济领域中，由于新商人阶层具备过硬的业务技能和品质，更富有新的资本运营理念和冒险开拓精神，更加注重理性投资、合法取财，因此，他们能够通过新型的贸易公司、个人合伙或商号等商业组织，运用各种复杂的信用手段，广泛开展在国际市场上的贸易往来。从 16、17 世纪起，英国商人组建了俄罗斯公司、利凡特公司、东印度公司、

① 转引自陈曦文：《英国都铎时代伦敦商人的财富和权力》，《世界历史》1993 年第 4 期；另张卫良《英国社会的商业化历史进程（1500—1750）》第 276—283 页也对商人财富积累有详细论述。

② 根据 R.Grassby, *Kinship and Capitalism: Marriage, Family, and Business in the English Speaking World, 1580–1720,* Cambridge: Cambridge University Press, 2001, p.272, Table 7.1 作出的分析。

弗吉尼亚公司等新型的商业组织，将英国海外贸易由欧洲大陆拓展到全世界，不仅为英国积累了巨额财富，而且在英国开疆拓土，最终成为“日不落”殖民帝国的过程中起到了关键作用。在国内，商人群体及时将商业资本转化成工业资本，广泛投资到乡村毛纺业、矿产开采与冶炼、工业产品制造等领域，推动了国内乡村工业的发展和农村的资本主义化。[①] 更有一些优秀商人积极投资房地产、金融业、银行业、保险业和基础设施建设等新兴行业，推动了国内资本市场的多元化发展，为 18、19 世纪的工业革命做好了准备。商人群体在经济领域中的活动，推动了英国经济形态由传统的以农业为本向以工商为本的现代社会转型，为英国 18 世纪确立“世界霸主”的地位起到了极其重要的作用。

三、新商人阶层推动了政治制度的民主化进程

新的商人教育模式提高了商人的参政能力。以工商业为主体的民众的参政议政是政治民主化的标志之一。在这方面，英国有着浓厚的传统，由于英国城镇的形成有其独特的道路，即它们原本就是工商业

① 国内学者对这方面的论证较多，比如，陈曦文的《论伊利莎白时代英国的商业扩张》（《北京师范学院学报》1989 年第 5 期）；程皖的《1550—1640 年代英国商业公司的海外贸易及其影响》(《历史教学问题》2006 年第 1 期)；刘景华的《商人资本控制下的乡村工业》(《走向重商时代：社会转折中的西欧商人和城市》第 79—109 页）中的论述；王军的《商人冒险家公司与英国海外贸易的转型》,《历史教学问题》2011 年第 5 期。

的集聚中心，因此，还在中世纪晚期时，商人在城镇中的政治地位就比较高，他们凭借财富和才能兼任地方市政的重要职务。到16世纪时，商人的政治权力进一步扩大，伦敦的商人几乎完全控制了伦敦城，把持了城市政权，形成商人寡头集团。伦敦城的市长、市行政司法长官、参议院和市政议会几乎完全由商人占据。在重商主义政策的推进下，商人们为从国王那里获取商业上的特许权、垄断权和税务赦免权等经济特权，主动向国家一级行政靠拢，通过向国王贷款、充当国王的财政代理人、包税等方式与王室建立种种关系，但是这种关系的构建只能保障部分商人的权益，却使大部分商人利益受损，而且为政治腐败的滋生提供了便利。[①] 伴随着商人整体素质的提高，商人群体越来越多地利用自己的见多识广、独特的管理经验、理性的计算能力、练达的社交能力和掌握多种语言的优势，在外交、财政、海关和议会等与商业密切相关的部门直接任职，开始在政治舞台上崭露头角。比如，被称为“商业巨子”的托马斯·格勒善，曾是爱德华六世、玛丽和伊丽莎白三朝的重臣，充当国王的财政管家，为国王出谋划策，作出了巨大贡献。另外，都铎王朝时期，国王政府的财政代理人、关税的管理人员、造币厂官员也大都由伦敦大商人出任，他们利用自己拥有的对国际货币、市场及对外贸易的知识为国王政府服务。自宗教改革后，议会的权力不断增强，更多的商人跻身议会。在都铎王朝时，商人在

① 比如，助长了大臣的腐败行为，损害了部分商人的利益，加重了民众的不满情绪。见张松韬的《早期斯图亚特王朝国王与城镇商人的商业关系》(《四川师范大学学报(社会科学版)》2013年5月)。

议会中的比例达到了15%—17%。[①] 他们推动议会通过更多符合工商业阶层利益的政策，进而推动英国政治制度和政治生态的民主化。

17、18世纪的商人们频繁出现在国家级别的政治舞台上，他们的经济实力与政治影响力相互交织，共同塑造着那个时代的政治风貌。一些著名商人在维基百科上被广为记载。莱昂内尔·克兰菲尔德（1575—1645），一位伦敦商人的次子，跟随伦敦商人李察·谢泼德做学徒，之后约在1599年成为其合作伙伴。他由于在商业上的敏锐眼光得到北安普敦勋爵的赏识，并被勋爵推荐给国王詹姆士一世，从1605年起他就进入王室服务。他多次被选为议会议员，先后被任命为海关验船师（Surveyor-General of Customs）、锦衣库的管家（Keeper of the Great Wardrobe）、海军首席专员（Chief Commissioner of the Navy）、财务大臣等。他不仅是一位成功的商人，也称得上一位政治家。普尔·宾达（1565—1650），出生于北安普敦郡的威灵伯鲁市，曾就读于威灵伯鲁市文法学校，后在伦敦跟随一位意大利商人做学徒，18岁时去威尼斯做代理商。后从事与奥斯曼帝国之间的贸易，其间他先是兼任君士坦丁堡大使的秘书，后来任詹姆士一世国王时期驻奥斯曼帝国的大使，还在斯图亚特王朝前期担任国王的财政部部长，成为国家重臣。乔塞亚·柴尔德，出生于伦敦一个商人世家，接受学徒教育后，他开始作为共和国政府海军的粮船押运员在朴次茅斯独立经营，积累了大笔资本，并成为东印度公司的大股东。他以优秀的口

① 关于都铎时期英国商人与政权的关系见赵秀荣的《16—17世纪的英国商人与政权》（《世界历史》2001年第2期），该文论述了商人参政的形式和发挥的政治作用。

才和文笔为东印度公司争得了政治权力和贸易垄断权，受到拥护而升任总督职位。他曾多次被选为地方城市的议员参加议会。他以荷兰为范例，提出了众多改善英国贸易的议案。他倾向于主张自由贸易，被认为是18世纪自由贸易的先驱，对英国贸易政策的制定产生了重要影响。还有前文说到的达德利·诺斯，出身于绅士家庭，早年在免费文法学校学习，15岁被送往伦敦的一所寄宿书写学校学习，为当学徒做准备。17岁时，他开始做伦敦绸布商学徒。学徒期满后，他先是在利凡特做代理商，积累了一笔可观的财富，后回到伦敦继续从事对外贸易。他因商业知识和才能受到政府赏识，被授予爵位，并先后被任命为海关专员和财政部专员，詹姆士二世时他又被选为议员。他主张自由贸易，反对政府干预经济，被认为是与洛克、配第齐名的经济学家。这些优秀的商人，依靠个人的财力和政治影响力，尽最大可能地推动着国家对商业和贸易的管理。

长期以来，英国贸易的管理保持着一种相当特别的风格。王室掌握着贸易的特许权、限制权和管理权，贸易的管理和商业相关政策的实行主要靠跻身政治舞台上的有影响力的商人来推进。伴随着商业的发展，进入17世纪后，商人谋求与政府更加稳固的关系的欲求更加强烈。乔塞亚·柴尔德，作为贸易委员会的一位现职商人，在《贸易新论》中提出，即便议会每期都通过一项有利于商业的议案，我们仍然期待权力走廊更为开阔些。与此同时，社会对商业和商人在国家前途中的重要性也给予了深切关注，就政府对贸易的管理方式问题也展开了广泛的讨论。讨论中，一些让商人在国家公共生活中发挥更为突出作用的方案浮出水面。比如，为组建富有经验的贸易管理平台而增加商业领域的代表的诉求受到更加广泛的支持。复辟前，经济分析家约翰·基默（John Keymer）就呼吁，必须在詹姆士一世统治的外围构建一个“商人政府”。在斯图亚特王朝早期，王室曾任命了几届调查委员会负责调查几起专项商业事件，但这样的机构没能持久和有效地存续下来。查理二世复辟后，鉴于他在被放逐期间认识到商人团体的重要性，因此成立了一个独立的贸易委员会，办公地在伦敦绸布商公会大厅，成员 60 人中，有至少 20 人是伦敦商人，但这个机构的作用仅限于提建议。

在 17 世纪 60 年代晚期，商人仍不懈地努力推进商业管理平台的创建。乔赛亚·柴尔德提出，荷兰之所以能因贸易而成为强国，首要的原因是那些既有丰富实践经验又有深厚贸易理论知识的商人能够参与国家的决策过程。他认为，这一点是英国最需要学习和借鉴的。这一主张得到罗杰·科克的鼎力支持，他在 1670 年呼吁议会成立一个“常设的贸易委员会”，该委员会由优秀商人组成。著名政治宣传家威廉·佩蒂（William Petyt）于 1680 年提出贸易均衡发展问题必须诉诸有经验的商人，他强调商人谨慎、聪慧、公正，能够顾全公众利益和他们个人的利益，呼吁政府吸纳更多的商人参政。光荣革命之后，公众对商人直接参政的讨论更加热烈，并最终推动了 1696 年 5 月新的贸易管理部（Board of Trade）的成立，在这里商界精英起着更加重要的作用，但商业的监管仍然掌握在绅士手中。原因是政府对商人能否超越私利而顾全大局持怀疑态度，一些民众还认为自私自利的商人是不可能对关乎王国利益的商业作出最客观的裁决的。商业的管理最好由议会来负责，一个会聚贵族、绅士和商人的集体才能制定出符合王国公共利益的商业法律、规则和政策。① 光荣革命之后，议会权力的提高，使商人阶层越来越多地通过议会途径参政。议会中商人议员的逐渐增多，加上群众支持商业议案的请愿活动增多，在议会中商人凭着自己的智慧和才能参与复杂的经济议案的辩论，大大提高了商业议案成功通过的概率。商人阶层积极参政，并在政府中起着越来越大的作用，推动了英国政治体制的转型。正是英国商人的积极参政，促使英国较早地确立了资产阶级民主政体。

实际上，商人在政治领域中施展才华是 18 世纪政治发展的一个新趋势。有学者研究称，商人在 18 世纪的社会中占据重要位置，不仅是因为他们在商业活动中积聚了巨额的财富，还因为他们形成了一个紧密的精英团体，在大英帝国的许多港口和城市展露出其政治和经济影响力。②

四、新商人阶层推动了教育、医疗、公共文化事业的发展

在新的商人教育模式的培养下，商人的社会责任感增强。捐助慈善事业一直是商人群体的传统。伴随着 12 世纪以来的城市复兴运动，

---

① Perry Gauci, *The Politics of Trade: the Overseas Merchant in State and Society, 1660–1720,* London: University Press, 2001, pp. 182–192.

② H. V. Bowen, *Elites, Enterprise and the Making of the British Overseas Empire, 1688–1775*, London: U.K. Macmillan, 1996, p. 56.

市民阶层兴起，为了满足市民阶层对知识的追求和职业培训的需要，城市学校悄然兴起。15世纪时，英国的文法学校发展迅猛，过去由修道院所承担的学术研究和教育的职能已基本由文法学校和大学取代，然而大学依然被经院神学主宰，文法学校的整体办学水平也较为低劣。英国的学术和教育依然遵循着中世纪的模式。[①]直到宗教改革时期，教会垄断教育的局面才被彻底打破，这场变革促进了英国教育体系的多元化发展。与此同时，世俗社会勃然兴起，在文艺复兴人文主义思想的激发下，广大民众焕发出了强烈的追求世俗幸福的进取心和求知欲。再加上培根、艾利奥特、哈特利布等人的先进的教育思想的推动，16、17世纪出现了社会办学的热潮，英国的王室成员、贵族官僚、乡绅、约曼等社会各界人士广泛参与捐资教育的运动，但是“教育慈善事业的最大捐赠者是商人阶层，特别是伦敦富裕的企业家和批发商”[②]。参与教育资助的不仅仅有一些实力强大的商人团体，其中，丝绸商公会投资创建了圣保罗学校，杂货商公会创建了奥德尔学校，成衣商公会创建了成衣商学校，生皮商公会创建了托恩布里奇学校，酒商公会创建了奥尔登汉姆学校，鱼商公会创建了格雷沙姆学校，呢绒商公会创建了班克罗夫特和豪厄尔女子学校，服饰商公会创建了阿斯克学校和威廉·琼斯学校，等等，难以计数；[③]还有一些识时务，且富有爱心和责任心的商人个体，如在格勒善家族中，约翰·格斯善购买了哥哥的

---

① James Bowen, *A History of Western Education*, Volume Two, London: Mcthucn & Co. Ltd., 1975, p. 149.

② 徐辉、郑继伟：《英国教育史》，吉林人民出版社1993年版，第76页。

③ 金志霖：《英国行会史》，上海社会科学出版社1996年版，第168—169页。

家庭住宅，创办了一所免费文法学校，并捐助了大笔基金。[①]著名商人托马斯·格勒善还创办了一所商人高等教育学校即格勒善学院，这不但弥补了大学在实用学科教育方面的缺陷，而且还确保了没有条件听大学讲座的市民能学到实用的知识。有的商人创办私立商业学校，如一位长期在阿姆斯特丹经商的商人，1630 年回到伦敦，在商业中心朗伯德街创办了一所学校，这所学校中用英语和荷兰语讲授计算及各种国内外的簿记方法。有的商人将自己的经商处事实践总结成教科书出版，如布里斯托尔商人约翰·布朗，他凭着在葡萄牙长期的经商经历，编写了一本 70 页的小手册《商人忠告》，向代理商和学徒介绍外国通货和记账知识，提供各种各样的商业文书范例。商人捐资助学和投资办学不是一种个体行为，而是一种群体行为，成为近代早期一种引人注目的社会现象，当时的一位作者尼古拉斯·卡莱尔在他的《英格兰与威尔士捐助文法学校简述》(*Concise Description of the Endowed Grammar School in England and Wales*) 一书中提出，在 16 世纪和 17 世纪早期由商人捐助的学校有 50 多所。裁缝商约翰·斯透在《伦敦概览》(*A Survey of London*) 一书中记载了伦敦商人捐助教育的善行，截至 1633 年，捐助教育的伦敦商人已有 60 多位。尽管他们身在伦敦，但创办的学校遍布整个英国。[②]商人对教育事业的关怀不仅提高了全民的文化水平，而且推动了英国教育的世俗化和实用化，使教育更好地

① H. R. Fox Bourne, *English Merchants: Memoirs in Illustration of the Progress of British Commerce*, Vol.I, London: Richard Bentley, 1866, p. 172.

② Louis B. Wright, *Middle-Class Culture in Elizabethan England*, Chapel Hill: University of North Carolina Press, 1935, p. 51, p. 52.

满足了英国经济社会转型的需要。

在社会领域，商人表现出较强的社会责任感。他们参与公共事务，不再仅仅出于宗教虔诚，或者为了灵魂救赎和树立个人体面的社会地位，而是表现出了更多的社会责任感。在完善的国家社会救助制度形成之前，商人通过教育捐助、广建医院和其他福利机构，向贫民提供就业机会等多种社会救助形式，承担起了社会救助的重任。一项统计数据表明，大商人财富的 17% 用于慈善事业，小商人的这一比例为 12%，而乡绅、手工业者用于慈善的财产仅占其总财产的 4%。1541—1560 年，商人的慈善捐款占捐款总数的四分之三；1560—1600 年，占捐款总数的三分之二。[①] 商人的社会救助呈现的明显趋势是，由针对个别的私人救助转向针对社会秩序的社会控制，由单纯直接的钱物捐赠扩展到包括济贫、医疗、教育和修筑社会公共设施的全面关照。商人的这些行为推动了社会公益、福利事业的发展，推动了社会的进步。

在文化价值观领域，商人阶层还以自己的成功实践创造了新的成功哲学。一位商人如何才算成功呢？商人的成功首先应该是财富的增长，进而是政治社会地位的提高和良好社会信誉与社会形象的树立。无数成功商人的案例证明了成功是要靠自己的勤奋、节俭、虔诚、理智、勇敢、谨慎、诚实、珍惜时间、重视信用、精于计算、理性投资、守时守信、合法交易、热爱国家、关爱社会等优秀品质来取得的。这一系列的优秀品质汇聚起来就是一种新的职业伦理道德观，马克

① 郭丽敏、王军：《转型时期英国商人价值观及社会活动的影响》，《哈尔滨师范大学社会科学学报》2015 年第 5 期。

斯·韦伯称之为“资本主义精神”，也正是商界精英们所代表的这种精神引领了一个崭新的时代。到 18 世纪中期时，英国社会各阶层普遍认为，商人的“德行”（virtue）已经成为大不列颠民族更加富强和更加富有威望的动力源泉（key agents）。①

小　结

伴随着经济社会的转型，面对着商业的规模化、现代化、多样化发展对高素质商人培养和教育的需求，商人培养模式也在发生着巨大的变迁。其中，家庭教育和学徒教育仍是基础，学校教育和社会教育越来越重要，在商人成长中起着补充教育和继续教育的作用，成为商人成长中不可或缺的重要环节。新的商人培养模式的形成是商业发展与文艺复兴、宗教改革、政治变革、经济结构变革等相互因应的结果，也是商业教育自发适应、自我调适的结果，较少有政府的干预。这种模式更加社会化、多样化，更加灵活及时地满足了商人的需要，使商人的整体素质有了较大提高。

通过对史实分析和大量商人个案的描述，我们可以较为明显地看到一个高素质的新商人阶层。这一群体不仅阅读、识字、语言应用等方面的水平提高了，书写、簿记、计算、商品鉴别、运输等方面的基

① H. V. Bowen, *Elites, Enterprise and the Making of the British Overseas Empire, 1688–1775*, London: U.K. Macmillan, 1996, p. 56.

本功更为扎实，而且还掌握了一定地区或国家的法律、风俗、文史等方面的知识，具备了经商所需的足够的知识、技能和业务素质。他们还有着自己的人生观和主流价值追求，勤奋、节俭，重视财富积累；谨慎、诚实、理性，重视信誉维护；勇敢、执着、刻苦，敢于开拓进取；乐善好施、周济穷困、热心公益，富有责任感；善于思考、有独立见解，视野开阔、格局广大，关心民族国家的富强。

关于商人在英国社会转型中的作用，国内外的研究较为成熟，众多商业和商人研究的专著对商人的作用给予了充分的肯定，甚至是赞扬。比如福克斯·伯恩的《英国商人》以不同时代的大商人为个案，梳理了商人在民族国家商业繁荣、国力增强、政治民主自由、社会进步和国民素质提高等方面作出的贡献。瑟拉普的《中世纪伦敦的商人阶级（1300—1500）》、格拉斯比的《17 世纪的英国商界》、P. 高斯的《贸易的政治：在国家和社会中的海外商人（1660—1720）》等，都从不同方面肯定了商人在社会转型中的贡献。国内专门研究英国商人的著作，比如赵立行的《英国商人》描述了英国商人经营的理性化和务实风格，赞扬了英国商人开放、进取，富于冒险的精神；赵秀荣的《16—17 世纪英国商人与政权》、刘景华的《走向重商时代：社会转折中的西欧商人和城市》、张卫良的《英国社会的商业化历史进程（1500—1750）》等，也都肯定了英国商人在经济社会转型中的积极作用。本研究成果主要结合商人的个案，论证商人阶层接受的教育与他们能够发挥的作用之间的正向关系。虽然在笔者能够穷尽的资料中，可以直接说明商人接受的教育与他们所发挥的作用能够一一对应的个案资料较少，但是通过对商人成长个案中相关的零碎资料的梳理和对前辈们相关论著的研读和分析，还是能够得到一个清晰的认识：商人队伍的壮大和财富的增长，以及他们在英国经济、政治、社会向近代转型中，在民族精神、文化价值观的引领方面能够发挥重大作用，与新的更为开放化、多样化、实用化商人的培养和教育模式，以及商人强烈的自我完善的追求有着密不可分的正向关系。

结　语

在15—18世纪英国向近代社会全方位转型的时期，政治、经济、意识形态等都历经了剧烈的变革，其中商业的发展和变革成为最突出的时代特征，有力地推动了整个社会的商业化和近代化进程。商业成为社会的中心经济部门，商业结构、商业组织、商品交易方式、商业经营技术等都在发生着前所未有的变化。这种变化本身就意味着其背后必然有强有力的推动者，这个推动者不可能是与商业无关的人员，而更应该是新兴的商人阶层自身。这个阶层无论知识、技能还是品格、素质，也都应该远高于从中世纪过来的传统商人，其队伍也应该比以往壮大得多。而商人阶层要成长到这一新的境界，必然也需要与以往大不相同的培养和教育的内容、目标和方式，接受从商教育的人数也必定比以往多得多。

那么，社会转型时期英国商人教育的状况如何呢？怀着这样一份好奇心，笔者做了以下工作：

第一，分析了社会转型背景下商人教育发展的社会历史动因。在文艺复兴、宗教改革、资产阶级革命等重大思想、政治变革背景下，在重商主义思潮和政策的直接推动下，英国经济社会结构迅速商业化，商业迅猛发展与变革，商人阶层形成，这些都成为要加强商人教育的时代动因。商业的发展与变革集中体现在商业结构不断调整、新型商业组织不断诞生、商品流通方式更加多样、商业经营技术更加复杂深奥等方面。这些发展和变革要求商人必须具备全面的技能和良好的品质，即“全才商人”，因而成为推动商人教育发展的主要动力。

第二，阐述了新的经济社会转型背景下，家庭场域对商人的培养和教育呈现出的新发展趋势、特质以及局限性。长久以来，职业技能的传承主要依赖“父传子”和“师传徒”方式，在这一时期，家庭在商人教育领域仍然起着决定性作用，各个阶层的家庭对意欲从商孩子的教育都普遍加强，教育手段更加多样，教育内容与时俱进、更加丰富。因此，家庭场域对商人的培养和教育在商人早期成长中起着重要作用。但由于商人家庭出身不同，家庭在商人培养和教育上预先赋予的影响和作用也有很大区别，商界家庭在对商人培养和教育方面较之其他非商界家庭具有绝对的优势，形成了商界家庭教育对商人教育资源事实上的垄断。这不利于高素质商人的培养，也不利于整个社会阶层间的良性流动，显示了传统商人培养模式的局限性。

第三，阐述了新的经济社会转型背景下，商人学徒教育的新发展和局限性。15—18 世纪，“师传徒”的传统学徒教育方式仍是商人教育的主要途径。而且学徒制度更加完善，走向发展的顶峰，在教育效果上，不仅能使新商人受到“为商”知识、技能的培养，而且还受到“为人”之道德品质的塑造。学徒生涯的历练和积累是商人一生事业成功的奠基石。但是，面对新的商业形势对人才的更多、更高的需求，传统的商人学徒教育方式也暴露出自身难以克服的时代局限性。这表现为：其一，由于行会、公司等商业集团的利益与社会利益存在矛盾的一面，行会、公司等商业集团为了维护既得利益而不愿意过多扩纳新成员，这造成学徒教育制度难以满足日渐增多的从商人员的教育需求，迫使学员不得不寻求学徒制外的教育方式。其二，师徒利益的冲突，就其本质来说，也是商业集团利益与社会利益冲突的缩影。“师传徒”式教育效果对师傅的责任心依赖过重，学徒教育效果的保障主要靠行会的监管体制。然而伴随着行会制度的衰落，实际上学徒制度的教育效果出现监管不力的情况，再加上师傅自身才能、德行参差不齐，或者师傅私心太重，这些局限造成难以培养出时代需要的高素质的新商人。

第四，论述了在转型时期经济社会结构变动下，尤其是商业发展的直接推动下，正规学校教育领域出现的发展和变革。这种为了适应社会需要所作出的教育变革呈现出阶段上的不同。15、16 世纪时的教育改革主要是在人文主义者大教育理念指导下，重在提高大众的知识文化教育。虽然也有极少的重视实用教育的文法学校进行改革，开始兼顾商人的培养教育，但是这种教育带有临时性、业余性特点，讲授商业基础知识、技能，肩负着商人学徒的预备教育任务。到 17、18 世纪时，学校教育越来越多地接受了职业教育或者说实用教育的理念，传统的文法学校出现分流，一部分仍然保持古典文科教育，为大学输送人才；另一部分则定位在实用人才培养上。再者，为了满足“不信奉国教者”（主要是清教徒）子弟教育的需要，社会上创办了一批提供中等教育的学校，这类学校开课内容丰富、实用，成为商业人才培养的主力军。与此同时，社会上还涌现出一些高质量的、更加实用的私立商科学校和城市学院。这些类型的学校多是由商人个人或者商人组织创办，对商业人才培养更加具有针对性且灵活高效，甚至呈现出取代学徒教育的发展趋势。

第五，分析了已从业的经营商人在社会生活和商业实践中接受教育的各种方式与途径。自古以来，在社会生活和商业实践中积累经验都是商人的一种重要的学习方式。在经济社会向现代转型的新时期，经营商人除了按照传统在商业和社会实践中摸索和积累经验之外，商业经营单位内部逐渐形成了一套培养新人的惯例，即让年轻商人做代理人的方式积累经验，逐步走向成熟。由于印刷技术的进步、地理大发现、人们知识视野的开拓，商人可以从大量的旅行文化类、法律类、语言类、商业类书刊中获取指导和建议。由于民族国家的强大，国家开始从社会体制、法律法规、金融信用体制等方面对商业进行良性规范和管理，商人也可以从中学习和获益。再者，自由竞争的市场经济体制下，商人在追逐利益最大化的同时，也日渐注意到维护信用的重要性，从而在不良道德行为面前进行自我约束。还有，伴随着宗教改革的推进，大众宗教思想和观念的转变，宗教信仰也更利于商业经营，信仰虔诚，必然行有依归。宗教信仰对商人道德行为起着明显的约束作用。这些丰富的社会教育资源使经营商人能够不断地接受继续教育，而且多种多样的社会教育日益成为成年商人的主要教育方式。

在全面考察15—18世纪英国商人教育的史实基础上，笔者分析得出以下结论：在经济社会转型时期，英国商人的受教育模式也在适应时代发展而进行着自发的转型，即由依赖家庭和商人组织培养与教育的阶段向以学校和社会为主导途径的教育模式转变，从而形成了带有转型色彩的家庭、商业组织、学校和社会多管齐下、相互补充的综合培养模式，使商人教育呈现出更加公开化、公平化、多样化和现代化的特征。这种新的培养模式不仅更好地满足了日渐增多的意欲从商人员的教育需求，而且大大提升了商人群体的整体素质，使他们具备了经商所需的足够的知识、技能和业务素质，展现出了鲜明的“职业道德”和“资本主义精神”，成为一支队伍庞大、品质良好、技能全面、富有理性和开拓精神的新商人阶层。

在新的商人培养和教育模式下，商人队伍不断壮大，财富迅猛增长，商人成为一个相对独立的、充满活力的精英群体，像一股新鲜的血液注入英帝国肌体内，推动着英国经济、政治、社会向现代转型。尤其是这些商界精英所代表的所谓“资本主义精神”引领了英帝国进入一个崭新的时代。新商人阶层之所以能够发挥重大作用，固然与特定时代的社会结构提供的机遇有关，但更与新的更为开放化、多样化、实用化商人的培养和教育模式，以及商人强烈的自我完善的追求有着密不可分的正向关系。

从总体上看，社会转型时期英国商人的培养和教育模式是积极的、成功的。它为社会塑造了一个技能全面、品质良好的新商人阶层，使他们在经济、政治和社会领域中发挥了重要作用。从这一视角看，新的商人培养和教育模式，也是助力英国经济社会转型的重要因素之一。当然，我们仍然不能高估教育的作用。教育属于上层建筑范畴，它通过对人才的培育，储备适合经济发展需要的人力资源来作用于经济基础。在经济发展中，即便是社会有了优秀的人才，人才的积极性能否得到充分的发挥，还要仰赖政治、法律、宗教、道德、艺术等很多方面的配合。比如，商人对信用的遵守问题。鉴于信用之于商人的重要性，为了获得更多社会信任，保证信用渠道畅通，聪明的商人都会更加自觉地树立良好的业务形象，竭力构建和维护好的名声。但是要持久地维护好信誉和名声也不是一件容易的事情，因为偶尔的疏忽、经营不善和花销过度等都会造成信用难以兑现。而一旦有某个商人无法兑现承诺，就有可能像多米诺骨牌一样造成一连串商人的信用周转不畅。事实证明，这种建立在个人交情之上的信用体制太脆弱了，而且还经常受到个人情绪的支配，如有时候因彼此对对方诚信的怀疑而产生恐惧心理，进而自我保护，陷入相互欺诈和报复之中。随着跨区域长距离贸易的增多，商品流通时间和空间的跨度加大，再加上商业流通环节更加复杂化，形形色色的代理商参与其中，这些都使准确判断合伙人或者客户的品质和信誉变得十分困难。在国内贸易中尚可依靠亲戚、朋友，但在海外贸易中，商人要与文化要求不同、习俗不同、法律条例不同和政府介入程度不同的地域的商人打交道。遥远的距离和缓慢的通信都意味着国际贸易中信誉的维护更加困难。资料也证明了这一时期不诚实的现象和失信违约的案例在增多，1550—1580 年因不遵守契约而引起诉讼的案例每年达数十万件，18 世纪关于违约的诉讼达到了最高峰。[①] 这种现象也一度使信用的概念和构建伦理道德的讨论成为社会的热点。伦理道德的构建固然重要，但在激烈的自然竞争背景下，仅靠道德的约束是很难去除商人对信用结构的怀疑和忧虑的，因为商人很难准确判断与之交易的人是善良的还是邪恶的，而且人的情感是多变的。因此，正如托马斯·霍布斯在《利维坦》一书中所言，当“立约的任何一方有恐怕对方失约的畏惧存在时，（这种契约）便是无效的；所以正义的来源虽然在于信约的订立，但当这种畏惧的原因没有消除以前，实际上不可能有不义存在”。那么如何消除这种畏惧，保证人们自觉地信守契约呢？“必须先有某种强制的权力存在，以使人们所受惩罚比破坏信约所能期望的利益更大的恐惧来强制人们对等地履行其信约，并强制人们以对等的方式来维持通过相互约定、作为放弃普遍权利之补偿而获得的所有权。”[②] 也就是说，在市场自由竞争中，构建伦理道德体系非常重要，但更重要的还是要引入法制，因为人们不可能扩大其信任，除非他们对法律的权威充满自信，相信法律能最终保证诺言的有效实现。可见，适合的商人教育模式要能够发挥作用，还必须有适合的伦理道德体系和有效的法治保障相依托。

此外，教育之于个人发展同样也不是万能的，尤其是对于商人这个职业较为特殊的群体，商人成功还要靠时代和个人的各种机遇。在商人道德品质培养方面，教育更是只能发挥引导作用，在社会转型时

① Craig Muldrew, *The Economy of Obligation: the Culture of Credit and Social Relations in Early Modern England,* New York: St. Martin’s Press, 1998, p. 3.

② ［英］托马斯·霍布斯：《利维坦》，黎思复等译，商务印书馆 1985 年版，第 109 页。

期的商人队伍中，仍不乏无视法律、投机取巧、坑蒙拐骗之徒。

窃以为，研究历史需要能“置身其中”，又要能“超然物外”。“置身其中”是指要穷尽史实，条分缕析，求取真相。“超然物外”是指跳出所研究的时段，作出客观的评价。针对社会转型时期英国商人教育问题，通过“置身其中”考察，笔者看到了15—18世纪英国新的商人培养模式在与政治、经济、社会变迁相互因应中动态形成的过程。在这个过程中，商人培育越来越受到重视，由此成为助力英国经济社会转型的深层因素。但是，也能够清楚地看到较之后来的阶段，这种教育模式的不足。商人教育在整个正规教育领域中还是非常薄弱，没有得到政府足够的重视，形式上很不正规。为了适应商业发展的需要，家庭、学校、商业组织和社会不断地努力，最终形成了多种方式相互补充的教育模式。这种教育模式的形成之于商业发展来讲相对滞后。比如，伴随着自由贸易的兴起和商业组织的衰落，16世纪时，商人学徒制的教育功能已呈衰弱趋势，而作为学徒教育补充的学校教育在17世纪后期才大量兴办，直到19世纪学校教育才成为商人教育的主要方式。

“超然物外”的第二层意思是指跳出所研究的时段，结合自己所处的时代，思考这项研究成果的意义。在全面开启中国特色社会主义现代化强国建设的当下，在实现中华民族伟大复兴的新征程上，我们格外强调培养高素质、高技能型人才，激发和保护企业家精神是人才强国的重要任务，而人才强国又是现代化强国的前提和基础。结合这个时代课题，笔者认为，对英国经济社会转型时期商人教育的研究有以下一些启示。

在工商人才培养模式上，学徒教育阶段的历练是不能跨越的。传统学徒制教育是一项非常成功的制度，它之所以能得到行业和城市的重视，恰恰是因为它满足了行业延续、城市经济发展和人力资源的补给。伊丽莎白时期之所以重视和促进学徒制发展也是出于工业化发展对技工人才的战略需求。现在有许多国家仍不断地呼吁采用这种教育方式，也是看到了它是一种有效的职业人才培训制度。从传统学徒制生成和发展的历程来看，这是一种内生的教育模式，行业需要、城市监管起着关键作用，整个培养过程中行业参与其中，考核评价也依据行业和城市经济社会发展，这样，人才培养目标才更为精准、实用和专业。学徒在工商业组织中历练时，业界优秀者的榜样示范作用更能激发受教者积极进取的精神，使他们有一个明确的职业发展方向，出道之后也自然能够更好地满足工业化、城市化和经济社会发展的需要。鉴于此，我们在推动构建现代学徒制过程中，就不能离开行业的参与，不能离开师傅作用的发挥，国家应该采取适当措施鼓励企业、行业主动参与，特别是在学徒的培养过程和考核上，以及职业培养标准的制定和监管上。

在培养内容上，传统学徒制作为技能人才的培养模式，发挥的作用绝非仅仅是技能的传承和职业实践能力的培养，更是“社会人”“职业人”的综合塑造。与职业技能相比，职业道德、职业素质的培养则更受重视。学徒期是青少年向成年转变的时期，是跨入社会的预备阶段。传统学徒制初期非常重视磨炼学徒意志，培养其规则意识、服从意识和时间观念，锤炼勤奋、刻苦和坚韧的品质；中期由师傅带在身边通过现场示范、榜样引导逐步地学习行业内知识、技能和如何为人处世；后期在师傅的佑护下独立实践操作，尝试独当一面。整个学徒期的培养，既有如何为人，又有如何为商，既有业务技能学习，又有道德品质、职业规划和价值引领。鉴于此，在现代职业人才培养过程中，也应该有意识地去培养学徒吃苦耐劳的精神和坚韧不拔的品质，国家倡导劳动课的开展是非常有必要的，若能够落到实处，对于精神和品质的培养会有帮助。总之，培养职业人才掌握一技之长的同时，要站位高远，不能局限于一时一域的技能培训，要更加注重学徒的道德品质和适应社会能力的培养，使他们真正成为有技能、有素养、有情怀、有担当的时代新人。

在制度保障上，传统学徒制是在契约精神和制度保障下运行的。通过追溯传统学徒的招生准入制度可见，师徒关系是在双方相互需要而且平等自愿的基础上协商议定而最终确立的。协议的内容既有约定俗成的权利和义务条款，又有针对双方需求的个性套餐。师徒协议达成之后交由第三方备案、监督和执行，整个过程体现了鲜明的契约精神。再者，学徒期内师傅依照契约授徒，徒弟依照契约服务师傅并得到培养。双方的权益和责任又由详细的行业规章和城市规章加以制度保障。假如学徒期内权益受到损害，师徒双方都可以寻求法律救济，或者由第三方仲裁解决。与此对照，我国现代学徒制，从整体上看，还处于试点阶段，目前推动校企合作，深化产教融合，都是在尝试解决职业教育中行业和师傅的缺场状态，而要想进一步提高职业教育教学质量，使现代学徒制得以普遍推广和应用，形成支撑现代化强国的现代职业教育体系，确立有序的师徒关系，明确企业、学校和政府的责权利关系，顶层设计制度平台，构建法律保障，等等，是当务之急。

在对工商人才的学校培养方式上，根据对英国社会转型时期商人学校教育的研究，学校教育本身是对学徒教育模式的补充教育或者说预备教育，因此，职业学校要办得好就必须做好与学徒教育的相互衔接、分工负责，二者互为补充。学校对人才的培养应该严格对接企业的需要；企业在自身发展过程中，对自己行业人才的接续和发展也应该责无旁贷，企业要积极参与职业学校人才的培养规划和监督。而当前我国职业学校教育发展的现实是，技能人才的施教主体——学校与聘用人才的单位——企业是分开的，致使出现学校培养的人才与企业社会的需求脱节的现象。可喜的是，我们现在已经发现了职业教育发展上的“软肋”，也正在大力推进产教融合、工学结合、校企合作模式，颁布并已经开始实施《中华人民共和国职业教育法》。这部法律明确了职业教育是与普通教育具有同等重要地位的教育类型，体现了对培养工商业高素质、高技能人才的空前重视，也为构建多元主体参与的、多层次的、多形式的、高质量的现代职业教育体系提供了有力保障。①

对社会转型时期英国商人教育问题的研究，不仅从学术意义上让我们对英国商人有了更加立体的认识，也为我们认识英国经济社会转

① 英国传统学徒教育对于我国构建现代学徒制、培养高素质技能人才的启迪意义，见笔者的《人的城镇化视角下传统学徒教育再审视——以英国为例》（《工业技术与职业教育》2022年2月）。

型打开了一个新的视角，从而对英国社会转型问题有了更为完整的认识，而且从现实意义上，比如，在实现现代化的新征程上，对如何培养高素质的商人、如何激发和培养企业家精神、如何让企业家的作用得到充分发挥、如何构建现代职业教育模式等问题都有很多启发意义。当然，对诸多问题的研究肯定还有很多不足，还有待进一步拓展，敬请读者批评指正，也衷心希望拙作能起到抛砖引玉的作用，能够引发学界和社会各界给予商人教育问题更多的关注。

主要参考文献

一、中文文献

（一）中文译著

[爱尔兰]理查德·坎蒂隆：《商业性质概论》，余永定等译，商务印书馆1997年版。

[比]亨利·皮朗：《中世纪欧洲经济社会史》，乐文译，上海人民出版社2001年版。

[德]马科斯·韦伯：《经济通史》，姚曾译，上海三联书店2006年版。

[德]马克斯·韦伯：《新教伦理与资本主义精神》，黄晓京等译，四川人民出版社1986年版。

[德]维尔纳·桑巴特：《奢侈与资本主义》，王燕平等译，上海人民出版社2005年版。

[法]安德烈·比尔基埃等编：《家庭史（第3卷）》，袁树仁等译，生活·读书·新知三联书店2003年版。

[法]费尔南·布罗代尔：《15至18世纪的物质文明、经济和资本主义（第二卷）》，顾良译，生活·读书·新知三联书店1993年版。

[法]费尔南·布罗代尔：《菲利普二世时代的地中海和地中海世界（第二卷）》，吴模信译，商务印书馆1996年版。

[法]费尔南·布罗代尔：《菲利普二世时代的地中海和地中海世界（第一卷）》，唐家龙译，商务印书馆1996年版。

[法]马克·布络赫：《封建社会（上）》，张绪山等译，商务印书馆2004年版。

[法]马克·布络赫:《封建社会(下)》,李增洪译,商务印书馆 2004 年版。

[美]爱德华·麦克诺尔·伯恩斯、菲利普·李·拉尔夫:《世界文明史(第二卷)》,罗经国等译,商务印书馆 1987 年版。

[美]戴维·S. 兰德斯:《国富国穷》,门洪华等译,新华出版社 2001 年版。

[美]道格拉斯·诺斯、罗伯特·托马斯:《西方世界的兴起——新经济史》,厉以平等译,华夏出版社 1989 年版。

[美]哈罗德·J. 伯尔曼:《法律与革命:西方法律传统的形成》,贺卫方等译,中国大百科全书出版社 1993 年版。

[美]罗伯特·C. 所罗门:《伦理与卓越:商业合作中的合作与诚信》,罗汉等译,上海译文出版社 2006 年版。

[美]汤普森:《中世纪经济社会史(300—1300)(上、下)》,耿淡如译,商务印书馆 1997 年版。

[美]伊曼纽尔·沃勒斯坦:《现代世界体系(第二卷)》,吕丹等译,高等教育出版社 1998 年版。

[美]伊曼纽尔·沃勒斯坦:《现代世界体系(第一卷)》,尤来寅等译,高等教育出版社 1998 年版。

[美]约翰·斯梅尔:《中产阶级文化的起源》,陈勇译,上海人民出版社 2006 年版。

[日]浅田实:《东印度公司》,顾姗姗译,社会科学文献出版社 2013 年版。

[瑞]雅各布·布克哈特:《意大利文艺复兴时期的文化》,何新译,商务印书馆 1979 年版。

[苏]古列维奇:《中世纪文化范畴》,庞玉洁等译,浙江人民出版社 1992 年版。

[意]卡洛·M. 奇波拉:《欧洲经济史·十六和十七世纪》,贝昱等译,商务印书馆 1988 年版。

[英]M. M. 波斯坦等主编:《剑桥欧洲经济史:中世纪的贸易和工业(第二卷)》,王春法译,经济科学出版社 2002 年版。

[英]M. M. 波斯坦主编:《剑桥欧洲经济史:16 世纪、17 世纪不断扩张的欧洲经济(第四卷)》,张锦冬等译,经济科学出版社 2002 年版。

[英]M. M. 波斯坦主编:《剑桥欧洲经济史:中世纪的经济组织和经济政策(第三卷)》,周荣国等译,经济科学出版社 2002 年版。

[英]P. 兰福德:《18 世纪英国:宪制建构与产业革命》,刘意青等译,外语

教学与研究出版社 2008 年版。

[英]W. H. P. 考特：《简明英国经济史》，方廷钰等译，商务印书馆 1992 年版。

[英]阿萨·勃里格斯：《英国社会史》，陈叔平等译，中国人民大学出版社 1991 年版。

[英]艾伦·麦克法兰：《现代世界的诞生》，刘北成评议，刘东主持，上海人民出版社 2013 年版。

[英]艾伦·麦克法兰：《英国个人主义的起源：家庭、财产权和社会转型》，管可秾译，商务印书馆 2008 年版。

[英]奥尔德里奇：《简明英国教育史》，诸惠芳等译，人民教育出版社 1987 年版。

[英]彼得·克拉克、[英]保罗·斯莱克：《过渡期的英国城市 1500—1700》，薛国中译，武汉大学出版社 1992 年版。

[英]查尔斯·达维南特：《论英国的公共收入与贸易》，朱泱等译，商务印书馆 1995 年版。

[英]丹尼尔·笛福：《笛福文选》，何青译，商务印书馆 1960 年版。

[英]克里斯托弗·戴尔：《转型时代：中世纪晚期英国的经济与社会》，莫玉梅译，社会科学文献出版社 2010 年版。

[英]罗伯特·杜普莱西斯：《早期欧洲现代资本主义的形成过程》，朱智强等译，辽宁教育出版社 2001 年版。

[英]罗伯特·艾伦：《近代英国工业革命揭秘：放眼全球的深度透视》，浙江大学出版社 2012 年版。

[英]托马斯·霍布斯：《利维坦》，黎思复等译，商务印书馆 1985 年版。

[英]托马斯·孟：《英国得自对外贸易的财富》，李琼译，华夏出版社 2006 年版。

[英]威廉·博伊德、埃德蒙·金：《西方教育史》，任室祥等译，人民教育出版社 1985 年版。

[英]亚当·斯密：《道德情操论》，谢宗林译，中央编译出版社 2016 年版。

[英]亚当·斯密：《国富论》，唐日松等译，华夏出版社 2005 年版。

[英]约翰·克拉潘：《简明不列颠经济史（从最早时期到一七五〇年）》，范定九等译，上海译文出版社 1980 年版。

[英]约翰·洛克：《教育片论》，熊春文译，上海人民出版社 2005 年版。

（二）中国学者著作

常国良：《近代上海商业教育研究》，黑龙江大学出版社 2008 年版。

陈曦文、王乃耀主编：《英国社会转型时期经济发展研究（16 世纪至 18 世纪中叶）》，首都师范大学出版社 2002 年版。

管新福：《英国文学经典中的商人世界》，中国社会科学出版社 2012 年版。

侯建新：《农民、市场与社会变迁：冀中 11 村透视并与英国乡村比较》，社会科学文献出版社 2002 年版。

侯建新：《社会转型时期的西欧与中国》，济南出版社 2001 年版。

蒋孟引主编：《英国史》，中国社会科学出版社 1988 年版。

金志霖：《英国行会史》，上海社会科学院出版社 1996 年版。

李强：《英国工业革命时期社会道德的文化研究》，云南大学出版社 2015 年版。

厉以宁：《资本主义的起源》，商务印书馆 2004 年版。

刘景华：《城市转型与英国的勃兴》，中国纺织出版社 1994 年版。

刘景华：《欧洲文艺复兴史・科学技术卷》，人民出版社 2008 年版。

刘景华：《西欧中世纪城市新论》，湖南人民出版社 2000 年版。

刘景华编：《走向重商时代——社会转折中的西欧商人和城市》，中国社会科学出版社 2007 年版。

刘明翰、陈明莉：《欧洲文艺复兴史・教育卷》，人民出版社 2008 年版。

卢汉龙、吴书松编：《社会转型与社会建设》，上海社会科学出版社 2009 年版。

鲁洁编：《教育社会学》，人民教育出版社 2001 年版。

罗荣渠：《现代化新论》，商务印书馆 2004 年版。

马克垚：《英国封建社会研究》，北京大学出版社 2005 年版。

钱承旦、陈晓律：《在传统与变革之间——英国文化模式溯源》，浙江人民出版社 1991 年版。

钱乘旦、许洁明：《英国通史》，上海社会科学院出版社 2002 年版。

钱乘旦：《英国通史（第三卷）：铸造国家：16—17 世纪英国》，江苏人民出版社 2016 年版。

钱乘旦：《英国通史（第四卷）：转型时期：18 世纪英国》，江苏人民出版社 2016 年版。

秦英君编：《东西方道德转型与比较》，首都师范大学出版社 2002 年版。

王乃耀：《英国都铎时期经济研究》，首都师范大学出版社 1997 年版。

吴于廑：《吴于廑学术论著自选集》，首都师范大学出版社1995年版。

向荣编：《中世纪晚期 & 近代早期欧洲社会转型研究论集》，人民出版社2012年版。

徐辉、郑继伟：《英国教育史》，吉林人民出版社1993年版。

许洁明：《十七世纪的英国社会》，中国社会科学出版社2004年版。

阎照祥：《英国史》，人民出版社2003年版。

阎照祥：《英国政治制度史》，人民出版社1999年版。

杨豫：《欧洲原工业化的起源与转型》，江苏人民出版社2004年版。

尹伯成编：《西方经济学说史》，复旦大学出版社2005年版。

张卫良：《英国社会的商业化历史进程（1500—1750）》，人民出版社2004年版。

赵立行:《商人阶层的形成与西欧社会转型》,中国社会科学出版社2004年版。

赵文洪：《私人财产权利体系的发展》，中国社会科学出版社1998年版。

赵秀荣：《1500—1700年英国商业与商人研究》，社会科学文献出版社2004年版。

周洲：《20世纪英国学校道德教育发展》，山东人民出版社2010年版。

朱孝远：《近代欧洲的兴起》，学林出版社1997年版。

（三）中文论文

白永亮：《近代早期英国社会转型中的商人及其作用》，硕士学位论文，中央民族大学，2011年。

蔡立东：《公司制度生长的历史逻辑》，《当代法学》第18卷第6期。

曹瑞臣：《18世纪英国中产阶级崛起研究》，《合肥工业大学学报（社会科学版）》2012年6月。

柴彬：《英国近代早期的商业投机及其国家治理》，《历史教学》2014年第16期。

陈金锋：《书商公会与近代早期英国印刷出版业的发展与监管》，《西南大学学报（社会科学版）》2015年第2期。

陈娟、陈勇：《略论近代早期英国商人的慈善活动》，《武汉大学学报（人文科学版）》2002年9月。

陈娟：《16、17世纪英国中下层民众的诉讼心态考察》，《贵州社会科学》

2013年第12期。

陈凯鹏：《1517年伦敦五朔节骚乱原因初探》，《宝鸡文理学院学报（社会科学版）》2013年12月。

陈凯鹏：《论十六、十七世纪英国学徒骚乱特点》，《江汉大学学报（社会科学版）》2014年6月。

陈敏敏：《16、17世纪英国清教徒对教育的态度》，《广西社会科学》2002年第1期。

陈韶华：《从重商主义的商人素质观看当代外贸商人素质的培养》，《科技创业》2007年第4期。

陈曦文：《论伊利莎白时代英国的商业扩张》，《北京师范学院学报（社会科学版）》1989年第5期。

陈曦文：《英国都铎王朝前期的对外贸易和重商政策》，《世界历史》1990年第4期。

陈勇：《近代早期英国家庭关系研究的新取向》，《武汉大学学报（人文科学版）》2002年第1期。

程佩璇：《近代西欧国家现代化与文艺复兴之关系探析》，《江苏教育学院学报（社会科学版 ）》2006年3月。

程皖：《1550—1640年代英国商业公司的海外贸易及其影响》，《历史教学问题》2006年第1期。

邓云清：《从慈善到公益：伦敦济贫改革与近代慈善救济院制度》，《世界历史》2013年第1期。

付有强：《17—18世纪英格兰小城镇文化生活初探》，《贵州社会科学》2009年2月。

付有强：《英格兰教育旅行传统探析》，《贵州文史丛刊》2013年第4期。

顾銮斋：《英国中世纪后期商业政策的转变》，《学习与探索》1994年第1期。

郭丽敏、王军：《转型时期英国商人价值观及社会活动的影响》，《哈尔滨师范大学社会科学学报》2015年第5期。

郭丽敏：《转型时期英国商人社会地位研究》，硕士学位论文，哈尔滨师范大学，2012年。

郭丽敏：《转型时期英国商人与对外贸易》，《黑龙江教育学院学报》2011年8月。

韩林静:《复式簿记在英国的引入与运用》,《财会通讯·综合》2014年第3期。

郝绪兵:《试论近代早期英国家庭功能的演变》,《天府新论》2008 年 12 月。

何连娇:《英国文艺复兴时期的教育》,硕士学位论文,天津师范大学,2016 年。

侯建新、张晓晗:《家庭教育:英国近代初等教育的催生剂》,《天津师范大学学报(社会科学版)》2010 年第 6 期。

侯建新:《中世纪晚期的商品化与现代化启动》,《历史研究》1994 年第 5 期。

黄光耀:《从推动国家统一到谋求对外扩张:英国重商主义思想嬗变述论》,《北京工商大学学报(社会科学版)》2001 年 9 月。

黄光耀:《谋求帝国:16 世纪末至 17 世纪初英国主流社会思潮评述》,《江苏教育学院学报(社会科学版)》2012 年 3 月。

黄虎:《近代早期英国商业精英阶层来源研究》,硕士学位论文,湖南师范大学,2005 年。

黄日强、张霞:《英国学徒培训制度的发展轨迹》,《武汉船舶职业技术学院学报》2007 年第 4 期。

计秋枫:《近代前期英国崛起的历史逻辑》,《中国社会科学 》2013 年第 9 期。

兰天祥:《近代商人的慈善公益活动》,《宁夏社会科学》2006 年 11 月。

李新宽:《重商主义时代英国企业组织制度的演变》,《北方论丛》2007 年第 6 期。

李远本:《16、17 世纪英国教育的双轨模式》,《教学研究》2006 年 7 月。

梁民愫、顾兴斌:《近代西欧社会转型时期人文主义教育及价值取向研究》,《江西社会科学》2004 年 3 月。

刘保娟:《试论英国商人冒险家公司(15—17 世纪)》,硕士学位论文,天津师范大学,2008 年。

刘波远:《17 世纪英国家庭指导书中的亲子关系思想探析》,硕士学位论文,东北师范大学,2021 年。

刘常青:《意大利复式簿记思想演进路径的考证》,《郑州航空工业管理学院学报》2008 年 10 月。

刘贵华:《近代早期英国大学教育发展的原因探析》,《中国集体经济》2007 年 2 月。

刘景华、沈琦:《商人研究新视角:亲属关系和家族企业——格拉斯比转型期英国商人亲属关系和家族企业研究评述》，《史学理论研究》2004 年第 1 期。

刘景华：《转型时期西欧商人资本的独立发展和消极作用》，《世界历史》2001 年第 2 期。

龙月娥、聂顺江：《试论复式簿记在意大利产生的必然性》，《市场论坛》2006 年第 3 期。

罗翠芳：《浅析西欧近代转型时期商人资本职能的转变》，《西南大学学报（社会科学版）》2007 年 5 月。

吕力：《商业资本主义与〈旧约〉：义、契约和契约精神》，《现代商业》2018 年 7 月。

毛欣欣：《英国文艺复兴时期教育取向的变迁》，硕士学位论文，吉林大学，2007 年。

彭学宝：《徽商与中世纪西欧商人的比较研究》，《商丘师范学院学报》2005 年 6 月。

沈琦：《近代早期英国商人的婚姻取向及其影响》，《史学集刊》2006 年第 5 期。

沈琦：《中世纪晚期英国市场结构的转型》，《史学集刊》2009 年第 5 期。

施诚：《中世纪英国国王的借款活动》，《首都师范大学学报（社会科学版）》2004 年第 6 期。

孙诗锦、龙秀清：《试论中世纪天主教会高利贷观念的嬗变》，《学术研究》，2007 年第 6 期。

王晋新：《论近代早期英国社会结构的变迁与重组》，《东北师大学报（哲学社会科学版）》2002 年第 5 期。

王军：《16—18 世纪英国特许公司研究》，博士学位论文，东北师范大学，2011 年。

王军：《商人冒险家公司与英国海外贸易的转型》，《历史教学问题》2011 年第 5 期。

王乃耀：《英国都铎时期商品经济的发展》，《河北学刊》1995 年 5 月。

王素平、张奎勤：《英国 16、17 世纪青少年不良社会行为研究》，《青年研究》2015 年第 1 期。

吴大新：《“复式簿记与资本主义精神”系列之二：中世纪的会计遗产》，《财务与会计》2017 年第 9 期。

吴大新：《“复式簿记与资本主义精神”系列之三：为什么是威尼斯？》，《财务与会计》2017 年第 13 期。

肖 遥:《从天职到禁欲:看新教伦理如何塑造资本主义精神》,《人民论坛》2015 年第 11 期(中)。

谢素科、黄虎:《近代早期英国海外贸易商发展因质与贡献》,《求索》2011 年第 6 期。

谢天冰:《试论英国教育体制的近代化》,《福建师范大学学报(哲学社会科学版)》1998 年第 1 期。

徐浩:《前工业社会中的城市市场结构与市场导向的商业化》,《史学月刊》2005 年第 2 期。

徐浩:《18 世纪中英商品经济发展中的几个问题》,《史学理论研究》1998 年第 3 期。

徐浩:《论英国近代市场体系的形成》,《首都师范大学学报(社会科学版)》2000 年第 2 期。

徐浩:《论中世纪晚期英国农村生产要素市场》,《历史研究》1994 年第 3 期。

徐继宁、罗家英、李传银:《十九世纪英国城市学院的发展》,《教育评论》2009 年第 5 期。

徐沁萍:《近代早期英国商人的社会形象和社会评价》,硕士学位论文,武汉大学,2004 年。

徐煜:《论近代早期英国教育观念的转变》,《历史教学问题》2004 年第 4 期。

闫瑞峰:《中英近代政商伦理关系比较研究》,博士学位论文,中共中央党校(国家行政院),2020 年。

杨建华:《社会转型时期英国贵族同商人的交往研究》,硕士学位论文,天津师范大学,2020 年。

杨彦明:《论西欧资本主义兴起的精神因素》,《河西学院学报》2006 年第 3 期。

尹建龙:《关于英国企业家“乡绅化”现象的争论与反思》,《世界历史》2009 年第 6 期。

应云进:《论西欧商业精神的形成》,《江西社会科学》2003 年第 5 期。

于振洋:《中世纪晚期英国商栈构建与治理的法治进程》,《史学集刊》2022 年第 6 期。

喻冰峰:《近代早期英国的教育捐赠》,《江西社会科学》2012 年第 7 期。

袁跃华:《近代英国信用制度的构建与启示》,《征信》2020 年第 12 期。

张佳生：《16—17 世纪英国资本主义的三大商业特征》，《中南民族大学学报（人文社会科学版）》2003 年 9 月。

张佳生：《近代早期英国的款待观》，《历史教学问题》2003 年第 6 期。

张奎勤 ：《关爱与互助：近代早期英国家庭亲子关系新探》，《昆明师范高等专科学校学报》2005 年 9 月。

张礼萍：《从边缘群体到社会主导阶层：中世纪西欧商人的成长》，《青海师范大学学报（哲学社会科学版）》2003 年第 3 期。

张乃和：《15—17 世纪中英海外贸易商人主体权利之比较》，《中国社会经济史研究》2003 年第 2 期。

张松韬：《早期斯图亚特王朝国王与城镇商人的商业关系》，《四川师范大学学报（社会科学版）》2013 年 5 月。

张晓晗：《19 世纪末以前英国基础教育教师收入初探》，《经济社会史评论》2015 年第 2 期。

赵海渊：《文艺复兴时期的英国教育》，《文化学刊》2015 年 12 月。

赵立行：《“边缘商人”的特点及其作用》，《复旦学报（社会科学版）》1998 年第 5 期。

赵立行：《佛罗伦萨理性商业的兴起及其特点》，《历史教学》2004 年第 2 期。

赵立行：《商人阶层的出现与社会价值观的转型》，《复旦学报（社会科学版）》2000 年第 4 期。

赵立行：《西欧文化变迁中的商业精神》，《学术研究》2001 年第 10 期。

赵立行：《中世纪西欧庄园人口变动与商业复兴基础的形成》，《史学月刊》2002 年第 8 期。

赵文洪：《论英国行会的衰落》，《世界历史》1997 年第 4 期。

赵秀荣：《16—17 世纪英国商人与政权》，《世界历史》2001 年第 2 期。

赵秀荣：《17 世纪英国海外贸易的拓展与转型》，《史学月刊》2004 年第 2 期。

征咪：《18 世纪英国中产阶级科学话语的实现》，《历史教学》2014 年第 16 期。

二、英文文献

（一）英文著作

Abulafia, D.(ed.), *The New Cambridge Medieval History,* Vol. V, Cambridge: Cambridge University Press, 1999.

Alexander, M., *The Growth of English Education, 1348–1648: A Social and Cultural History,* Pennsylvania: Pennsylvania State University Press, 1990.

Ames-Lewis, F., *Sir Thomas Gresham and Gresham College,* London:Ashgate, 1999.

Ashley, W., *The Economic Organization of England: An Outline History,* London & New York: Longmans, Green& Co., 1922.

Ashton, T., *An Economic History of England, the 18th Century,* London: Methuen Collection inlibrary, 1966.

Ashley, M., *England in the Seventeenth Century,* London: Hutchinson, 1978.

Allmand, C.(ed.), *The New Cambridge Medieval History,* Vol.VII, Cambridge: Cambridge University Press, 1998.

Bailyn, B, *The New England Merchants in the Seventeenth Century,* Cambridge: Harvard University Press, 1955.

Barry, J. & Brooks, C. (eds.), *The Middling Sort of People, Culture Society and Politics in English 1550–1800,* New York: St. Martin's Press, 1994.

Barry, J.(ed.), *The Tudor and Stuart Town: a Reader in English Urban History 1530–1688,* London: Longman Group Limited, 1990.

Barry, R, *Popular Cultures in England, 1550–1750,* London:Longman Group Limited, 1998.

Barbon, N., *A Discourse of Trade (1690),* Baltimore: Johns Hopkins Press, 1905.

Blondé, B.(ed.), *Buyers & Sellers: Retail Circuits and Practices in Mediaeval and Early Modern Europe,* Turnhout, Belgium: Brepols, 2006.

Bowen, H.V., *Elites, Enterprise and the Making of the British Overseas Empire, 1688-1775,* NewYork:Macmillan, 1996.

Bowen J., *A History of Western Education,* Vol.2, London: Methuen, 1975.

Bray, Reginald A., *Boy Labour and Apprenticeship,* London: Constable&Co.Ltd., 1912.

Brenner, R., *Merchants and Revolution: Commercial Change, Political Conflict, and London's Overseas Traders, 1550–1653,* Princeton, N.J.: Princeton University Press, 1993.

Britnell, R. H., *The Commercialization of English Society, 1000–1500,* Manchester:Manchester University Press, 1996.

Moore, B., "Moral Aspects of Economic Growth: Historical Notes on Business Morality in England", in *Moral Aspects of Economic Growth, and Other Essays*, New York: Cornell University Press, 1998.

Carus-Wilson, E. M. (ed.), *Medieval Merchant Venturers: Collected Studies,* London: Methuen & Co., 1954.

Carus-Wilson, E. M. &Coleman, D., *England's Export Trade 1275–1547*, Oxford: Oxford University Press, 1963.

Carus-Wilson, E. M., *The Overseas Trade of Bristol in the Later Middle Ages,* London: Merlin Press, 1967.

Carlisle, N., A Concise Description of the *Endowed Grammar School in England and Wales, Vol.1*, London, 1818.

Cecil T. C.(ed.), *Select Charters of Trading Companies, (A.D.1530–1707),* New York: Burt Franklin, 1970.

Charlton, K., *Education in Renaissance England,* London: Routledge and Kegan Paul, 2007.

Chartres, J. A., *Internal Trade in England 1500–1700*, London: The Macmillan Press Ltd., 1977.

Chartres, J. A.(ed.), *Pre-industrial Britain,* Oxford UK & Cambridge USA, 1994.

Cobban, A. B., *English University Life in the Middle Ages*, Columbus: Ohio State University Press, 1999.

Coleman, D. C. *Sir John Banks, Baronet and Businessman: a Study of Business, Politics, and Society in Later Stuart England,* Oxford: Clarendon Press, 1963.

Coleman, D. C., *The Economy of England 1450–1750,* London: Oxford University Press, 1977.

Clark, P. & Slack, P. (eds.), *Crisis and Order in English Towns, 1500-1700: Essays in Urban History*, London: Routledge, 2007.

Cook, C. & Wroughton, J., *English Historical Facts 1603-1688,* London:The Macmillan press ltd., 1989.

Colson, J., "Negotiating merchant identities: the Stockfishmongers and London's companies merging and dividing, c.1450–1550", in Allen, M., Davies, M. (eds.), *Medieval Merchants and Money: Essays in Honour of James L.Bolton*, London: University of London, 2016.

Craik, G. L., *The History of British Commerce, from the Earliest Times,* 3 vols. London, 1844.

Cressy, D., *Education in Tudor and Stuart England,* London: E. Arnold, 1975.

Davis, R., *English Overseà Trade 1500–1700,* London: Macmillan Publishers, 1973.

Davis, R., *A Commercial Revolution: English Overseas Trade in the Seventeenth and Eighteenth Centuries,* London: The Historical Association, 1967.

Davis, D., *A History of Shopping*, London: Routledge, 2007.

Davies, M., *The Enforcement of English Apprenticeship: A Study in Applied Mercantilism, 1563–1642,* Cambridge: Harvard University Press, 1956.

Davies, G., *A History of Money: from Ancient Times to the Present Day,* Cardiff: University of Wales Press, 1994.

Dalton, C. N., *The Life of Thomas Pitt,* Cambridge: At the University Press, 1915.

Desai, T., *The East India Company: a Brief Survey from 1599–1857,* New Delhi: Kanak Pub., 1984.

DeKrey, G. S., *A Fractured Society: the Politics of London in the First Age of Party, 1688–1715,* Oxford: Clarendon Press, 1985.

Defoe, D., *A Tour through England and Wales,* 2vols, London: J. M. Dent, 1959.

Defoe, D., *The Complete English Tradesman in Familiar Letter,* 2nded., 2 vols.1727, New York: A. M. Kelley, 1969.

Divitiis, G. P., *English Merchants in Seventeenth-century Italy*, New York: Cambridge University Press, 1997.

Dirk, M. & McGeoch, A., *Seafarers, Merchants and Pirates in the Middle Ages,* Woodbridge: The Boydell Press, 2006.

Douglas, D. C.(ed.), *English Historical Documents,* Vol.2, London, 1996.

Edward Basil Jupp, F.S.A., *An Historical Account of the Worshipful Company of Carpenters of the City of London*, London: William Pickering, 1848.

Earle, P., *The Making of the English Middle Class: Business, Society and Family Life in London, 1660–1730,* Berkeley: University of California Press, 1989.

Edwin S. H. & James M. M., *A History of Business in Medieval Europe, 1200–1550,* Cambridge: Cambridge University Press, 1999.

Fay, C. R., *English Economic History: Mainly Since 1700*, Cambridge: W. Heffer &Sons,1940.

Fisher, H. E. S. & Juřica., J.(eds.), *Documents in English Economic History: England from 1000 to 1760,* London: Bell, 1977.

Fox Bourne, H. R., *English Merchants*: *Memoirs in Illustration of the Progress of British Commerce,* London: Richard Bentley, 1866.

Fox Bourne, H. R., *Famous London* M*erchants: A Book for Boys,* London:James Hogg and Son, York ST.Covent Garden, 1869.

French, H., *The Middle Sort of People in Provincial England 1600–1750,* Oxford:Oxford University Press, 2007.

Gauci, P., *The Politics of Trade: The Overseas Merchant in State and Society, 1660–1720*, Oxford: Oxford University Press, 2001.

Gauci, P., *Emporium of the World: The Merchants of London 1660–1800,* London: Hambledon Continuum, 2007.

Gerson, Armand J. *Studies in the History of English Commerce in the Tudor Period*, New York, 1912.

Glaisyer, N., *The Culture of Commerce in England 1660–1720,* Woodbridge: The Boydell Press, 2006.

Great Britain House of Commons, *Statutes of the Realm, Vol.4, 1547–1585*, part 1, London: William S.Hein and Co. INC, 1993.

Grassby, R., *The English Gentleman in Trade: the Life and Works of Sir Dudley North 1641–1691,* Oxford: Clarendon Press, 1994.

Grassby, R., *The Business Community of Seventeenth-century England,* Cambridge: Cambridge University Press, 1995.

Grassby, R., *Kinship and Capitalism: Marriage, Family, and Business in the English Speaking World, 1580–1720,* Cambridge: Cambridge University Press, 2001.

Gretton, R. H, *The English Middle Class,* London: G. Bell and Sons, Ltd., 1919.

Harland, J.(ed.), *The Autobiography of William Stout of Lancaster, 1665–1752*, London: Simpkin, Marshall, and Co., 1851.

Hanham, A., *The Celys and Their World: an English Merchant Family of the Fifteenth Century,* Cambridge: Cambridge University Press, 2002.

Harris, R., *Industrializing English Law: Entrepreneurship and Business Organization, 1720–1844,* Cambridge: Cambridge University Press, 2000.

Henry B. W. (ed.), *The Diary of Samuel Pepys M.A.F.R.S.,* Vol.VIII., London: George Bell & Sons, 1896.

Herbert, W., *The History of the Twelve Great Livery Companies of London,* Vol.2, London: Published by the Author, 1836.

Helen. M. J., *Education in Early Modern England*, New York: St. Martin's Press, 1998.

Hewins, W. A. S., *English Trade and Finance Chiefly in the Seventeenth Century,* London, 1892.

Hunter, R. J., *The Diary of Rev. Joseph Hunter, F.S.A. (1677–1724),* Vol. I–II, London: Henry Colburn and Richard Bentley, 1830.

Irene Parker, M. A., *Dissenting Academies in England*, Cambridge: At the University Press, 1914.

Johnson, A. H., *The History of the Worshipful Company of the Drapers of London*, Vol. II, Oxford: The Clarendon Press, 1915.

Kermode, J., *Medieval Merchants: York, Beverley, and Hull in the Later Middle Ages,* Cambridge: Cambridge University Press, 1998.

Lawson, J., *A Social History of Education in England,* London: Methuen, 1973.

Lawson, P., *The East India Company: A History,* London and New York: Routledge, 1993.

Leach, A. F., *English Schools at the Reformation 1546-8,* Westminster: Archibald Constable & Co., 1896.

Lipson, E., *The Economic History of England,* Vol. I, II, London: A and C Black, 1947–1948.

Loades, D., *England's Maritime Empire: Seapower, Commerce, and Policy, 1490–1690,* London: Longman Group Limited, 2000.

Longstaffe, W. H. D., *Memoirs of the Life of Mr. Ambrose Barnes, Late Merchant and Sometime Alderman of Newcastle upon Tyne,* Durham: Pub. For the Society by Andrews & Co., 1867.

Louis B. W., *Middle-Class Culture in Elizabethan England,* Chapel Hill: University of North Carolina Press, 1935.

MacFarlane, C., *The Life of Sir Thomas Gresham, Founder of the Royal Exchange,* London: C. Knight and Co., 1845.

Margaret R. H., *The Middling Sort: Commerce, Gender, and the Family in England, 1680–1780,* Berkely: University of California Press, 1996.

Mavis E. M., *Trade and Economic Developments 1450–1550,* Woodbridge: The Boydell Press, 2006.

McKendrick N. & Outhwaite R. B. (eds.), *Business Life and Public Policy: Essays in Honour of D.C. Coleman,* Cambridge: Cambridge University Press, 2002.

McKendrick & N. Brewer, J. & Plumb, J. H., *The Birth of a Consumer Society:The Commercialization of Eighteenth Century England,* Bloomington: Indiana University Press, 1982.

McDonnell, K. G. T. and Others, *A Survey of English Economic History,* London: Blackie, 1960.

Meier, D. & McGeoch, A., *Seafarers, Merchants and Pirates in the Middle Ages,* Woodbridge: The Boydell Press, 2006.

Miller, E., *The Agrarian History of England and Wales,* Vol.3, Cambridge: Cambridge University Press, 1991.

Minchinton, W. E., *The Growth of English Overseas Trade in the 17th and 18th Centuries,* London: Methuen, 1969.

Miller, E. & Hatcher, J., *Medieval England: Towns, Commerce and Crafts 1086-1348,* London: Longman Group Limited, 1995.

Muldrew, C., *The Economy of Obligation: the Culture of Credit and Social Relations in Early Modern England,* New York: St. Martin's Press, 1998.

Mukherjee, R., *The Rise and Fall of the East India Company: A Sociological Appraisal,* New York: Monthly Review Press, 1974.

Nicholas Carlisle, F.R.S., *A Concise Description of the Endowed Grammar Schools in England and Wales*, Vol.1, London: Printed for Baldwin, Cradock and Joy, 1818.

Nightingale, P., *A Medieval Mercantile Community, the Grocers' Company and the Politics and Trade of London, 1000–1485,* New Haven: Yale University Press, 1995.

Nightingale, P., *Trade, Money, and Power in Medieval England,* Burlington, VT:

Ashgate Variorum, 2007.

North, R., *The Life of the Honourable Sir Dudley North*, London: Printed for the Editor and Sold by J. Whiston, 1744.

North, D., *Discourses Upon Trade (1691)*, Baltimore:The Johns Hopkins Press, 1907.

O'Day, R., *Education and Society 1500–1800,* London & New York: Longman Group Limited, 1982.

Orme, N., *Medieval Schools: From Roman Britain to Renaissance England,* New Haven, CT: Yale University Press, 2006.

Orme, N., *English Schools in the Middle Ages,* London: Methuen, 1973.

Ormrod, D., *The Rise of Commercial Empires: England and the Netherlands in the Age of Mercantilism, 1650–1770,* Cambridge: Cambridge University Press, 2003.

Parker, I., *Dissenting Academies in England,* New York, 1914.

Palliser, D. M., *The Company of Merchant Adventures of the City of York: A Brief History of the Gild,* York: Merchant Adventurers Company, 1985.

Palliser, D. M., *The Cambridge Urban History of Britain, Vol.1, 2,* Cambridge:Cambridge University Press, 2000.

Paul F. G., *Renaissance Education between Religion and Politics,* Burlington, VT: Ashgate, 2006.

Paul, C., *England's Trade Policy in the Levant and Her Exchange of Goods with the Romanian Countries under the Latter Stuarts (1660–1714),* Bucharest: Academy of the Socialist Republic of Romania, 1972.

Peck L. L., *Consuming Splendor: Society and Culture in Seventeenth Century England,* Cambridge:Cambridge University Press, 2005.

Power E. & Postan M. M. (eds.), *Studies in English Trade in the Fifteenth Century,* London: Routledge, 2006.

Powell, K. & Cook C., *English Historical Facts 1485–1603,* London: Palgrave Macmillan, 1977.

Prideaux, W. S., *Memorials of the Goldsmiths Company:Being Gleanings from Their Records 1335–1815,* Vol. II, London: Eyre and Spottiswoode, 1897.

Rappaport, S., *Worlds within Worlds: Structures of Life in Sixteenth-century London,*

New York: Cambridge University Press, 2002.

Rait, R., *Life in the Medieval University,* Cambridge: Cambridge University Press, 1912.

Ramsay, G. D. , *The English Woollen Industry 1500–1750,* London: Palgrave, 1982.

Rich, E. E. & Wilson, C.H., *The Cambridge Economic History of Europe,* Vol.4, London: Cambridge University Press, 1967.

Richard, C., *The London Tradesman,* London, 1747.

Roberts Boyle, J., *Extracts from the Records of the Merchant Adventurers of Newcastle-upon-Tyne*, Durham: Andrews & Co., 1899.

Rogers, James E.T., Rogers, Arthur G.L., *The Industrial and Commercial History of England,* VoL.1, London: T.Fisher Unwin, 1898.

Rowse, A.L., *The Expansion of Elizabethan England*, New York: Palgrave Macmillan Publishers Ltd., 2003.

Roseveare, H., *Markets and Merchants of the Late Seventeenth Century: the Marescoe-Davidletters, 1668–1680*, Oxford: Oxford University Press, 1987.

Scott, W. R., *The Constitution and Finance of English, Scottish and Irish Joint-Stock Companiesto 1720,* Vol.2, Cambridge:Cambridge University Press, 1912.

Seybolt, R. F., *Apprenticeship and Apprenticeship Education in Colonial New England and New York*, New York: Columbia University, 1917.

Sellees, M., *The Acts and Ordinances of the Eastland Company,* London: Offices of the Royal Historical Society, 1906.

Sellers, M., *The York Mercers and Merchant Adventurers, 1356–1917,* Durham: Pub. for the Society by Andrews & Co., 1918.

Sheryllynne, H., *The British-Atlantic Trading Community, 1760–1810 Men, Women, and the Distribution of Goods,* Leiden: Brill, 2006.

Shaw, L. M. E., *The Anglo-Portuguese Alliance and the English Merchants in Portugal, 1654–1810*, Brookfield, Vt.: Ashgate, 1998.

Simon, J., *Education and Society in Tudor England,* New York and London: Cambridge University Press, 1967.

Smith, A. K. & Boulder, *Creating a World Economy: Merchant Capital, Colonialism and Word Trade, 1400–1825,* Oxford:Westview Press, 1991.

Smail, J., *Merchants, Markets and Manufacture: The English Wool Textile Industry in the Eighteenth Century,* New York: St. Martin's Press, 1999.

Stevenson L. C., *Praise and Paradox: Merchants and Craftsmen in Elizabethan Popular Literature*, Cambridge: Cambridge University Press, 2002.

Stout, W., *Autobiography of William Stout, of Lancaster, Wholesale and Retail Grocer and Ironmonger, 1665–1752*, London: Simpkin, Marshall, & Co., 1851.

Stowe, A. M., *English Grammar Schools in the Reign of Queen Elizabeth*, New York: Teachers College, Columbia University, 1908.

Stone, L. & Jeanne C. S., *An Open Elite? England 1540–1880,* Oxford: Clarendon Press, 1984.

Swanson, H., *Medieval British Towns,* London: Macmillan Press Ltd., 1999.

Tawney, R. H., *Business and Politics under James I: Lionel Cranfield as Merchant and Minister,* New York: Sentry Press, 1976.

Thoresby, R., F.R.S., *Letters of Eminent Men,* Vol. I–II, London: Henry Colburn and Richard Bentley, 1832.

Thrupp, S. L., *The Merchant Class of Medieval London 1300–1500,* Ann Arbor: The University of Michigan Press, 1962.

Thirsk, J., *The Agrarian History of England and Wales, 1500–1640,* Vol.4, Cambridge: Cambridge University Press, 1967.

Theodore K. R., *Enterprise and Empire: Merchant and Gentry Investment in the Expansion of England 1575–1630,* London: Routledge Press, 1999.

Tracy, James D.(ed.), *The Rise of Merchant Empires: Long Distance Trade in the Early Modern World, 1350–1750,* New York: Cambridge University Cambridge, 1990.

Tracy, James D.(ed.), *The Political Economy of Merchant Empires: State Power and World Trade, 1350–1750,* New York: Cambridge University Press, 1991.

Uuwin, G., *The Gilds and Companies of London,* London: Taylor & Francis Group, 1963.

Uuwin, G., *Industrial Organization in the Sixteenth and Seventeenth Century,* Oxford: Clarendon Press, 1904.

Verney, F. P.(ed.), *Memoirs of Verney Family,* Vol. II–IV, London: Longmans, Green and Co., 1889–1904.

Watson, F., *The Old Grammar Schools*, Cambridge: Cambridge University Press, 1916.

Webb, J., *Great Tooley of Ipswich, Portrait of an Early Tudor Merchant,* Ipswich: Suffolk Records Society, 1962.

Weber, M., *The History of Commercial Partnerships in the Middle Ages*, Lanham, Md.: Rowman & Littlefield Publishers, 2003.

Westerfield, R. B., *Middlemen in English Business, Particularly between 1660 and 1760,* New Haven, Conn: Yale University Press, 1915.

Willson, B., *The Great Company: Being a History of the Honourable Company of Merchants-Adventurers Trading Into Hudson's Bay,* New York:Dodd, Mead and Company, 1900.

Wilson, R. G., *Gentlemen Merchants: The Merchant Community in the Leeds, 1700–1830,* Manchester:Manchester University Press, 1971.

William, J. C. & Miethke, J., *Universities and Schooling in Medieval Society,* Leiden; Boston: Brill, 2000.

Willan, T. S., *The Inland Trade, Studies in English Internal Trade in the Sixteenth and Seventeenth Centuries,* Manchester: Manchester University Press, 1976.

Wilson, C., *England's Apprenticeship 1603–1763,* New York: St. Martin's Press, 1965.

Withington, P., *The Politics of Commonwealth: Citizens and Freemen in Early Modern England,* Cambridge: Cambridge University Press, 2005.

Woodward, W. H., *Studies in Education during the Age of the Renaissance, 1400–1600,* Cambridge: Cambridge University Press, 1906.

Yamey, B. S. & Edey, H. C. & Hugh, W., *Accounting in England and Scotland, 1543–1800: Double Entry in Exposition and Practice*, London: Sweet & Maxwell, 1963.

（二）英文论文

Alice T. F., "The Influence of Humanism on the Education of Girls and Boys in Tudor England", *History of Education Quarterly,* Vol. 25, No. 1/2 (Spring-Summer, 1985).

Alsop, J. D., "Ethics in the Marketplace: Gerrard Winstanley's London Bankruptcy, 1643", *The Journal of British Studies,* Vol. 28, No. 2 (Apr. 1989).

Ambrose, G., "English Traders at Aleppo (1658–1756)", *The Economic History Review,* Vol. 3, No. 2 (Oct. 1931).

Ben-Amos, I.K., "Failure to Become Freemen: Urban Apprentices in Early Modern England", *Social History*, Vol. 16, No. 2 (May 1991).

Boberg-Fazlic, N., Sharp, P. R., Weisdorf, J., "Survival of the Richest? Social Status, fertility and social mobility in England 1541–1824", *European Review of Economic History,* Vol. 15, No. 3 (Dec. 2011).

Bruce G. C. & Espeland, W. N., "Accounting for Rationality: Double-Entry Bookkeeping and the Rhetoric of Economic Rationality", *The American Journal of Sociology*, Vol. 97, No. 1 (Jul. 1991).

Cressy, D., "Educational Opportunity in Tudor and Stuart England", *History of Education Quarterly,* Vol. 16, No. 3 (Autumn 1976).

Carus-Wilson, E. M., "The Merchant Adventurers of Bristol in the Fifteenth Century", *Transactions of the Royal Historical Society,* Fourth Series, Vol. 11 (1928).

Claude M. N., "The Theatre and the Apprentices", *Modern Language Notes*, Vol.45, No.7 (Nov. 1930).

Corfield, Penelope J., "Business Leaders and Town Gentry in Early Industrial Britain: Specialist Occupations and Shared Urbanism", *Urban History,* 39, 1 (2012).

Cressy, D., "Kinship and Kin Interaction in Early Modern England", *Past and Present*, No.113 (Nov. 1986).

Dalvi, M. A., "A Historical Survey of Commercial Education in England 1543–1902", *Comparative Education Review*, Vol. 9, No. 2 (Jun. 1965).

Dhondy, F., "The Apprentices Revolt", *Economic and Political Weekly,* Vol.7, No.28 (Jul. 8, 1972).

Dunlop, O. J., "Some Aspects of Early English Apprenticeship", *Transactions of the Royal Historical Society,* Third Series, Vol. 5 (1911).

Edwards, J. D., "Early Bookkeeping and Its Development into Accounting", *The Business History Review,* Vol. 34, and No. 4 (Winter 1960).

Everitt, A., "Social Mobility in Early Modern England", *Past and Present,* No. 33 (Apr. 1966).

Fisher, F. J., "Commercial Trends and Policy in Sixteenth-Century England", *The*

Economic History Review, Vol.10, No. 2 (Nov. 1940).

Francis R. J. & Sanford V. L., "Robert Recorde's Mathematical Teaching and the Anti-Aristotelian Movement", *The Huntington Library Bulletin,* No.7 (Apr. 1935).

Francis R. J., "Gresham College: Precursor of the Royal Society", *Journal of the History of Ideas*, Vol.1, No.4 (Oct. 1940).

Girdler, L., "Defoe's Education at Newington Green Academy", *Studies in Philology,* Vol. 50, No. 4 (Oct. 1953).

Grassby, R., "Love, Property and Kinship: the Courtship of Philip Williams, Levant Merchant 1617–1650", *English Historical Review,* No.451 (1998).

Grassby, R., "Social Mobility and Business Enterprise in Seventeenth Century England", in *Puritans and Revolutionaries*, ed. by Penningrton, D. & Thomas, K., Oxford: Clarendon Press, 1978.

Herbert C. S., "The Teaching of Handwriting in Tudor and Stuart Times", *The Huntington Library Quarterly,* Vol. 6, No. 4 (Aug. 1943).

Harris, P. R., "An Alepppo Merchant's Letter-Book", *The British Museum Quarterly,* Vol. 22, No. 3/4 (1960).

Hartley, H. & Hinshelwood, C., "Gresham College and the Royal Society", *Notes and Records of the Royal Society of London*, Vol. 16, No. 1, The Tercentenary Celebrations (Apr. 1961).

Isaacs, N., "Merchant and His Law", *The Journal of Political Economy,* Vol. 23, No. 6 (Jun. 1915).

Jacob M. P., "What Did Merchants Do? Reflections on British Overseas Trade, 1660–1790", *The Journal of Economic History,* Vol. 49, No. 2, *The Tasks of Economic History* (Jun. 1989).

James O. W., "Accounting and the Rise of Capitalism: An Accountant's View", *Journal of Accounting Research,* Vol. 9, No. 2 (Autumn 1971).

Jennifer I. K., "Money and Credit in the Fifteenth Century: Some Lessons from Yorkshire", *The Business History Review,* Vol. 65, No. 3, Financial Services (Autumn 1991).

Joslin, D. M., "London Private Bankers, 1720–1785", *The Economic History Review,* New Series, Vol. 7, No. 2 (1954).

Kadens, E., "Pre-Modern Credit Networks and the Limits of Reputation", *Iowa Law*

Review, Vol.100, Issue 6(2015).

Kramer, S., "The Amalgamation of the English Mercantile Crafts", *The English Historical Review,* Vol. 23, No. 89 (Jan. 1908).

Kahl, W. F., "Apprenticeship and the Freedom of the London Livery Companies, 1690-1750", *Guidhall Miscellany,* 7(1956).

Kellett, J. R, "The Breakdown of Gild and Corporation Control over the Handicraft and Retail Trade in London", *The Economic History Review,* New Series, Vol. 10, No. 3 (1958).

Leunig, T., Minns, C., Wallis, P., "Networks in the Premodern Economy:The Market for London Apprenticeships, 1600–1749", *The Journal of Economic History,* Vol.71, No.2(Jun. 2011).

Leverett S. L., "Medieval English Apprenticeship as Business Education", *The School Review,* Vol. 28, No. 8 (Oct. 1920).

Lingelbach, W. E., "The Merchant Adventurers at Hamburg", *The American Historical Review,* Vol. 9, No. 2(1904).

Lingelbach, W. E., "The Internal Organization of the Merchant Adventurers of England", *Transactions of the Royal Historical Society,* New Series, Vol.16(1902).

Margery K. J., "A London Merchant of the Fourteenth Century", *The Economic History Review,* New Series, Vol. 8, No. 3 (1956).

Mathers, C. J., "Family Partnerships and International Trade in Early Modern Europe", *The Business History Review,* Vol. 62, No. 3 (Autumn 1988).

Mirowski, P., "The Rise (and Retreat) of a Market: English Joint Stock Shares in the Eighteenth Century", *The Journal of Economic History,* Vol. 41, No. 3 (Sep. 1981).

Musgrave, P. W., "The Relationship between the Family and Education in England: A Sociological Account", *British Journal of Educational Studies,* Vol. 19, No. 1 (Feb. 1971).

Muldrew, C., "The Ethics of Credit and Community Relations in Early Modern England", *Social History,* Vol. 18, No. 2 (May 1993).

Nelson, W., "The Vernacular Tongue in English Education", *Renaissance News,* Vol. 4, No. 3 (Autumn 1951).

Nobles, G., "The Rise of Merchants in Rural Market Towns: A Case Study of Eighteenth-Century, Northampton, Massachusetts", *Journal of Social History,* Vol. 24, No. 1 (Autumn 1990).

Orme, N., "The Culture of Children in Medieval England", *Past and Present,* No. 148 (Aug. 1995).

Pearson, R. &Richardson, D., "Business Networking in the Industrial Revolution", *Economic History Review,* 2nd series, Vol.54, No.4 (2001).

Pelling, M., "Apprenticeship, Health and Social Cohesion in Early Modern London", *History Workshop,* No. 37 (Spring 1994).

Postan, M., "Credit in Medieval Trade", *The Economic History Review,* Vol. 1, No. 2 (Jan. 1928).

Richardson, H. G., "Business Training in Medieval Oxford", *The American Historical Review,* Vol. 46, No. 2 (Jan. 1941).

Saltmarsh, J., "Review: Apprenticeship in Bristol", *The Economic History Review,* New Series, Vol. 3, No. 2 (1950).

Scott, J. F., "Apprenticeship under the English Gild System", *The Elementary School Teacher,* Vol. 13, No. 4 (Dec. 1912).

Scott, J. F., "The Decline of the English Apprenticeship System", *The Elementary School Teacher,* Vol. 13, No. 9 (May 1913).

Smith, C., "The Wholesale and Retail Markets of London, 1660-1840", *The Economic History Review,* New Series, Vol. 55, No. 1 (Feb. 2002).

Smail, J., "The Culture of Credit in Eighteenth-century Commerce: The English Textile Industry", *Enterprise & Society* (Jun. 2003).

Snell, K. D. M., "The Apprenticeship System in British History: the Fragmentation of a Cultural Institution", *History of Education,* Vol. 25, No. 4 (1996).

Steven R. S., "The London Apprentices as Seventeenth-Century Adolescents", *Past and Present,* No. 61 (Nov. 1973).

Steven R. S., "Almost Revolutionaries: The London Apprentices during the Civil Wars", *The Huntington Library Quarterly,* Vol. 42, No. 4 (Autumn 1979).

Steven R. S., "The Ideal and Reality: Apprentice-Master Relationships in Seventeenth Century London", *History of Education Quarterly,* Vol. 21, No. 4 (Winter 1981).

Stephens, W.B., "Literacy in England, Scotland, and Wales, 1500–1900", *History of Education Quarterly*, Vol. 30, No. 4, Special Issue on the History of Literacy (Winter 1990).

Stone, L., "Elizabethan Overseas Trade", *The Economic History Review,* New Series,

Vol. 2, No. 1 (1949).

Stone, L., "The Educational Revolution in England, 1560–1640", *Past and Present,* No. 28 (Jul. 1964).

Stone, L., "Social Mobility in England, 1500–1700", *Past and Present,* No. 33 (Apr. 1966).

Stone, L., "Literacy and Education in England 1640–1900", *Past and Present,* No. 42 (Feb. 1969).

Tawney, A. J. & Tawney, R. H., "An Occupational Census of the Seventeenth Century", *The Economic History Review,* Vol. 5, No. 1 (Oct. 1934).

The President and Fellows of Harvard College, "A Proposal for Schools of Business Administration in Seventeenth-Century England", *Bulletin of the Business Historical Society,* Vol. 15, No. 3(Jun. 1941).

Ward, G. F., "The Early History of the Merchants Staplers", *The English Historical Review,* Vol. 33, No. 131 (Jul. 1918).

Walli, P., "Apprenticeship and Training in Premodern England", *The Journal of Economic History,* Vol. 68, Issue 3(2008).

William, C. B., "Early Retailing, London's Shopping Exchanges, 1550–1700", *Business History,* Vol.49, No.1 (January 2007).

Yarbrough, A., "Apprentices as Adolescents in Sixteenth Century Bristol", *Journal of Social History,* Vol. 13, No. 1 (Autumn 1979).

Yamey, B. S., "Scientific Bookkeeping and the Rise of Capitalism", *The Economic History Review,* New Series, Vol. 1, No. 2/3 (1949).

Zell, M., "Credit in the Pre-Industrial English Woollen Industry", *The Economic History Review,* New Series, Vol. 49, No. 4(Nov. 1996).